法律家・法務担当者のための

IT技術
用語辞典

第2版

牛島総合法律事務所
影島広泰 編著

商事法務

■第2版はじめに■

　IT分野の技術及びビジネスの進歩は早く、2017年の初版刊行後の約4年間にも次々と新しい技術が普及しています。特に、インターネット関連の様々な技術を利用して、高度な広告表示やマーケティング施策などを講じることができるようになり、いわゆるIT企業ではないサービス業やメーカーなどでも、DMP（Data Management Platform）やMA（Marketing Automation）ツールなど様々なソリューションが導入されています。これに対し、法令側でも対応が進み、令和2年（2020年）改正個人情報保護法では「Cookie規制」などとも呼ばれる規制が導入されることになりました。

　また、2020年に始まった新型コロナウイルス禍を契機として、リモートワークや「脱印鑑」の流れが生まれ、法務の世界も大きな変革を迎えています。例えば、電子署名の世界では、電子署名法において従来想定されていた枠組みとは少し異なる形で、利便性の高いサービスが登場し、急速に普及しています。この分野は、従来の民事訴訟法及び判例に基づく「二段の推定」の裁判実務、電子署名法の条文解釈、電子署名の技術的な仕組み、さらには契約締結の慣行とニーズに、社内での稟議・意思決定プロセスの体制論までが組み合わさり、まさに「IT法務」の試金石の様相を呈しています。

　第2版は、以上のような初版の刊行後のIT法務の動きを踏まえ、初版の用語解説や法令・判例解説をアップデートするとともに、新たな用語を追加しています。特に、「第2章　個人情報とAd-Tech（クッキー等）に関する概念」と「第7章　電子契約・電子署名とフィンテック（FinTech）に関する概念」を独立した項目として設け、関連する用語と解説を厚くしました。

　また、各用語において、可能な範囲で「公的文献等での定義」という項目を新設しました。これは、筆者によるかみ砕いた解説ではなく、法令やガイドライン等の定義を記載したものです（例えば、「ユー・アール・エル【URL：Uniform Resource Locator】」（p39）の解説にある「送信元識別符号」（著作権法、古物営業法令等）をご参照ください）。これにより、法令等における定義がなぜそのような文言となっているかが分かるとともに、法律実務家が準備書面や各種文書で引用することが容易になることを目指しました。

　IT技術のうち何が法務にとって重要であるかは、日々変化しています。したがって、本書にどの用語を掲載するかは悩ましいところですが、脱稿のタイミングで法律家・法務担当者にとって理解しておく重要が高いと考えられる用語を追加しました。法律家・法務担当者による議論、アドバイス、レビューなどが、技術的背景を理解した上で行われる一助となりましたら大変幸甚に存じます。

　2021 年 2 月

弁護士　**影島広泰**

■はじめに■

　本書は、法律家や、企業の総務部・法務部などの管理部門で「IT法務」に携わる方にご利用いただくことを想定したIT技術用語辞典です。

　「IT用語辞典」と呼ばれる書籍やウェブサイトは数多くありますが、記載が簡略すぎて技術的な仕組みが理解できなかったり、逆に、前提知識がないと理解できない短い記載になっているケースが多いと感じています。

　しかしながら、「IT法務」の世界では、裁判の主張書面の法律構成を考えたり、ビジネスのスキームの是非を考えたりする際に、技術的な背景を理解する必要がある場面にたびたび直面します。そのような場面で、技術的な面に今一歩確信が持てないまま進めていたり、今さら聞けない雰囲気になって「知ったかぶり」をして進めてしまったりすることもあるのではないでしょうか。本書は、そのような場面で使えるよう執筆した、IT技術の用語辞典です。

　したがって、「文系のためのIT技術用語辞典」のつもりで執筆しましたが、内容としては、かなり技術寄りな記載になっている部分があります。特に、「第2章　情報通信技術全般に関するIT用語」は情報通信についての技術的な用語が並んでいますので、他の箇所を読むときに必要になった際にのみ、参照していただければ十分です。前から順番にお読みいただく方は「第2章」は読み飛ばしていただいても構いません。

　語句の選別や、各語句の解説は、筆者がこれまでの実務経験で必要になったものや、スマートフォンのアプリである「e六法」やTwitterのBotである「判例Update」をはじめとする様々なソフトウェア等の開発をする際に得た知識から構成しています。

　内容のレベル感としては、裁判所に提出する申立書や準備書面、警察に提出する告訴状などをドラフトする際に、脚注あたりに必要な箇所を「コピペ」してそのまま使えるつもりで執筆しています。つまり、技術的なことに必ずしも詳しくないが、書いてあることは理解しようとしていただける裁判官や警察官をイメージして、技術的な背景にまで踏み込んで丁寧に記載しています。

　例えば、「IPアドレスとはインターネット上の住所のようなものです」という簡略な説明に留まっていては、「IT法務」の世界では裁判でまともに戦えなかったり、

告訴状が受理されなかったりしますので、IP アドレスがどのような仕組みでどのように動いているのかがわかるよう、技術的なところに踏み込んで記載しています。他方で、執筆時点での法律実務では、IPv6 の IP アドレスはあまり出てきませんので、IPv4 を前提に執筆しています。その意味で、IT法務に必要のない部分は、ばっさりと切り落としています。純粋に技術的に見れば、例外的な場合や新しい可能性がある場合でも、内容として誤ってはいない範囲で割愛しました。

　また、単なる「辞典」に留まらず、用語の解説の後に、それが実務でどのように使われているのかといった実務的な事例や、裁判例等を引用しています。本書を前から順番にお読みいただければ、紹介している IT用語が技術的な背景とともに理解でき、さらに、その用語が IT法務においてどのように登場するのかがおわかりいただけるものと思います。

　弁護士としての実務経験上必要になったこと、ソフトウェアの設計・コーディング等の過程で身についたことなどをベースに執筆しています。新しい技術には様々な捉え方があるかと思いますが、内容についてのご指摘やご批判等がありましたら、お気軽に筆者までご指摘いただけますと幸いに存じます。

　　2017 年 6 月

弁護士　影島広泰

■本書の使い方■

本書は、以下の構成になっています。

第1章　インターネットに関する IT 用語

第2章　個人情報と Ad-Tech（クッキー等）に関する概念

第3章　情報通信技術全般に関する IT 用語

第4章　人工知能（AI）に関する概念

第5章　企業における IT サービスの利用とシステムの構築に関する IT 用語

第6章　情報セキュリティに関する IT 用語

第7章　電子契約・電子署名とフィンテック（Fin Tech）に関する概念

　各「章」は、分野ごとに第1・第2……とし、その中に、「概説」、「用語」、「法令・判例と実務」を記載しています。例えば、第1章の冒頭は以下のようになっています。

（例）第1章　インターネットに関する IT 用語

　　　第1　インターネットの仕組み①：発信者情報の開示
　　　　　○概説
　　　　　○用語
　　　　　○法令・判例と実務
　　　第2　インターネットの仕組み②：通信技術
　　　　　○概説
　　　　　○用語
　　　　　○法令・判例と実務

・「概説」では、その節の IT 用語が企業法務のどのような場面で登場するのかをイメージしていただけるよう、簡単な事例と問題点を紹介しています。
・「用語」は IT 用語の解説です。「公的文献等での定義」は、法令、省庁のガイドラインなどにおける定義です。

・「法令・判例と実務」では、その節の IT用語が登場する法令や裁判例、実務的な問題点を解説しています。単なる「IT用語辞典」に留まらず、企業法務に役立つ情報を盛り込むべく、その分野のリーディングケースや実務上参考になる事例等を取り上げました。

　また、本書に収載した IT用語については、以下のものに掲載しています。

・「目次」は、本書の目次です。ここでは、章・分野ごとに IT用語を掲げています。

・「用語集」は、本書で「用語」として取り上げたものを、アルファベット・五十音順に掲載しています。「IT用語辞典」として使用する際には、この「用語集」をご参照ください。

・「索引」は、本書全体で使用した IT用語の索引になっています。各IT用語の解説の中で用いられた用語も含めての索引になっていますので、ある用語がどのような場面で使われるのかの詳細を知りたいときには、「索引」をご参照ください。

<h1>■凡　　例■</h1>

① 法令名等の略語

ｅ－文書法	民間事業者等が行う書面の保存等における情報通信の技術の利用に関する法律
外為法	外国為替及び外国貿易法
景品表示法	不当景品類及び不当表示防止法
公的個人認証法	電子署名等に係る地方公共団体情報システム機構の認証業務に関する法律
個人情報保護法	個人情報の保護に関する法律
資金決済法	資金決済に関する法律
出資法	出資の受入れ、預り金及び金利等の取締りに関する法律
出会い系サイト規制法	インターネット異性紹介事業を利用して児童を誘引する行為の規制等に関する法律
電子署名法	電子署名及び認証業務に関する法律
電子帳簿保存法	電子計算機を使用して作成する国税関係帳簿書類の保存方法等の特例に関する法律
電子消費者契約法	電子消費者契約及び電子承諾通知に関する民法の特例に関する法律
特定商取引法	特定商取引に関する法律
特定電子メール法	特定電子メールの送信の適正化等に関する法律
犯罪収益移転防止法	犯罪による収益の移転防止に関する法律
不正アクセス禁止法	不正アクセス行為の禁止等に関する法律
プロバイダ責任制限法	特定電気通信役務提供者の損害賠償責任の制限及び発信者情報の開示に関する法律
マイナンバー法	行政手続における特定の個人を識別するための番号の利用等に関する法律
マイナンバー法施行令	行政手続における特定の個人を識別するための番号の利用等に関する法律施行令
マイナンバー整備法	行政手続における特定の個人を識別するための番号の利用等に関する法律の施行に伴う関係法律の整備等に関する法律

② 判例表示および判例集等の略語

最判平成 22・4・8 民集 64 巻3 号 676 頁	最高裁判所平成 22 年 4 月 8 日判決　最高裁判所民事判例集第 64 巻第 3 号 676 頁

民集	最高裁判所民事判例集
刑集	最高裁判所刑事判例集
裁時	裁判所時報
判時	判例時報
判タ	判例タイムズ

③　公的文献等の略語

国民のための情報セキュリティサイト	総務省「国民のための情報セキュリティサイト」（https://www.soumu.go.jp/main_sosiki/joho_tsusin/ security_previous/kiso/k01_cookie.htm）
AI契約ガイドライン（AI編）	経済産業省「AI・データの利用に関する契約ガイドライン——AI編」（平成 30 年 6 月）（https://www.meti.go.jp/press/2019/12/20191209001/ 20191209001-3.pdf）

第1章　インターネットに関するIT用語

第2章　個人情報とAd-Tech（クッキー等）に関する概念

第3章　情報通信技術全般に関するIT用語

第4　ソフトウェアに関する概念 ……………………………… 107

第5　IT技術の基本に関する用語 ……………………………… 123

第4章　人工知能（AI）に関する概念

第5章　企業におけるITサービスの利用とシステムの構築に関するIT用語

第 6 章　情報セキュリティに関するIT用語

第 7 章　電子契約・電子署名とフィンテック（FinTech）に関する概念

■用 語 集■

第 1 章

インターネットに関する IT 用語

第 1　インターネットの仕組み①
：発信者情報の開示

概　　説	【事例】匿名掲示板に自社の誹謗中傷の投稿をされた。 ➡　投稿したものを特定できるか？

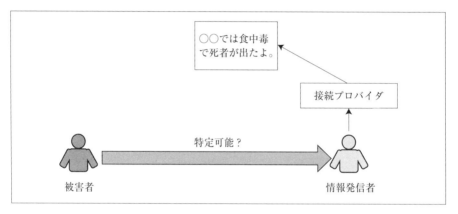

　インターネット上の **SNS**（p57）や**掲示板**（p57）、**口コミサイト**（p58）等において、誹謗中傷や著作権侵害にあたる投稿が行われたり、**インターネット・オークション**（p57）やショッピングサイトにおいて知的財産権を侵害する出品がなされるなど、インターネット上での権利侵害は後を絶たない。このような場合に、権利を侵害された者が、権利侵害をしている当該**ウェブサイト**（p38）を管理する者に対して投稿の削除を請求することは可能であろう

か。また、権利を侵害する投稿を匿名で行っている者を特定して、投稿の削除や損害賠償請求をすることが可能であろうか。プロバイダ責任制限法に基づく送信防止措置の要求と発信者情報の開示請求等によりこれらを実現することができるが、その前提として、「IP アドレス」、「プロバイダ」といった IT 用語を理解しておく必要がある。本項では、IP アドレスを中心としたインターネットの仕組みに関連する IT 用語について解説する。

用　語

アイピー・アドレス【IP アドレス、IP address】　インターネットに接続されている機器に割り当てられている番号のこと。

＜公的文献等での定義＞

「インターネットにおいて電気通信事業者が受信の場所にある電気通信設備を識別するために使用する番号、記号その他の符号のうち、当該電気通信設備に固有のものとして総務省令で定めるもの」（電気通信事業法 164 条 2 項 3 号）。

（なお、同法施行規則 59 条の 2 第 3 項は、「法第 164 条第 2 項第 3 号の総務省令で定める番号、記号その他の符号は、次のいずれかに掲げるものとする。

　一　数字及びドットの記号の組合せであ

つて、32 ビットの値を表すもの

　二　数字（数字に代わつて用いられる文字を含む。）及びコロンの記号の組合せであつて、128 ビットの値を表すもの」と定めている。1 号が IPv 4（p8）、2 号が IPv 6（p8）を意味する。）

インターネット上の「住所」にあたるものであり、IPv 4（p8）においては、0 〜255 までの 256 の数字 4 つの組合せをピリオドで区切って表現される（例：122.28.56.111）。インターネットでは、接続しているすべての機器が異なる IP アドレスを持っているため、世界中のどこからでも、世界中に散在している機器にピンポイントでアクセスすることができるようになっている。例えば、「122.28.56.111」という IP アドレスを割り当てられている**サーバ**（p100）にアクセスすると、筆者らが所属する法律事務所の**ウェブ・サーバ**（p102）に接続でき、事務所の**ウェブサイト**（p38）が表

図表 1

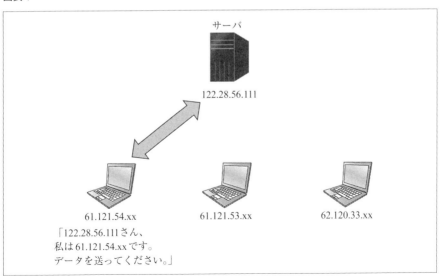

サーバ

122.28.56.111

61.121.54.xx　　　61.121.53.xx　　　62.120.33.xx

「122.28.56.111 さん、
私は 61.121.54.xx です。
データを送ってください。」

示される（**図表1**）。

グローバル・アイピー・アドレス【グローバル IP アドレス、Global IP address】

インターネットに接続された機器に割り当てられた世界で唯一の重複しない IP アドレスのこと。

プライベート・アイピー・アドレス【プライベート IP アドレス、Private IP address】

企業内等の閉じたネットワークの中で自由に割り当てることができる IP アドレスのこと。

IP アドレス（p3）の解説で述べたとおり、インターネットに接続された機器には「IP アドレス」が割り当てられるが、IP アドレスは256（2の8乗＝8ビット（p123）である）の数字4つの組合せであるから、2の32乗（2^{32}＝約43億＝32ビット）個しか存在しない（IPv 4の場合）。これでは世界中のすべての機器に固有の番号を割り当てるには数が足りない。そこで、企業や組織ごとに、インターネットに直接接続している「対外的」な機器（通常は**ルータ**（p26））を定め、ここに世界で唯一の固有の IP アドレスを割り当てる。これが「**グローバル IP アドレス**」（p3）である。これに対し、企業内・組織内のネットワークの中でのみ利用される独自の IP アドレスが、「プライベート IP アドレス」である。**ルータ**（p26）が、**NAT**（p5）等の技術によりプライベート IP アドレスとグローバル IP アドレスを変換してインターネットにアクセスさせるようになっている。したがって、プライベート IP アドレスは、企業内・組織内で重複していなければ十分であり、世界的には重複していてもかまわない（**図表2**）。

プライベート IP アドレスとして使用できる IP アドレスは、以下であるとされている。これらの IP アドレスはグローバル IP アドレスとして使用されることはないし、以下の IP アドレス以外

図表2

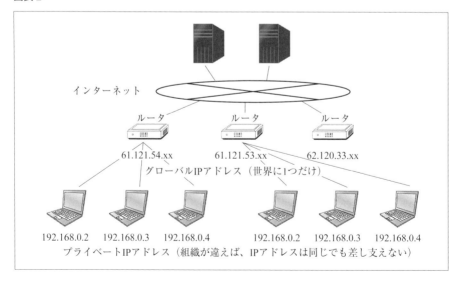

インターネット

ルータ　　　　ルータ　　　　ルータ

61.121.54.xx　　　61.121.53.xx　　　62.120.33.xx

グローバルIPアドレス（世界に1つだけ）

192.168.0.2　192.168.0.3　192.168.0.4　　192.168.0.2　192.168.0.3　192.168.0.4

プライベートIPアドレス（組織が違えば、IPアドレスは同じでも差し支えない）

をプライベート IP アドレスとして使用
してはならないことになっている。
・10.0.0.0～10.255.255.255
・172.16.0.0～172.31.255.255
・192.168.0.0～192.168.255.255

なお、自分が使っている PC の IP アド
レスは、Windows であれば、「スタートボ
タン」−「すべてのアプリ」−「Windows
システムツール」−「コマンドプロンプ
ト」（注）を起動し、「ipconfig」と入力す
るとわかる（**図表3**）。

（注）「Windows PowerShell」と呼ばれる
　　　アプリでも同じである。

ナット【NAT：Network Address Translation】
2 つ の TCP/IP ネ ッ ト ワ ー ク（p19）の
間で、両者の IP アドレスを変換して通
信する技術のこと。

典型的にはルータが NAT の機能を備
えている。例えばプライベート IP アド

レス「192.168.1.2」の機器が、インター
ネット上のグローバル IP アドレス
「61.121.54.1」のサーバと通信する際に、
グローバル IP ア ド レ ス「61.121.54.2」
のルータが、192.168.1.2 から受け取った
パケット（p22）の送信元アドレスを
「61.121.54.2」に 書 き 換 え て 61.121.54.1
に送信し、61.121.54.1 から帰ってきた返
信の宛先アドレスを「192.168.1.2」に書
き換えて 192.168.1.2 に送信する。これ
により、異なるセグメントにある機器が
通信できる（**図表4**）。

サブネット・マスク【Subnet Mask】　IP
アドレスのうち、ネットワークアドレス
とホストアドレスを識別するための数値の
こと。

IP アドレス（p3）は、192.168.1.11 のよ
うに 0 から 255 まで（2 進法でいえば
00000000 から 11111111 まで）の数値を

図表3

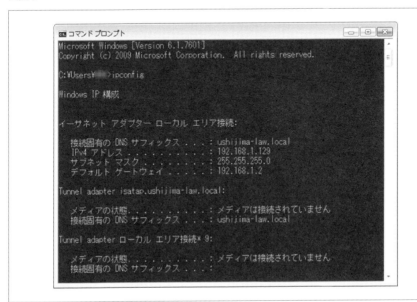

図表4

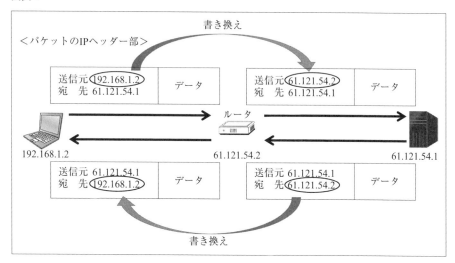

4つ並べて表現されるが（IPv 4 (p8) の場合）、実はこの数値は、「どのネットワークか」を示す「ネットワークアドレス」と、「どのコンピュータか」を示す「ホストアドレス」との2種類から構成されている。つまり、IP アドレスは、全体で「どのネットワークのどのコンピュータか」を示しているのである。具体的には以下のとおりである。サブネット・マスクは、「255.255.255.0」のように表現される。このうち2進法で「1」となっている部分がネットワークアドレスであることを示している。すなわち、「255.255.255.0」を2進法で表現すると「11111111.11111111.11111111.00000000」となるが、このうち「1」が並んでいる部分がネットワークアドレスである。例えば、IP アドレス「192.168.1.11」を2進法で表現すると「11000000.10101000.00000001.00001011」となるが、このうちでサブネット・マスクが「1」になっている桁の部分（192.168.1）がネットワーク

アドレスにあたる（**図表5**）。つまり、「『192.168.1.11』サブネット・マスク『255.255.255.0』」とは、「『192.168.1』というネットワークの『11』」というコンピュータ、という意味なのである。

サブネット・マスクはネットワークを分割する目的で用いられる。例えば、サブネット・マスクが「255.255.255.0」のときの「192.168.1.x」と「192.168.2.x」とはネットワークが違うから、**NAT** (p5) 等の技術を用いなければお互いに通信することはできない。これにより、会社の中に多数存在するコンピュータを部署ごとに分けて管理したり、開発環境と本番環境を分けて管理することができる。

なお、サブネット・マスクの「1」と「0」は、**図表5**の例のように「ピリオド」の部分で区切らなければならないと決まっているわけではない。例えば、「11111111.11111111.11110000.00000000」でもかまわない。そこで、上位何**ビット** (p123)（「上から何桁」）がサブネットで

図表5

	10進法	2進法			
IPアドレス	192.168.1.11	11000000.	10101000.	00000001.	00001011
サブネットマスク	255.255.255.0	11111111.	11111111.	11111111.	00000000

ネットワークアドレス　　　ホストアドレス

図表6

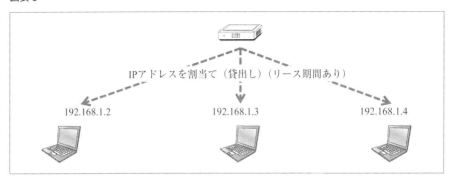

IPアドレスを割当て（貸出し）（リース期間あり）

192.168.1.2　　　　　　192.168.1.3　　　　　　192.168.1.4

あるかを示す表記を用いることもある。例えば、「192.168.1.11」サブネット「1111 1111.11111111.11111111.00000000」は上から24桁がサブネットであるため「192.168.1.11/24」、「192.168.1.11」サブネット「11111111.11111111.11110000.00000000」は上から20桁がサブネットであるため「192.168.1.11/20」と表現される（図表5）。

ディー・エイチ・シー・ピー【DHCP：Dynamic Host Configuration Protocol】　ネットワークに接続する機器に、一時的にIPアドレス（p3）を自動的に割り当てる技術のこと。

　インターネット・プロトコル（IP）（p18）で通信するためには機器にIPアドレスを設定しなければならないが、ネットワーク技術に詳しくない一般のユーザが「192.168.1.2」などというIPアドレスを自ら機器に設定する作業を行うことは難しい。そこで、ネットワーク上の「DHCPサーバ」が、ネットワークに新たに接続してきた機器に対し、自らが保有しているIPアドレスを自動的に割り当てる（「貸し出す」といってもよい）。その際、「リース期限」（数時間から数日）が設定され、その期限が経過するとIPアドレスは解放され、再び接続した際に新しくIPアドレスが割り当てられる。リース期間を超えて接続が継続しているときにはリース期限の更新を行う（**図表6**）。なお、IPv6（p8）では、IPv4（p8）と異なり、プロトコル自身がIPアドレスの自動割当て機能を持つから、

DHCP サーバがない場合であっても IP アドレスを割り当てることができる。

　通常、ISP（p8）がグローバル IP アドレス（p4）を DHCP で割り当て、さらに、企業内・家庭内のルータ等がプライベート IP アドレス（p4）を DHCP で割り当てている。

アイ・ピー・ブイ・フォー【IPv 4：IP Version 4】　インターネット・プロトコル（IP）（p18）の一種であり、IP アドレス（p3）を 0〜255 までの 256 の数字 4 つの組合せで表現するもののこと。

　IPv4 の IP アドレスの数は、約 2^{32} ＝約 43 億個である。インターネットの普及期に使われていたため、現在でもインターネット上の通信の多くは IPv4 で行われている。

アイ・ピー・ブイ・シックス【IPv 6：IP Version 6】　インターネット・プロトコル（IP）（p18）の一種であり、IP アドレス（p3）の数が約 2^{32} ＝約 43 億個で

あった IPv 4（p8）から、約 2^{128}（128 ビット（p123））＝約 340 潤個に増やしたもののこと。

　340 潤個とは、340 兆×1 兆×1 兆個である。これは、地球の表面積 $1cm^2$ 当たり約 6670 京個の IP アドレスを割り当てることができることを意味するから、NAT（p5）を用いることなく、地球上のあらゆるものに IP アドレスを割り当てることができる。IoT（p96）の時代が本格的に始まる前提でもある。IP アドレスは、「ABCD：EF01：2345：6789：ABCD：EF01：2345：6789」のように、128 ビットを 16 ビットずつ 8 つに「：（コロン）」で区切って表記する。

インターネット・サービス・プロバイダ【ISP：Internet Service Provider】
➡接続プロバイダ
➡経由プロバイダ　インターネットへのアクセスを提供する者のこと（図表7）。
＜公的文献等での定義＞

図表7

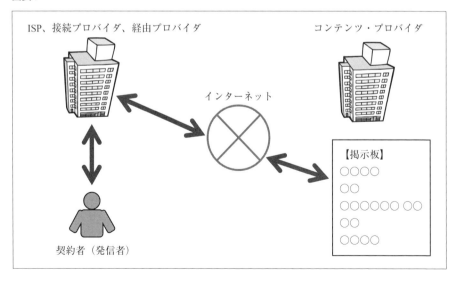

ISP、接続プロバイダ、経由プロバイダ　　　　　コンテンツ・プロバイダ

インターネット

【掲示板】

契約者（発信者）

「インターネットに接続する役割を果たすプロバイダのこと」（東京地判平16・1・14判タ1152号134頁）。

なお、最判平成22・4・8民集64巻3号676頁（後記**参考判例1**）では、「本件発信者と当該特定電気通信設備を管理運営するコンテンツプロバイダとの間の1対1の通信を媒介する、いわゆる経由プロバイダ」と判示されている。

日本の大手でいえば、「OCN」、「Yahoo!BB」、「BIGLOBE」、「@nifty」、「So-Net」などがこれにあたる。携帯電話のキャリア（NTTドコモ、au、ソフトバンクモバイルなど）もこれにあたる。インターネット・サービス・プロバイダ（ISP）は、通常、契約者との間で有償の契約を締結しており、インターネット回線へのアクセスを提供している。例えば「毎月4,000円でアクセスし放題」などである。ISPは、グローバルIPアドレス（p4）を多数保有しており、契約者に一定期間これを貸し出すことでインターネットへのアクセスを提供している。以上に関して、法律の実務上重要なポイントが3つある。

①ISPはグローバルIPアドレス（p4）を保有しているから、どのグローバルIPアドレスからのアクセスであるかがわかれば、どのISPからのアクセスであるのかがわかる。

②ISPは、契約と課金の事務のために、契約者の氏名・住所・メールアドレス等の情報を保有している。

③ISPに対して、特定の日時に特定のグローバルIPアドレスを貸し出していた者（例えば、2016年4月1日2時3分4秒に61.121.54.xxを貸し出していた者）を特定して問い合わせて開示を受ければ、その者の氏名・住所・メールアドレス等がわかる。

コンテンツ・プロバイダ【Content Provider】　インターネット上でコンテンツを提供している者のこと。

例えば、インターネットのポータル（玄関）サイトを提供しているYahoo!、SNSを提供しているFacebookやTwitter、掲示板を提供している5ちゃんねるなどが典型例である（**図表7**）。通常、コンテンツ・プロバイダは、アクセスしてきた者の**IPアドレス**（p3）（**グローバルIPアドレス**）（p4）を記録し、一定期間保存している。このような記録のことを、「ログ（log）」という。

コンテンツ・デリバリ・ネットワーク【CDN：Content Delivery Network】

ウェブサーバから送信されるべき画像や映像といったコンテンツを、インターネット上で効率よく送信するための仕組みのこと。

映像や画像のような容量の大きいファイルをウェブサーバから配信すると、同時に多くのアクセスがあった場合にサーバ側に負担がかかり反応が遅くなってしまったり、物理的に遠い場所からアクセスをすると伝送に時間がかかってしまう。そこで、そのようコンテンツを配置したサーバを各地に設置して負荷を分散し、快適にアクセスさせるための仕組みが、CDNである。

技術的には、**DNS**（p33）においてウェブサーバとしてCDNサーバを設定しておく。これにより、ユーザは、当該ウェブサーバにアクセスしようとすると、CDNサーバにアクセスしてくる。これを受けて、CDNサーバがウェブサーバにアクセスして、ウェブページ等のデータを取得し、アクセス者に伝送する。その際、CDNサーバがデータを**キャッシュ**（p95）しておき、次回にアクセスがあったときにはキャッシュを配信する。例え

図表8

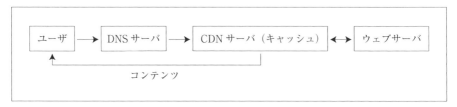

コンテンツ

ば、CDN サーバが、キャッシュの時間を 30 秒と設定しておけば、ウェブページへのアクセスが 1 秒間に 100 回あるとしても、ウェブサーバへのアクセスは 30 秒に 1 回だけになる。また、10 台の CDN サーバを配置しておけば、各CDN サーバの負担も 1 秒間に 10 回になる（図表8）。

コンテンツ・デリバリ・サービス【CDS：Content Delivery Service】　CDN（p9）を提供するサービスのこと。

とくていでんきつうしんえきむていきょうしゃ【特定電気通信役務提供者】　「特定電気通信設備を用いて他人の通信を媒介し、その他特定電気通信設備を他人の通信の用に供する者」（プロバイダ責任制限法 2 条 3 号）であり、具体的には、インターネット・サービス・プロバイダ（ISP）およびコンテンツ・プロバイダのこと（最判平成 22・4・8民集 64 巻 3 号 676 頁（後記**参考判例1**）参照）。**CDN**（p9）を利用しているウェブサイトでは、ウェブサイト側のサーバには発信者の IP アドレスは保管されておらず、CDN のサーバにのみ保管されているが、CDN も特定電気通信役務提供者にあたるとされている（東京地判平 30・10・9 LEX/DB文献番号 25557571）。

はっしんしゃ【発信者】　コンテンツ・プロバイダに情報を提供・入力した者のこと。プロバイダ責任制限法 2 条 4 号で定義されている。

　例えば、インターネット上の掲示板に投稿が行われた場合、以下のとおりの経路をたどることになる。

> 発信者→インターネット・サービス・プロバイダ（ISP）→コンテンツ・プロバイダ（＝掲示板を提供している企業）→多数の閲覧者

法令・判例と実務

■匿名掲示板に誹謗中傷の投稿をされた場合の対応

　インターネット上の SNS や匿名掲示板に誹謗中傷の投稿をされた被害者や、知的財産権の侵害を受けた者は SNS や匿名掲示板の運営者（コンテンツ・プロバイダ）に対して削除の請求ができるであろうか。また、投稿をした本人を特定して、削除や損害賠償請求をすることができるだろうか。

(1)　コンテンツ・プロバイダの法的な立ち位置

　権利侵害（例えば、名誉毀損）となる投稿が行われた場合、形式的には、**ウェブサイト**（p38）の運営者（**コンテンツ・プロバイダ**（p9））が当該投稿を発信している。したがって、当該ウェブサイトの運営者（コンテンツ・プロバイダ）は権利侵害をして

図表9

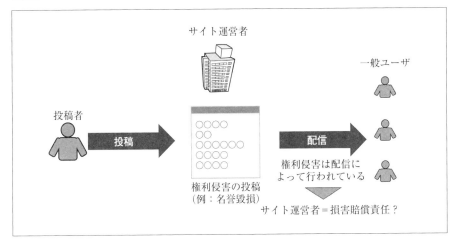

いることになる。よって、権利を侵害された者は、ウェブサイト運営者（コンテンツ・プロバイダ）に対して損害の賠償を請求することができるはずである（**図表9**）。

しかし、**SNS**（p57）や**掲示板**（p57）においては、日々多数の投稿が行われており、その投稿の中に他人の権利を侵害する投稿があったからといって直ちにコンテンツ・プロバイダが損害賠償義務を負うことになってしまっては、インターネットの発展はおぼつかない。そこで、プロバイダ責任制限法は以下のとおり定め、損害賠償義務を制限している。

プロバイダ責任制限法
（損害賠償責任の制限）
第3条　特定電気通信による情報の流通により他人の権利が侵害されたときは、当該特定電気通信の用に供される特定電気通信設備を用いる特定電気通信役務提供者（以下この項において「関係役務提供者」という。）は、これによって生じた損害については、権利を侵害した情報の不特定の者に対する送信を防止する措置を講ずることが技術的に可能な場合であって、次の各号のいずれかに該当するときでなければ、賠償の責めに任じない。ただし、当該関係役務提供者が当該権利を侵害した情報の発信者である場合は、この限りでない。
一　当該関係役務提供者が当該特定電気通信による情報の流通によって他人の権利が侵害されていることを知っていたとき。
二　当該関係役務提供者が、当該特定電気通信による情報の流通を知っていた場合であって、当該特定電気通信による情報の流通によって他人の権利が侵害されていることを知ることができたと認めるに足りる相当の理由があるとき。

（下線は筆者によるもの。以下においても同様）
すなわち、プロバイダは、
①送信防止措置（すなわち投稿の削除）が技術的に可能であり、かつ

②権利侵害を知っているか、または知る
　　ことができた
場合でなければ、権利侵害につき損害賠償
責任を負わないとされているのである。こ
のように、インターネットの発展という産
業政策の観点からプロバイダの責任を制限
したのがプロバイダ責任制限法である。し
かし、他方で、コンテンツ・プロバイダが
送信防止措置（投稿の削除）を講ずると、
逆に、当該投稿をした者（発信者）から損
害賠償請求を受ける可能性がある。例え
ば、コンテンツ・プロバイダが有料で**ウェ
ブサイト**（p38）の開設サービスを提供し
ている場合に、当該ウェブサイトに第三者
の権利を侵害する記載があったと判断して
当該**ウェブページ**（p38）を削除すれば、
発信者（＝契約者）から債務不履行や不法
行為責任を追及されるおそれがある。
　そこで、プロバイダ責任制限法は、以下
のとおり定め、発信者からの損害賠償請求
も制限している。

第3条
2　　特定電気通信役務提供者は、特定電
気通信による情報の送信を防止する措置
を講じた場合において、当該措置により
送信を防止された情報の発信者に生じた
損害については、当該措置が当該情報の
不特定の者に対する送信を防止するため
に必要な限度において行われたものであ
る場合であって、次の各号のいずれかに
該当するときは、賠償の責めに任じない。
　一　当該特定電気通信役務提供者が当該
　　特定電気通信による情報の流通によっ
　　て他人の権利が不当に侵害されている
　　と信じるに足りる相当の理由があった
　　とき。
　二　特定電気通信による情報の流通に
　　よって自己の権利を侵害されたとする
　　者から、当該権利を侵害したとする情

報（以下この号及び第4条において
「侵害情報」という。）、侵害されたと
する権利及び権利が侵害されたとする
理由（以下この号において「侵害情報
等」という。）を示して当該特定電気
通信役務提供者に対し侵害情報の送信
を防止する措置（以下この号において
「送信防止措置」という。）を講ずるよ
う申出があった場合に、当該特定電気
通信役務提供者が、当該侵害情報の発
信者に対し当該侵害情報等を示して当
該送信防止措置を講ずることに同意す
るかどうかを照会した場合において、
当該発信者が当該照会を受けた日から
7日を経過しても当該発信者から当該
送信防止措置を講ずることに同意しな
い旨の申出がなかったとき。

　すなわち、送信防止措置（投稿の削除）
をした場合に、その措置が必要な限度であ
り、かつ、
　①権利が不当に侵害されていると信じる
　　に足りる相当の理由があったとき、ま
　　たは
　②送信防止措置を講ずることに同意する
　　かどうかを照会し、7日を経過しても
　　同意しない旨の申出がなかったとき
には、損害賠償の責任を負わないとして、
発信者からプロバイダに対する損害賠償請
求を制限しているのである。
(2)　コンテンツ・プロバイダに対する削除
　　請求
　以上から、SNS や匿名掲示板に権利侵
害の投稿があった場合、まずは、以下の3
点を示してコンテンツ・プロバイダに任意
に削除するよう請求することができる。

---

①権利を侵害した情報
②侵害された権利
③権利が侵害された理由

この請求を受領したコンテンツ・プロバイダは、「権利が不当に侵害されていると信じるに足りる相当の理由」があれば直ちに削除できるし、それがなくても、発信者に照会して7日経過して返事がなければ削除できる。なお、上記の削除の請求により、プロバイダは、プロバイダ責任制限法3条1項1号の「他人の権利が侵害されていることを知っていた」状態に陥ることになるから、権利侵害を受けている者からの損害賠償請求を免れない（もっとも、権利侵害の有無は最終的には裁判で争われることになる）。そのため、コンテンツ・プロバイダとしては、送信防止措置を講じなければ権利侵害を受けている者から損害賠償請求を受ける可能性がある。したがって、コンテンツ・プロバイダが任意に送信防止措置を講ずることが期待できる。もっとも、口コミサイトや検索エンジンに代表されるように、ネガティブな情報を含めて多種多様な情報が集約していることが当該ウェブサイトの価値を構成しているケースも多い。そのようなサイトを開設している運営者については、任意での削除は期待しにくい。そこで、任意での削除に応じてもらえなければ、削除を求める裁判手続をとることになる。一般不法行為に基づく差止請求は認められないから、名誉権等の人格権（個人も法人も）や著作権等の知的財産権の侵害を理由にして、権利侵害の差止め（削除）を求めることになる（後記**参考判例2**参照）。

(3) コンテンツ・プロバイダに対する発信者情報開示の請求

では、匿名で投稿している本人を特定し、削除を請求したり、損害賠償を請求したりすることは可能であろうか。これを実現するため、プロバイダ責任制限法は、以下のとおり、発信者情報の開示請求権を認めている。

（発信者情報の開示請求等）
第4条　特定電気通信による情報の流通によって自己の権利を侵害されたとする者は、次の各号のいずれにも該当するときに限り、当該特定電気通信の用に供される特定電気通信設備を用いる特定電気通信役務提供者（以下「開示関係役務提供者」という。）に対し、当該開示関係役務提供者が保有する当該権利の侵害に係る発信者情報（氏名、住所その他の侵害情報の発信者の特定に資する情報であって総務省令で定めるものをいう。以下同じ。）の開示を請求することができる。
一　侵害情報の流通によって当該開示の請求をする者の権利が侵害されたことが明らかであるとき。
二　当該発信者情報が当該開示の請求をする者の損害賠償請求権の行使のために必要である場合その他発信者情報の開示を受けるべき正当な理由があるとき。
2　開示関係役務提供者は、前項の規定による開示の請求を受けたときは、当該開示の請求に係る侵害情報の発信者と連絡することができない場合その他特別の事情がある場合を除き、開示するかどうかについて当該発信者の意見を聴かなければならない。
3　（略）
4　開示関係役務提供者は、第1項の規定による開示の請求に応じないことにより当該開示の請求をした者に生じた損害については、故意又は重大な過失がある場合でなければ、賠償の責めに任じない。ただし、当該開示関係役務提供者が当該開示の請求に係る侵害情報の発信者である場合は、この限りでない。

すなわち、①権利侵害が明らかであり、かつ②正当な理由があれば、プロバイダに

13

図表 10

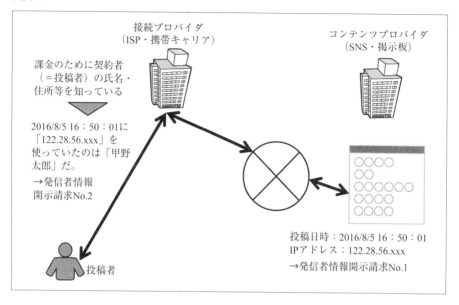

接続プロバイダ
（ISP・携帯キャリア）

コンテンツプロバイダ
（SNS・掲示板）

課金のために契約者
（＝投稿者）の氏名・
住所等を知っている

2016/8/5 16：50：01に
「122.28.56.xxx」を
使っていたのは「甲野
太郎」だ。
→発信者情報
開示請求No.2

投稿者

投稿日時：2016/8/5 16：50：01
IPアドレス：122.28.56.xxx
→発信者情報開示請求No.1

対して「発信者情報の開示」を請求でき
る。ここでいう発信者情報とは、総務省令
によれば、以下の情報である。

- (a) 氏名または名称
- (b) 住所
- (c) 電話番号
- (d) メールアドレス
- (e) IPアドレス
- (f) 携帯電話端末の利用者識別符号
- (g) SIM カード識別番号
- (h) 上記(e)・(f)・(g)からの送信の年月日お
  よび時刻

　コンテンツ・プロバイダ（p9）は、多
くの場合、投稿がなされた際の IP アドレ
スをログとして保存している。したがって、
任意に、あるいは裁判手続により、発信者
の IP アドレスの開示を請求することができ
る。
(4)　ISP（経由プロバイダ）に対する発信者

情報開示の請求
　以上の手続で明らかになるのは、発信者
が投稿する際に利用していた IP アドレス
（p3）（グローバル IP アドレス（p4））のみで
あり、氏名や住所等は特定できない。コン
テンツプロバイダは、通常、発信者の氏名
や住所等を知らないからである。そこで、
次に、ISP（経由プロバイダ）（p8）に対す
る発信者情報の開示請求をすることにな
る。ISP（経由プロバイダ）は、契約や課金
の事務等のために、契約者の氏名・住所・
メールアドレス等の情報を保有している。
また、発信者にグローバル IP アドレスを
貸し出していたのも経由プロバイダであ
る。したがって、投稿がなされた日時と、
投稿の際に使用されたグローバル IP アド
レスを特定すれば、その日時に当該グロー
バル IP アドレスを使用していた者の氏
名・住所・メールアドレス等を開示するこ
とができるのである（図表 10）。

　ここで、プロバイダ責任制限法に基づいて開示請求することができる「**特定電気通信役務提供者**」（p10）に、ISP（経由プロバイダ）が含まれるかが問題となる。条文の趣旨からして、コンテンツプロバイダだけを指しているようにも考えられるからである。この点について争われたのが以下の判例であるが、結論としては、経由プロバイダ（ISP）も「特定電気通信役務提供者」に該当すると判断された。

【参考判例1】　最判平成22・4・8民集64巻3号676頁、ドコモ経由プロバイダ事件発信者情報開示請求事件（ISPの地位）

<u>事案の概要</u>
　電子掲示板への匿名の書き込みによって権利を侵害されたとする被上告人らが、その書き込みをした者に対する損害賠償請求権の行使のために、本件発信者にインターネット接続サービスを提供した上告人に対し、プロバイダ責任制限法4条1項に基づき、発信者の氏名、住所等の情報の開示を求めた事案。

<u>要　旨</u>
　（コンテンツプロバイダだけではなく）経由プロバイダも、プロバイダ責任制限法2条3号の「特定電気通信役務提供者」に該当する。

<u>参考となる判示部分</u>
　「インターネットを通じた情報の発信は、経由プロバイダを利用して行われるのが通常であること、経由プロバイダは、課金の都合上、発信者の住所、氏名等を把握していることが多いこと、反面、経由プロバイダ以外はこれを把握していないことが少なくない……このような事情にかんがみると、電子掲示板への書き込みのように、最終的に不特定の者に受信されることを目的として特定電気

通信設備の記録媒体に情報を記録するためにする発信者とコンテンツプロバイダとの間の通信を媒介する経由プロバイダが法2条3号にいう『特定電気通信役務提供者』に該当せず、したがって法4条1項にいう『開示関係役務提供者』に該当しないとすると、法4条の趣旨が没却されることになるというべきである。……以上によれば、最終的に不特定の者に受信されることを目的として特定電気通信設備の記録媒体に情報を記録するためにする発信者とコンテンツプロバイダとの間の通信を媒介する経由プロバイダは、法2条3号にいう『特定電気通信役務提供者』に該当すると解するのが相当である。」

　なお、ISP（経由プロバイダ）は、通常、発信者（契約者）に対して、DHCP（p7）によりリース期間を定めてIPアドレスを割り当てているから、発信者情報の開示を求めるためには、日時を特定する必要がある。以上により、「○年○月○日○時○分○秒にIPアドレス○.○.○.○を使用していた者の発信者情報を開示せよ」と請求することにより、発信者の氏名・住所・メールアドレス等が明らかになる。これにより、発信者に対して、投稿の削除や損害賠償の請求ができるようになる。

　なお、前述したとおり、コンテンツ・プロバイダがログとして保存できるのは**グローバルIPアドレス**（p4）のみであるから、当該グローバルIPアドレスを貸し出しているISP（経由プロバイダ）がログを保存していなければ発信者を特定することはできない。

　ISP（経由プロバイダ）はログを3か月〜6か月程度で削除するのが一般であるとされていることから、氏名・住所等の発信者情報の開示（IPアドレスの開示と異なり、氏

15

名・住所等の開示は、通常は仮処分ではなく本案で行われる）と平行して、ログ削除禁止の仮処分も申し立てることもある（もちろん、ISP に連絡を取って、任意にログを保存するように依頼することでもよい）。また、当該グローバル IP アドレスを貸し出していた者がログを残していない場合、あるいは、ログを保存していても発信者を特定できない場合、例えば、マンガ喫茶などであれば、グローバル IP アドレスを特定しても、発信者を特定するには至らないことになる。このような場合には、実務的には、告訴を行い、警察の捜査により発信者を特定する途を検討することになる。

(5)　令和 3 年改正プロバイダ責任制限法案による発信者情報開示命令

　2021 年（令和 3 年）2 月 26 日にプロバイダ責任制限法の改正法案（以下この項において「改正法案」という。）が閣議決定された。同改正法案により、裁判所における「発信者情報開示命令事件」という非訟事件が新設される（改正法案 8 条）。従来は、前記(3)のコンテンツ・プロバイダに対する IP アドレスの開示請求（仮処分）および(4)の ISP に対する氏名・住所等の開示請求（本案）の 2 つの裁判手続を行う必要があり、半年から 1 年程度の時間がかかっていたが、非訟手続により発信者情報開示命令が発生されるようになることで、開示までの期間が短縮されることが期待される。また、開示命令までの間にログが消去されてしまうことを防止するため、提供命令および消去禁止命令が設けられる（改正法案 15 条、16 条）。

　なお、会員制サービスの場合には、投稿時のログが保存されていない場合あるいは消去されてしまっている場合であっても、同じユーザのログイン時の情報の開示を受けることができれば、発信者を特定することができる。そこで、改正法案では、発信者の特定に必要となる場合には、ログイン時の情報の開示が可能となるよう、開示請求を行うことができる範囲等が改正される（改正法案 5 条各項）。

(6)　検索エンジンに対する削除請求

　児童買春で逮捕され有罪判決を受けた者が、逮捕された事実が記載されたウェブページの URL が検索エンジンの検索結果として表示されることは、プライバシー権等を侵害するとして、検索エンジンの事業者に対して削除を請求した事案において、最高裁判所は、削除を認めなかった。

　すなわち、最高裁判所は、検索エンジンの検索結果は検索事業者による表現行為であるとした。また、検索結果の提供は、現代社会においてインターネット上の情報流通の基盤として大きな役割を果たしているとして、検索結果の削除を余儀なくされることは、表現行為の制約であることはもとより、上記役割に対する制約でもあるとした。したがって、プライバシー権侵害により削除が認められるのは、諸事情を比較衡量して、当該事実を公表されない法的利益が優越することが明らかな場合に認められるとしたのである。

　「法的利益が優越することが明らかな場合」とした点が注目に値するが、検索エンジンの社会的役割を踏まえた判断であり、検索エンジン以外のサービスにおいてどのような基準で判断するかは、今後の更なる事例の蓄積が必要となると考えられる。

【参考判例 2】最決平成 29・1・31 民集 71 巻 1 号 63 頁

事案の概要

　インターネット検索サイトで、自身の居住する県の名称および氏名を条件として検索すると、自身が過去に児童買春をしたとの被疑事実で逮捕された事実が書き込まれたウェブサイトの URL ならび

に当該ウェブサイトの表題および抜粋（以下「本件検索結果」という）が表示されるとして、本人が、検索事業者に対し、人格権ないし人格的利益に基づき、本件検索結果の削除を求める仮処分命令の申立てをした事案。

要　旨

プライバシーに属する事実を含む記事等が掲載されたウェブサイトの URL 等の情報を検索した結果の削除請求については、当該事実を公表されない法的利益が当該URL等情報を検索結果として提供する理由に関する諸事情に優越することが明らかな場合に、検索事業者に対し、当該URL等情報を検索結果から削除することを求めることができる。

参考となる判示部分

情報の収集、整理および提供をするプログラムは、「検索結果の提供に関する検索事業者の方針に沿った結果を得ることができるように作成されたものであるから、検索結果の提供は検索事業者自身による表現行為という側面を有する。」

「検索事業者による検索結果の提供は、公衆が、インターネット上に情報を発信したり、インターネット上の膨大な量の情報の中から必要なものを入手したりすることを支援するものであり、現代社会においてインターネット上の情報流通の基盤として大きな役割を果たしている。そして、検索事業者による特定の検索結果の提供行為が違法とされ、その削除を余儀なくされるということは、上記方針に沿った一貫性を有する表現行為の制約であることはもとより、検索結果の提供を通じて果たされている上記役割に対する制約でもあるといえる。」

「以上のような検索事業者による検索結果の提供行為の性質等を踏まえると、検索事業者が、ある者に関する条件による検索の求めに応じ、その者のプライバシーに属する事実を含む記事等が掲載されたウェブサイトの URL等情報を検索結果の一部として提供する行為が違法となるか否かは、当該事実の性質及び内容、当該URL等情報が提供されることによってその者のプライバシーに属する事実が伝達される範囲とその者が被る具体的被害の程度、その者の社会的地位や影響力、上記記事等の目的や意義、上記記事等が掲載された時の社会的状況とその後の変化、上記記事等において当該事実を記載する必要性など、当該事実を公表されない法的利益と当該URL等情報を検索結果として提供する理由に関する諸事情を比較衡量して判断すべきもので、その結果、当該事実を公表されない法的利益が優越することが明らかな場合には、検索事業者に対し、当該URL等情報を検索結果から削除することを求めることができるものと解するのが相当である。」

第2 インターネットの仕組み②
：通信技術

概　　説

【事例】事業部門がストリーミング型の配信サービス
を提供することを検討している。

➡ 契約・権利関係をどのように処理すべきか？

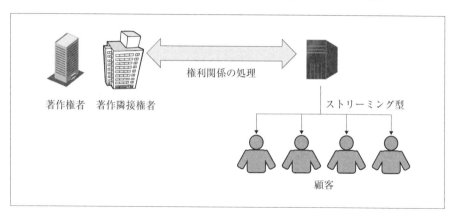

権利関係の処理

著作権者　著作隣接権者

ストリーミング型

顧客

　インターネット上で動画配信のサービス
を開始するにあたっては、著作権や著作隣
接権の処理を行わなければならない。さら
に、実務的には、既存のサービスに関する
契約や規約におけるライセンス体系との整
合性も問題となるケースが多い。ダウン
ロードとストリーミングとは何が違うの
か、2006 年の著作権法改正の際に話題と
なった IP マルチキャストとは何であり、
そもそも著作権法にいう「自動公衆送信」
とは何なのか、放送法にいう「放送」との
違いは何なのか等を理解することにより、

権利関係を間違いなく処理できるようにな
る。本項では、その前提として、インター
ネットにおける通信はどのような仕組みで
行われているのかについて、**第1「イン
ターネットの仕組み①」**よりも踏み込ん
で、技術的な解説を行う。

用　　語

インターネット・プロトコル〔IP：

Internet Protocol】　インターネットで標準的に使用されている通信プロトコルのこと。詳細は、**OSI参照モデル**（p19）を参照。

ティー・シー・ピー／アイ・ピー【TCP/IP】　インターネットプロトコル（IP）上でウェブページを閲覧するときなどに標準的に利用されている通信プロトコル。

プロトコル【Protocol】
➡通信プロトコル　通信手順のこと。
　プロトコルとは、外交儀礼、手順、手続、協定等を意味する英語であるが、通信の世界では、信号を送受信する際の手順や約束事のことをいう。なお、プロトコルは、著作権法上、著作物とはならない。著作権法10条3項2号において「規約」すなわち「特定のプログラムにおける前号のプログラム言語の用法についての特別の約束」が著作物から除外されているところ、プロトコルはこの「規約」にあたるからである。

オー・エス・アイさんしょうモデル【OSI参照モデル：Open Systems Interconnection Reference Model】　通信プロトコルの機能を7層（レイヤー）で定義したモデルのこと。
　ISOが1983年に策定したモデルであり、同時期に確立した**インターネット・プロトコル**（IP）（p18）を理解する（すなわちインターネットでどのように通信が行われているのかを理解する）のに資する前提知識である。OSI参照モデルでは、通信を7つの層（レイヤー）に分解して定義しており、それぞれの層（レイヤー）における**プロトコル**（p19）に従ってデータをやりとりすることで、通信を可能にしている。このように層（レイヤー）を重ねた構造とすることにより、各層の開発者は、その層のプロトコルに従った開発だけをすればよいことになる

というメリットがある。例えば、**イーサネット**（p25）の機器の開発・販売会社はデータリンク層及び物理層の**プロトコル**（p19）に従った製品を製造すればよいし、アプリケーション・ソフトウェアの開発者はアプリケーション層のプロトコルに従って**アプリケーション・ソフトウェア**（p108）を開発すればよい。つまり、アプリケーション・ソフトウェアの開発者にとっては、下の層での通信がイーサネットになるのかダイアルアップ（PPP）になるのかは気にする必要はないのである（**図表11**）。

　では、TCP/IPではどのように通信が行われるのか。以下、概説する。まず、アプリケーション層においてアプリケーションが通信を行いたいと考えるデータを「**パケット**」（p22）と呼ばれる小さなデータに分割し、トランスポート層に渡す。トランスポート層はそのパケットに「TCPヘッダ」を付加し、インターネット層に渡す。インターネット層はそれに「IPヘッダ」を付加するという形で送信する情報が作られていく（**図表12**）。

　ここで、インターネット層（OSI参照モデルのネットワーク層に相当）では、パケットに宛先IPアドレス（p3）と送信元IPアドレスを付加し、宛先IPアドレスのノード（p22）に向かってパケットを送信する（**図表13**）。

　このパケットを受信した側のノードは、上位**プロトコル**（p19）であるTCPにデータを渡す。その際、どのアプリケーションのデータであるかがわからなければならない。これを識別するのが「ポート番号」である。TCPヘッダには送信元ポートと宛先ポートという「ポート番号」が付されており、これによりどのアプリケーションにデータを渡すのかが決められている（**図表14**）。例えば、

図表 11

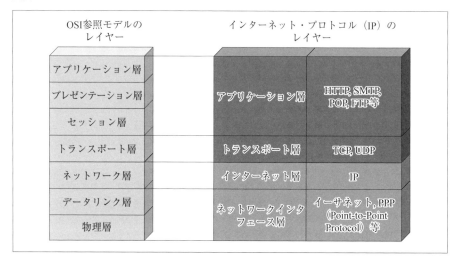

図表 12

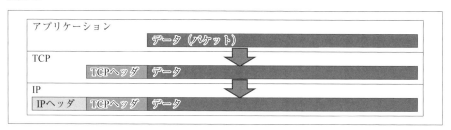

図表 13

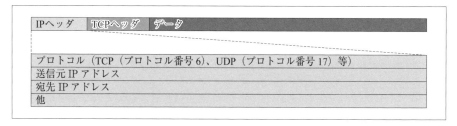

ウェブ・サーバ（p102）はポート番号 80番が、SMTP サーバ（メール送信サーバ）（p45）はポート番号 25 番が使われるの が一般的であり、これにより、どのアプリケーションに渡すべきデータかがわかるようになっている。

図表 14

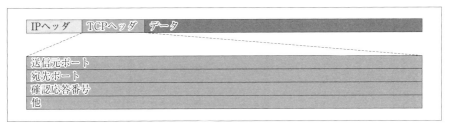

図表 15

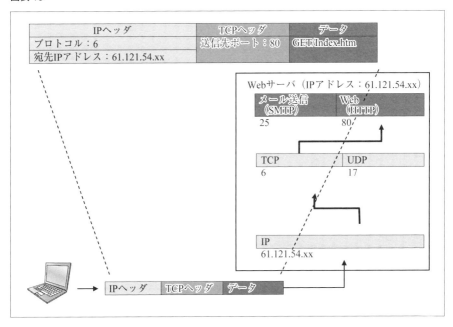

例えば、ある PC（クライアント）が、61.121.54.xx という IP アドレスにあるウェブ・サーバにある「index.html」というウェブページにアクセスする際には、**図表 15** のようなパケットを送信する。これにより、当該ウェブサーバにパケットが届くことになる。

マック・アドレス【MAC アドレス、MAC

address】

➡**物理アドレス**　ネットワーク上で各ノードを識別するためにネットワーク機器に付与されているアドレスのこと。

　MAC アドレスは、例えば、「32：61：3C：4E：B6：05」といった 16 進数で表現される。世界中にネットワーク機器は無数に存在するが、すべてのネットワー

21

図表16

IEEE 802.3ヘッダ MACアドレス（32:61:3C:4E:B6:05）	IPヘッダ	TCPヘッダ	データ

ク機器に異なる MAC アドレスが付与されている（最初の6桁（上位24ビット）は製造メーカごとに割り振られているから、製造メーカがネットワーク機器を製造する際に、メーカ自身に割り振られた番号＋1台1台に固有の番号をチップに焼き付けて出荷している。例えば最初の6桁が「18：5E：0F」はインテル製であることを示している。もっとも、近時は MAC アドレスを変更できる機器も販売されている。また、機器が無線LAN を ON にしておくと、Wi-Fi のサービス提供者等が、MAC アドレスを利用して端末を追跡することができてしまうため、プライバシーを保護するために MAC アドレスをランダムに設定する機器も登場している）。**OSI 参照モデル**（p19）で述べたとおり、インターネット層（ネットワーク層）では IP アドレスを使ってデータを送受信しているが、ネットワーク上に無数に存在している機器（ノード（p22））のうち、物理的にどのノードと通信したらよいのかをどのように判別するのかが問題となる。これを行っているのが、ネットワークインターフェイス層（OSI参照モデルのデータリンク層に相当）の MAC アドレスである（**図表16**）。

　例えば、有線の**イーサネット**（p25）では、物理的に接続されたケーブルに電気的な信号を流すから、そこに物理的に接続されているすべての機器（ノード）が当該信号を検出することになる。そのうち、自らのMAC アドレスがヘッダに付されている信号（データ）だけを受信すれば、通信が成立する。このように、

インターネット上には無数の機器（ノード）が接続されているが、物理的には、すべての機器に固有の MAC アドレスが割り当てられており、最終的にはこれを頼りに通信が行われているのである。

パケット【packet】　データを小さな単位に分割したもののこと。

　パケット（packet）とは小包を意味する英語であるが、その名のとおり、**インターネット・プロトコル**（IP）（p18）では1つのデータを 128 バイト（p124）ごとに分割して送受信する。これにより、1つのパケットが届かなければそのパケットだけを再送すればよいことになる。半角文字は1文字1バイト、全角文字（漢字等）は1文字2バイトであるから、1パケットは半角文字で 128 文字分、全角文字で 64 文字分ということになる。なお、携帯電話のデータ通信の課金単位は、パケット単位になっているのが通常であり、「パケット通信料」として「1パケット 0.05 円」などと課金されている。

ノード【node】　通信ネットワークにおいて、通信を行う主体となる機器のこと。ノード（node）とは、結節点、交点、節等を意味する英語であり、通信の世界ではネットワークに接続されている個々の機器（例えば、サーバ、PC、携帯電話）をすべて「ノード」と呼ぶ。

ユニキャスト【Unicast】　インターネット・プロトコル（IP）（p18）において、単一の IP アドレスを指定して、「一対一」で行われる通信のこと。

　例えば、ある PC が、あるウェブペー

図表 17

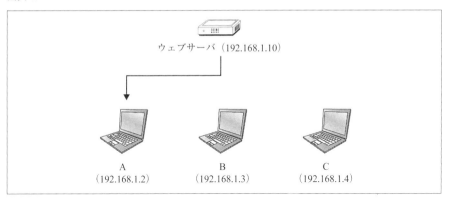

図表 18

IPヘッダ		TCPヘッダ	データ
プロトコル：17（UDP）		送信先ポート：1234	動画データ
送信元IPアドレス：192.168.1.10			
送信先IPアドレス：224.1.1.1			

ジを閲覧するためにウェブ・サーバと通信するときには、その PC とウェブ・サーバはユニキャストで一対一の通信をすることになる（**図表 17**）。

マルチキャスト【Multicast】　インターネット・プロトコル（IP）（p18）において、特定かつ複数の IP アドレスを指定して、「一対多」または「多対多」で行われる通信のこと。

　例えば、インターネット上で生中継の動画を配信する際には、閲覧している多数の PC とストリーミングサーバとがマルチキャストで一対多の通信をすることが行われている。TV会議システムもマルチキャストを使用することがある。マルチキャスト用に、IP アドレス 224.0.0.0～239.255.255.255 が割り振られており、通常、アプリケーション・ソフトウェアがマルチキャスト IP アドレスを指定し

て情報をやりとりする。例えば、**図表19** のコンピュータ A と B の動画受信ソフトが、IP アドレスをマルチキャスト用の IP アドレスである 224.1.1.1 に指定し、224.1.1.1 宛てのパケットは自分宛てと判断するように自分自身のネットワーク機器（MAC アドレスを持ったネットワークインタフェース層の機器）に指示しておく。すると、ストリーミングサーバが 224.1.1.1 に向けてパケットを送信すれば（**図表 18**）、A と B だけがこれを受け取ることができる仕組みになっている。

ブロードキャスト【Broadcast】　同じネットワーク内のすべての宛先を指定し、「一対不特定多数」で行われるデータ通信のこと。

　例えば、インターネット上の通信は最終的には MAC アドレス（p21）により物理的な信号のやりとりを行う必要があ

23

図表 19

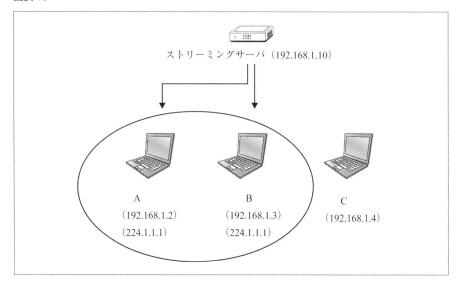

ストリーミングサーバ（192.168.1.10）

A
（192.168.1.2）
（224.1.1.1）

B
（192.168.1.3）
（224.1.1.1）

C
（192.168.1.4）

る。そのために、IP アドレスから MAC アドレスを求めるために、ブロードキャストアドレスに対して通信を流すことにより同じネットワークに属するすべてのノードに対して「192.168.1.2 の人は MAC アドレス何番ですか？」という問合せをし、すべてのノードがこれを受信したうえで、192.168.1.2 のノードだけがこれに応当することになる（以後は、当該MAC アドレスのノード（p22）とだけ**ユニキャスト**（p22）や**マルチキャスト**（p23）で通信すればよい）。この際に、ブロードキャストが使用される。ブロードキャストアドレスは、末尾が 255（2^8（＝256 個）の最後の番号）となる。例えば 192.168.1.xxx のネットワークでは 192.168.1.255 がブロードキャストアドレスとなる。したがって、**図表 20** のコンピュータ A が、192.168.1.10 のウェブサーバと通信したいのであれば、まず、ブロードキャストアドレスである

192.168.1.255 宛 て に 「192.168.1.10 のサーバの MAC アドレスは何番か」を問い合わせる通信を流す。192.168.1.255 宛てのデータはすべてのノードが受け取り、その中で 192.168.1.10 のアドレスを持つサーバだけが応当し MAC アドレスを返信する。これにより、192.168.1.2 は、192.168.1.10 と通信できるようになる。

ラン【LAN：Local Area Network】　限られた範囲内にある機器によるネットワークのこと（**図表 21**）。

　インターネットが全世界に広がるネットワークであるのに対し、LAN は会社内や組織内などの限られた範囲内のネットワークのことを指している。著作権法では、「電気通信設備で、その一の部分の設置の場所が他の部分の設置の場所と同一の構内（その構内が二以上の者の占有に属している場合には、同一の者の占有に属する区域内）にあるもの」と定義されており、LAN内での送信（注）は「**公衆**

図表 20

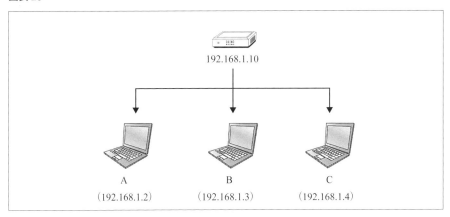

図表 21

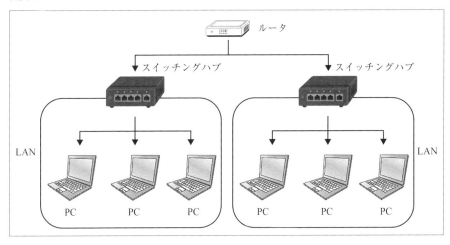

送信」(p28) の定義から除外されている（著作権法2条1項7号の2)。

　（注）プログラム (p107) の著作物の送信を除く。

イーサネット【Ethernet】　OSI参照モデル (p19) の下2つの層である、物理層およびデータリンク層の規格であり、LAN で最も利用されている規格のこと。

IEEE802.3 等として規定され、**MAC**アドレス (p21) による通信等を行うのが特徴である。

むせんラン【無線LAN】

➡**WLAN**　無線を使って構築した LAN のこと。

IEEE802.11 として規定された規格が普及している。イーサネットを無線で実

25

現したものと考えるとわかりやすい。

ワイ・ファイ【Wi-Fi】　業界団体である「Wi-Fi Alliance」が、無線LAN の規格である IEEE802.11 規格の機器の相互接続性を認証したことを示す名称のこと。

エル・ピー・ダブリュ・エー【LPWA：Low Power Wide Area】　消費電力が低く、遠距離まで届く電波によるアクセスのこと。

Wi-Fi の電波が届く範囲は100m から500m程度、携帯電話でも数 100m から数km程度までであるが、LPWA では100km程度まで届く規格もある。また、少量のデータだけをやりとりすることなどにより消費電力も少なくなる（例えば、毎日数回、数キロバイトのデータを送受信するなど）。これにより、例えば、乾電池を1つ入れておけば、数年にわたり数 10km から 100km程度の電波を飛ばして情報をやりとりできるようになるため、IoT（p96）機器における活用などが期待されている。

ルータ【Router】　ネットワーク層（インターネット層）において、データの転送経路を選択・制御し、複数の異なるネットワークを中継し転送する機器のこと（図表 21）。

OSI 参照モデル（p19）でいうネットワーク層（IP のインターネット層に相当）の情報（パケット内の IP アドレス（p3））を解析して、受信したデータを転送する転送先を決める機器である。ルータ内には、「ルーティング・テーブル」と呼ばれる表が保存されており、ある IP アドレスを宛先とするデータを受信した際に、それをどの転送先に送信したらよいかがわかるようになっている。このような機能を持つルータがバケツリレーのようにして **パケット**（p22）を送信することで、インターネットが利用できるよう

になっている。その仕組みは、簡単にいえば、近くにある機器は「ルーティング・テーブル」に記載されており、当該機器宛てのパケットが届くと、そこに向けてパケットを転送する。また、「近くにない場合（ルーティング・テーブルに記載されていない場合）にはここに送る」という宛先アドレスも決まっていて、ルーティング・テーブルに記載されてない IP アドレス宛てのパケットはそこに転送するようになっている。なお、**プライベート IP アドレス**（p4）と**グローバル IP アドレス**（p4）が変換され、プライベートなネットワーク内の機器とインターネット上のサーバとが情報をやりとりできるようになっているのも、ルータがあるからである。

ネットワーク・スイッチ【Network Switch】　受信したデータの宛先を見て、接続された他の機器への転送の可否を判断する機器のこと。

データリンク層（リンク層、OSI 参照モデル第 2 層）の情報（MAC アドレス等）で転送を行うものを「L 2 スイッチ」（Layer 2 スイッチ）、ネットワーク層（インターネット層、OSI 参照モデル第 3 層）の情報（IP）で転送を行うものを「L 3 スイッチ」（Layer 3 スイッチ）、トランスポート層の情報（TCP等）で転送を行うものを「L 4 スイッチ」（Layer 4 スイッチ）という。もっとも、多くのケースでは、「スイッチ」といえばデータリンク層（リンク層）において **MAC アドレス**（p21）を元にデータの転送を行う L 2 スイッチのことをいう。つまり、通常は、MAC アドレスに基づいて LAN を構築するのがスイッチ（L 2 スイッチ）であり、**IP アドレス**（p3）に基づいて LAN 同士をつなぐのが**ルータ**（p26）である（これに対し L 3 スイッチはルータとほぼ同

図表 22

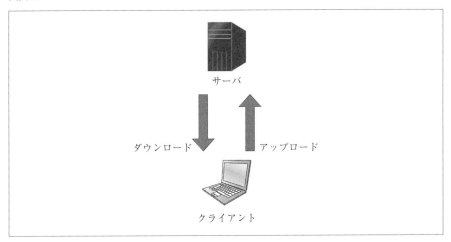

じ機能を持っていることになる）。

スイッチング・ハブ【Switching Hub】
「L2スイッチ」（Layer 2スイッチ）に、**イーサネット**（p25）のケーブルの集線装置をつけた機器のこと（**図表 21**）。

ダウンロード【Download】　サーバ（p100）にあるデータを、ネットワーク経由でクライアント（手元の PC 等）にコピーして保存すること。

　ネットワーク図でサーバを上に描き、クライアントを下に描くことから、サーバからデータが落ちてくるイメージである。そのため、「落とす」という表現を使うこともある（**図表 22**）。

アップロード【Upload】　クライアント（手元の PC 等）にあるデータを、ネットワーク経由でサーバにコピーして保存すること。ダウンロードの反対である（**図表 22**）。

ストリーミング【Streaming】　ダウンロードの一種であるが、ダウンロードが行われている最中にクライアント側で再生等の処理を始める方式のこと。

　ストリーミングは、主として音声（音楽）ファイルや動画ファイル等で利用されている。一般に、音声（音楽）ファイルや動画ファイルはファイルのサイズが大きく、ダウンロードが完了するまでに長い時間がかかる。そこで、ダウンロードがすべて終わるのを待つのではなく、ダウンロードが完了したファイルの一部分から順番に再生を始めるのが、ストリーミング（ストリーミング再生）である。例えば、30 秒間の動画ファイルのダウンロードに 30 秒かかるケースでは、ダウンロード完了まで待ってから再生すると 30 秒待たなければならないが、ダウンロード開始から 1 秒後には 1 秒間でダウンロードできたファイルの先頭部分のデータがあるから、残りをダウンロードしながら再生を開始すれば、体感の待ち時間は 1 秒だけということになる。再生の速度よりもダウンロードの速度が遅いと、再生すべきデータがなくなってしまうので、途切れてしまう。

　なお、実務的には、ダウンロードした

データをクライアントに保存するものを
「ダウンロード」、保存しないものを「ス
トリーミング」と区別することも多い。
著作権法の議論では、前者を「蓄積型自
動公衆送信」、後者を「入力型自動公衆
送信」と呼んで区別している。

オンデマンド【On Demand】　利用者から
の要求に応じてサービスを提供すること。
　ウェブサイトや動画配信サイトなど、
インターネット上のほとんどのサービス
は、オンデマンドで提供されている。オ
ンデマンドではないサービスの典型は、
テレビ放送である。利用者からの要求の
有無にかかわらず、提供が続けられてい
るからである。

こうしゅうそうしん【公衆送信】　公衆に
よって直接受信されることを目的として
無線通信または有線電気通信の送信を行
うこと。ただし、LAN（p24）内の送信
は除くとされている（著作権法2条1項7
号の2）。

ほうそう【放送】　著作権法と放送法で定
義が異なるが、電気通信のうち、送信者
と受信者の立場が固定されていて一方向
への情報伝達のみが行われ、受信者が公
衆であるもののことをいうと考えられ
る。著作権法では、公衆送信のうち、公
衆によって同一の内容の送信が同時に受
信されることを目的として行う無線通信
の送信（2条1項8号）と定義されてい
る。これに対し、放送法では、公衆によっ
て直接受信されることを目的とする電気
通信の送信（2条1号）と定義されてい
る。

ゆうせんほうそう【有線放送】　公衆送信
のうち、公衆によって同一の内容の送信
が同時に受信されることを目的として行
う有線電気通信の送信のこと（著作権法
2条1項9号の2）。

じどうこうしゅうそうしん【自動公衆送
信】　公衆送信のうち、公衆からの求め
に応じ自動的に行うもの（放送または有
線放送に該当するものを除く）のこと（著
作権法2条1項9号の4）。

　ウェブ・サーバ（p102）でウェブペー
ジ（p38）を公開してデータを送信する
ことや、**ダウンロード**（p27）させるこ
と、**ストリーミング**（p27）配信するこ
となど、「公衆」に対して送信すること
がこれにあたる。**電子メール**（p44）の
送信は自動公衆送信にはあたらない。

そうしんかのうか【送信可能化】　自動公衆
送信が可能な状態にすること。

　すでに公開されているサーバにデータ
を**アップロード**（p27）する行為（著作権
法2条1項9号の5イ）と、すでにデー
タが保存されているサーバを公開する行
為（同号ロ）の両者が含まれる。

つうしん【通信】　有線、無線その他の電
磁的方式により、符号、音響または影像
を送り、伝え、または受けること（電気
通信事業法2条1号）。

　著作権法上は「通信」の定義はない
が、著作権法においても放送法において
も「**放送**」（p28）の定義の中に「通信」
が含まれていることからもわかるとお
り、放送は通信の一種であるといえる。
すなわち、電気通信のうち、送信者と受
信者の立場が固定されていて一方向への
情報伝達のみが行われ、受信者が公衆で
あるものを「放送」と定義し、特別な規
制を及ぼしているということができる。

法令・判例と実務

■ダウンロードとストリーミングの実務的
な違い
　技術的には、ストリーミングとはダウン

図表 23

					情報料あり	情報料なし	最低使用料（月額）
ダウンロード	通常（楽曲配信、カラオケ配信、ミュージックビデオ配信等）	再生制限	なし	1曲1回	情報料の 7.7% 又は 7.7 円	6.6 円　5.5 円	5,000 円（5日までの場合1日1,000 円）
			30 日以内		情報料の 5.6% 又は 5.6 円	5 円　4.5 円	
			7 日以内		情報料の 4.5% 又は 4.5 円	3.85 円　3.5 円	
ストリーム				1回1曲	情報料の 4.5% 又は 4.5 円		

JASRAC「商用配信の場合で包括的利用許諾契約によるときの使用料早見表」の「1　音楽を主とした利用（リスニング用、カラオケ用、着信音等）」抜粋

ロードの一種であり、ダウンロードが完了する前にダウンロードが済んだデータから再生等することを意味するが、法務の実務としては、ダウンロードしたデータをクライアントに保存するものを「ダウンロード」、保存しないものを「ストリーミング」という形で区別していることが多い（著作権法の議論では、前者を「蓄積型」、後者を「入力型」と呼ぶ）。例えば、契約や利用規約で「ダウンロード」と「ストリーミング」が区別して記載されていれば、前者は保存できる形態、後者は保存できない形態であることが多い。JASRAC（日本音楽著作権協会）の著作権の使用料がこの典型であり、「ダウンロード形式」とは「受信先の記憶装置に複製がある配信形式です。」とされ、「ストリーム形式」とは「受信先の記憶装置に複製せずに利用させる配信の形式です。」とされている（JASRACウェブサイト「用語説明」より）（**図表 23**）。

裁判例では、東京地判平 28・4・21 判時 2316 号 97 頁が、ストリーミングは著作権法上の複製に当たらないと判断している。「受信複製物とは著作権等の侵害行為を組成する公衆送信が公衆によって受信され

ることにより作成された著作物又は実演等の複製物をいうところ（同項（筆者注：著作権法 114 条 1 項））、本件においてはダウンロードを伴わないストリーミング配信が行われたにとどまり、本件著作物 1 又は 2 のデータを受信した者が当該映像を視聴した後はそのパソコン等に上記データは残らないというのであるから、受信複製物が作成されたとは認められないと解するのが相当である。」

■ダウンロードの違法化

2010 年 1 月 1 日施行の著作権法により、「自動公衆送信……を受信して行うデジタル方式の録音又は録画」のうち、「著作権を侵害する」ものを「その事実を知りながら行う」行為は複製権侵害となるとされた（著作権法 30 条 1 項 3 号）。「自動公衆送信……を受信して行うデジタル方式の録音又は録画」が対象であるから、音楽や映像を、ダウンロードして保存するものを対象としたものである（端末側で保存しない「ストリーミング」が複製にあたらないことは、前記東京地判平 28・4・21）。

さらに、2020 年の通常国会に、著作権を侵害するコンテンツのダウンロードが違

法とされる対象を、音楽及び映像から、著作物全体に広げる著作権法改正法案が提出されている（著作権法 30 条 1 項 4 号・2 項、199 条 3 項 2 号・5 項等）。

著作権法

（私的使用のための複製）

第 30 条　著作権の目的となつている著作物（以下この款において単に「著作物」という。）は、個人的に又は家庭内その他これに準ずる限られた範囲内において使用すること（以下「私的使用」という。）を目的とするときは、次に掲げる場合を除き、その使用する者が複製することができる。

一　公衆の使用に供することを目的として設置されている自動複製機器（複製の機能を有し、これに関する装置の全部又は主要な部分が自動化されている機器をいう。）を用いて複製する場合

二　技術的保護手段の回避（第 2 条第 1 項第 20 号に規定する信号の除去若しくは改変（記録又は送信の方式の変換に伴う技術的な制約による除去又は改変を除く。）を行うこと又は同号に規定する特定の変換を必要とするよう変換された著作物、実演、レコード若しくは放送若しくは有線放送に係る音若しくは影像の復元（著作権等を有する者の意思に基づいて行われるものを除く。）を行うことにより、当該技術的

保護手段によつて防止される行為を可能とし、又は当該技術的保護手段によつて抑止される行為の結果に障害を生じないようにすることをいう。第 120 条の 2 第 1 号及び第 2 号において同じ。）により可能となり、又はその結果に障害が生じないようになつた複製を、その事実を知りながら行う場合

三　著作権を侵害する自動公衆送信（国外で行われる自動公衆送信であつて、国内で行われたとしたならば著作権の侵害となるべきものを含む。）を受信して行うデジタル方式の録音又は録画を、その事実を知りながら行う場合

［2 項略］

■岡崎市立中央図書館事件

　2010 年 3 月に、岡崎市立中央図書館の蔵書検索システムに一般の利用者がアクセスできない事態が発生した。その原因は、ある個人が作成した**クローラ**（p59）が、1 秒間に 1 回蔵書検索システムにアクセスし図書情報を取得したことにあった。その者が、偽計業務妨害の容疑で逮捕・勾留されたが（起訴猶予処分）、クローラそのものは、インターネットの**検索エンジン**（p58）等においても広く使われているものであり、攻撃の意図がなく、動作も 1 秒間に 1 回というクローラにおいてはしばしば見られる態様であったことから、逮捕・勾留の妥当性が議論を呼んだ。

第3 インターネットの仕組み③
：ドメイン名

【事例】自社名と同じまたは類似したドメイン名を他
社が勝手に使っている。
➡　　使用の中止を請求できるか？

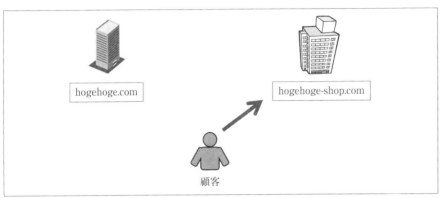

hogehoge.com

hogehoge-shop.com

顧客

　インターネット上のドメイン名は、その
会社の「顔」であり、自社名と同じまたは
類似したドメイン名を他社が勝手に取得し
て使用すれば、利用者は当該他社のウェブ
サイトばかりを閲覧してしまい、自社の
ウェブサイトに訪問してこないばかりか、
当該他社のウェブサイトを自社のウェブサ
イトと誤認する可能性がある。しかしなが
ら、ドメイン名の取得は原則として「先着
順」に行われるから、自社名と同じまたは
類似したドメイン名を取得されるケースは
多い。本項では、ドメイン名に関する紛争
処理の前提として、ドメイン名とは何なの

かを解説する。

用　　語

**ドメインめい【ドメイン名、Domain
Name】**　IP ネットワークにおいて個々
の端末を識別するための名称のこと。
＜公的文献等での定義＞
　「インターネットにおいて電気通信事
業者が受信の場所にある電気通信設備を
識別するために使用する番号、記号その

他の符号のうち、アイ・ピー・アドレスに代わつて使用されるものとして総務省令で定めるもの」（電気通信事業法 164 条 2 項 2 号）。

　（なお、同法施行規則 59 条の 2 第 2 項は、「法第 164 条第 2 項第 2 号の総務省令で定める番号、記号その他の符号は、文字及びドットの記号の組合せを末尾とする文字、数字又は記号の組合せとする」と定めている）

　不正競争防止法 2 条 10 項では「インターネットにおいて、個々の電子計算機を識別するために割り当てられる番号、記号又は文字の組合せに対応する文字、番号、記号その他の符号又はこれらの結合」と定義されている。また、ジャックス・ドメイン名事件（富山地判平成 12・12・6 判時 1734 号 3 頁）は、ドメイン名のことを「インターネットに接続しているコンピュータを認識する方法であり、IP アドレスという 32 ビットで構成された数字列を利用しやすいようにアルファベット文字で表現したもの」と判示している。

　インターネット上の住所にあたる **IP アドレス**（p3）は数字 4 つの組合せであるため、人間が覚えるのは難しい。そこで、人間がわかりやすいように、IP アドレスの代わりにアルファベットを使ったアドレスのことをドメイン名という。例えば、筆者らが所属する法律事務所のウェブサイトがあるサーバの IP アドレスは「122.28.56.111」であるが、これではわかりにくいので、「ushijima-law.gr.jp」というドメイン名がある。インターネットブラウザのアドレス欄に、「122.28.56.111」と入力しても「www.ushijima-law.gr.jp」と入力しても、いずれも同じホームページを見ることができる（**図表 24**）。なお、IP アドレスとドメイン名の変換は、Windows では

「nslookup」コマンドで実行できる。スタートボタン―すべてのアプリ―Windows システムツール―コマンドプロンプトを起動し、「nslookup」と入力し、スペースを 1 つ入れて **URL**（p39）を入力してエンターキーを押下すると、IP アドレスが表示される（**図表 25**）。インターネットブラウザのアドレス欄には通常 URL が表示されているが、ここに IP アドレスを入力すると、そのウェブサイトが表示される。このことから、URL と IP アドレスが技術的には同じものを意味していることがわかる。

トップ・レベル・ドメイン【TLD：Top Level Domain】　ドメイン名は、右から左に上位から下位のドメインを指すように記載されている。例えば、「recruit.ushijima-law.gr.jp」というドメイン名では、トップ・レベル・ドメイン（TLD）は「jp」である。「jp」のほかにも、「.com」や「.net」といったトップ・レベル・ドメインがある。トップ・レベル・ドメインは、ICANN（Internet Corporation for Assigned Names and Numbers：アイキャン）という国際的な非営利組織が管理しており、実際の運営・管理は、レジストリと呼ばれる企業が行っている。例えば、「.jp」を管理するのは日本レジストリサービス（JPRS）であり、「.com」を管理するのは米国の「ベリサイン」という会社である。ICANN はレジストリの管理も行っている。

サブ・ドメイン【Sub Domain】　ドメイン名の配下に設定された別のドメインのこと。

　「recruit.ushijima-law.gr.jp」というドメイン名では、トップ・レベル・ドメイン（TLD）は「jp」であり、「gr.jp」は「.jp」のサブ・ドメインである。JPRS は「gr.jp」や「co.jp」のレベルまでを管理して

図表 24

図表 25

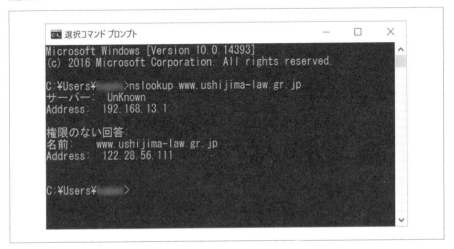

おり、そのサブ・ドメインである「ushijima-law」ドメインは、レジストラと呼ばれる企業が管理している。レジストラは、レジストリと契約を締結しており、利用者からドメインを作成したい旨の要求があると、レジストリのデータベースに新しいドメイン（サブ・ドメイン）を登録するサービスを提供している。「ushijima-law」のサブ・ドメインである「recruit」は「ushijima-law」を保有している牛島総合法律事務所が自ら管理して設置することができるサブ・ドメインである。

ディー・エヌ・エス【DNS : Domain Name System】 IP ネットワーク（p19）上で、ドメイン名（p31）と IP アドレス（p3）を対応付ける仕組みのこと。

例えば、ユーザがブラウザに「www.ushijima-law.gr.jp」と入力すると、DNS サーバに接続し、そのドメイン名のサーバのアドレスを問い合わせる。すると、DNS サーバが「122.28.56.111」という IP アドレスを回答してくれる。これにより、ブラウザは、「122.28.56.111」に対して通信を開始することができる。

ディー・エヌ・エス・サーバ【DNS サーバ】 ドメイン名（p31）と IP アドレス（p3）の対応関係を管理するサーバのこと。DNS の仕組みを提供しているサーバである。

法令・判例と実務

■自社名と同じまたは類似するドメイン名を他社が勝手に使っている

(1)　ドメイン名紛争処理

　ドメイン名の取得は「先着順」であるため、他社が勝手に自社と同じまたは類似するドメイン名を取得することはあり得る。その際には、日本知的財産仲裁センター（https://www.ip-adr.gr.jp/）に、ドメイン名紛争処理を申し立てることが考えられる。これは、悪用、濫用、悪意、不正目的のために登録されたドメイン名を移転・取り消す手続である。後述する不正競争防止法に基づく差止請求と異なり、ドメイン名を自社に移転することまで認められる点が重要である。立証を要する事項としては、

①登録者のドメイン名が、申立人が権利または正当な利益を有する商標その他表示と同一または混同を引き起こすほど類似していること

②登録者が、当該ドメイン名に関係する権利または正当な利益を有していないこと

③登録者の当該ドメイン名が、不正の目的で登録または使用されていること

があり、これが立証できれば、ドメイン名の移転・取消しが認められる（商標権者等の勝率は、約8割といわれている）。

(2)　不正競争防止法の「不正競争」

　他人と同一または類似のドメイン名を使用する行為等は、不正競争防止法の「不正競争」にあたることもある。

> 不正競争防止法
> 　（定義）
> 第2条　この法律において「不正競争」と
> は、次に掲げるものをいう。
> ［略］
> 　十九　不正の利益を得る目的で、又は他人に損害を加える目的で、他人の特定商品等表示（人の業務に係る氏名、商号、商標、標章その他の商品又は役務を表示するものをいう。）と同一若しくは類似のドメイン名を使用する権利を取得し、若しくは保有し、又はそのドメイン名を使用する行為

　したがって、このような場合、「不正競争」にあたるとして差止請求をすることができる（不正競争防止法3条1項）。具体的には、ドメイン名の使用（特定の使用方法または使用全般の）禁止、およびドメイン名の登録抹消が可能である。これに対し、ドメイン名の移転は認められないと解されている。また、損害賠償請求も可能である（不正競争防止法4条）。不正の目的で他人の商品等表示と同一または類似のドメイン名を商品等表示として使用し、他人の商品または営業と混同を生じさせる行為をした場合には、不正競争防止法21条2項1号に該当し、刑事罰の対象となることになる。

【参考判例1】富山地判平成12・12・6判時1734号3頁、JACCS事件

事案の概要

　「JACCS」という表示を用いて営業活動を行っている原告が、インターネット上で「http://www.jaccs.co.jp」というドメイン名を使用し、かつ、開設するホームページにおいて「JACCS」の表示を用いて営業活動をしていた被告に対して、上記ドメイン名の使用およびホームページ上での「JACCS」の表示の使用が不正競争行為（不正競争防止法2条1項1号・2号）に該当するとして、上記ドメイン

名の使用の差止めおよびホームページ上の営業活動における上記表示の使用の差止めを求めた事案。

要　旨

ドメイン名の使用が「商品等表示」の「使用」（不正競争防止法2条1項1号・2号）にあたるか否かは、当該ドメイン名の文字列が有する意味（一般のインターネット利用者が通常そこから読みとるであろう意味）と当該ドメイン名により到達するホームページの表示内容を総合して判断する。

参考となる判示部分

（本件ドメイン名の使用が「商品等表示」の「使用」（不正競争防止法2条1項1号・2号）に該当するか否かについて）「ドメイン名がその登録者を識別する機能を有する場合があることからすれば、ドメイン名の登録者がその開設するホームページにおいて商品の販売や役務の提供をするときには、ドメイン名が、当該ホームページにおいて表れる商品や役務の出所を識別する機能をも具備する場合があると解するのが相当であり、ドメイン名の使用が商品や役務の出所を識別する機能を有するか否か、すなわち不正競争防止法2条1項1号・2号所定の「商品等表示」の「使用」に当たるか否かは、当該ドメイン名の文字列が有する意味（一般のインターネット利用者が通常そこから読みとるであろう意味）と当該ドメイン名により到達するホームページの表示内容を総合して判断するのが相当である。」

（3）　商標権の侵害

ドメイン名は、人間が理解できる文字列であるため、ブランドの一部となる。したがって、場合によっては商標法により保護されることになる。

【参考判例②】大阪地判平成23・6・30判タ1355号184頁、モンシュシュ商標権侵害差止等請求事件（控訴審：大阪高判平成25・3・7裁判所ウェブサイト）

事案の概要

「MONCHOUCHOU」という商標について商標権を有する原告が、「mon-chouchou.com」（「monchouchou」ではなく、間にハイフンが入っている）というドメイン名でホームページを開設している点などを捉えて、商標権の侵害を主張して、使用の禁止を求めた事案。

要　旨

ドメイン名の一部が商標として使用されていると認定し、使用の禁止を認めた（なお、控訴審では、被告が使用を止めていたことから、損害賠償のみが認められた）。

参考となる判示部分

「(1)被告は、被告標章4は、ホームページアドレスを表示したものであり、商標として使用されているものではないと主張するので、以下検討する。
(2)ドメイン名自体の広告的機能

被告標章4は、被告のホームページアドレスそのものではないものの、ホームページアドレスを構成するドメイン名（mon-chouchou.com）の一部である（甲10）。

しかしながら、上記ドメイン名は、被告商品の保冷バッグ（甲9）や包装用紙袋（甲132）に表記されているほか、被告のテーマカラーであるオレンジとブラウンで（乙168）、被告商品の包装箱風に着色されたトラックの車体広告に、被告自身が商標的使用であること（役務標章であること）を認めている被告標章1と共に記載されており（甲32）、被告商品ないし被告の営む洋菓子販売業に係る広

告的機能を発揮しているといえる。

(3)出所識別標識としての重畳的使用

　被告は、被告標章4を、被告の略称であると主張している。

　そして、社名を冠したドメイン名を使用して、ウェブサイト上で、商品の販売や役務の提供について、需要者たる閲覧者に対して広告等による情報を提供し、あるいは注文を受け付けている場合、当該ドメイン名は、当該ウェブサイトにおいて表示されている商品や役務の出所を識別する機能を有しており、商標として使用されているといえるところ、被告は、ウェブサイト上で、被告商品の情報を提供し、注文を受け付けている（甲10、35、44）。

　そうすると、被告のドメイン名は、単にホームページアドレスの一部として使用されているものではなく、出所識別標識としても使用されているといえる。

(4)出所識別標識としての使用

　被告標章4と同じ、「mon」と「chouchou」の間に「－」を記載した態様は、被告店舗15の店舗名表記にも使用されている（甲114）。

(5)以上のことからすれば、被告標章4は、商標として使用されていると認められる。」

第4 WWWに関連する基本的な概念

概　説　【事例】自社サイトへのリンクを勝手に張られた。
➠　リンクを張るなと要求できるか？

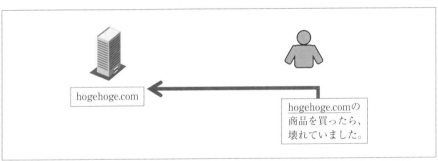

hogehoge.com

hogehoge.comの商品を買ったら、壊れていました。

　インターネット上のウェブサイト（ホームページ）や、SNS・口コミサイトへの投稿に、自社のウェブページへのハイパー・リンクが張られているときに、これを削除するように要求することができるだろうか。また、逆に、自社のウェブサイトから他社のウェブサイトにハイパー・リンクを張る際に、当該他社の許諾を得る必要があるだろうか。本項では、WWW およびそれを形作るハイパー・リンクについて解説する。

用　語

ハイパー・リンク【Hyper Link】
➡**リンク**　文書の中に記載された、他の文書への参照（リンク）のこと。
　文書の中にリンクを記載しておくだけでリンク先の文書にジャンプできるという画期的な発明であり、これにより世界中の情報にアクセスできるようになった。ハイパー・リンクとは、文字どおり、「すごいリンク」という意味である（図表26）。

図表 26

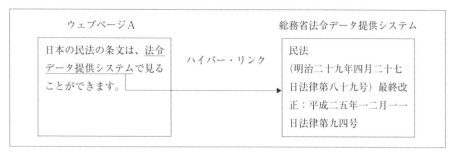

ハイパー・テキスト【Hyper Text】 ハイパー・リンク（p37）が含まれているテキスト（文書）のこと。

ウェブページ【Webpage】
➡ページ インターネット上に存在する文書のこと。

　通常、ウェブブラウザで閲覧する。日本では、後述する「ホームページ」といったほうがとおりがよい。HTML（p39）という言語で記述されているのが通常である。
＜公的文献等での定義＞
　「インターネットを利用した情報の閲覧の用に供される電磁的記録で文部科学省令で定めるもの」（令和2年改正著作権法113条4項）。

ウェブサイト【Website】
➡サイト ウェブページの集合体のこと。単に「サイト」と呼ばれることもある。
＜公的文献等での定義＞
　「送信元識別符号のうちインターネットにおいて個々の電子計算機を識別するために用いられる部分が共通するウェブページ…の集合物（当該集合物の一部を構成する複数のウェブページであつて、ウェブページ相互の関係その他の事情に照らし公衆への提示が一体的に行われていると認められるものとして政令で定める要件に該当するものを含む。）」（令和2年改正著作権法113条4項）。

トップ・ページ【Top Page】
➡メイン・ページ ウェブサイトの「入り口」となっているページのこと。ホームページともいう。

ホームページ【Homepage】 最初に表示されるウェブページのこと。

　日本では、一般に、「ウェブページ」、「ウェブサイト」および「トップページ」と同じ意味で用いられている。本来は、ウェブサイト上のトップページのことや、ブラウザを起動した際に最初に表示されるように設定されているウェブページを指す用語であり（注1）、英語で「Home Page」といっても意味が通じないことがあるから注意が必要である（注2）。

　（注1）ウェブサイト内のページに、しばしば「ホームに戻る」というボタンがあるが、戻る先のページが本来の意味での「ホームページ」である。
　（注2）企業の「ホームページ」は、英語では、「official website」や「official site」と表現されるのが一般である。

ワールド・ワイド・ウェブ【WWW：World Wide Web】 世界中（world wide）のウェブページが、ハイパー・リンクを通じて、蜘蛛の巣（web）のように相互に参照可能になっている、インターネット上

図表 27

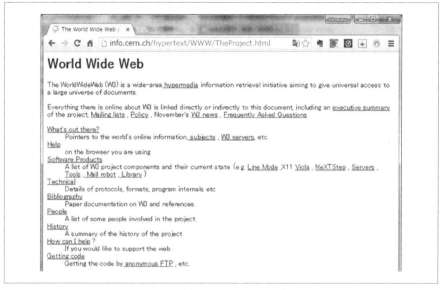

（CERN の The World Wide Web プロジェクトのウェブページ。ここから WWW が生まれた）

で提供されているシステムのこと。

通常は、ウェブブラウザを利用して WWW を閲覧する。なお、ハイパー・リンクおよびハイパー・テキストは、CERN（欧州原子核研究機構）に所属していたイギリス人のティム・バーナーズ＝リー博士が発明したものであり、1991 年 8 月 6 日に同氏が初めてウェブサイトを公開した日が WWW 誕生の日とされている（図表 27）。

ユー・アール・エル【URL：Uniform Resource Locator】 インターネット上の場所を示す書式のこと。

リソースの種類、サーバ名、ドメイン名、ポート番号、フォルダ名、ファイル名等を示す。インターネットブラウザの「アドレス」欄に表示されるウェブページのアドレスと考えるとわかりやすい。

URL は、例えば「http：//law.e-gov.go.jp/ htmldata/M29/M29HO089.html」と表現される。「http」はプロトコルに HTTP を使うことを示し、law.e-gov.go.jp は、「e-gov.go.jp」ドメインの「law」サーバを意味する。同サーバ中の、「htmldata」の「M 29」という場所にある、「M29HO089.html」というファイルを指し示している。

著作権法、古物営業法令等においては、「送信元識別符号」と定義されている。

＜公的文献等での定義＞

「自動公衆送信の送信元を識別するための文字、番号、記号その他の符号」（著作権法 47 条の 5 第 1 項 1 号）（「送信元識別符号」の定義）。

そうしんもとしきべつふごう【送信元識別符号】

➡ユー・アール・エル

エイチ・ティ・エム・エル【HTML：Hyper

図表 28

Text Markup Language】　ハイパー・テキスト（p38）を用いたウェブページを作成・記述する際に使用される言語のこと。

　実体はテキストファイルであり、文字や画像をどのようにレイアウトするかや、どの部分をどのウェブページにリンクするかなどを、タグ（p40）と呼ばれる文字列で表現するのが特徴である。HTML の基本的構造はメタタグ（p59）参照。

エイチ・ティ・エム・エル・タグ【HTMLタグ】

➡タグ　HTML内において、「＜」と「＞」で囲まれた記述のこと。

　タグの種類は多数存在しているが、ハイパー・リンク（p37）は、以下のような「リンクタグ」を使って表現される。

〔単なるテキストのデータ〕
日本の民法の条文は、法令データ提供システムで見ることができます。

〔ハイパー・リンクを記載した HTML データ〕
日本の民法の条文は、＜a href＝"http：//law.e-gov.go.jp/htmldata/M29/M29HO089.html"＞法令データ提供システム＜/a＞で見ることができます。

　「＜」と「＞」で囲まれている部分、

上記の例でいうと「＜a href＝"○○"＞」および「＜/a＞」がタグである。「a」はハイパー・リンクを示す「アンカータグ」を意味する。「a」とはアンカー（anchor）の略であり、「＜a＞」と書いてあると「リンクを張る」という意味である。href は hypertext reference の略であり、href＝の後の「"　"」内に URL を記載すれば、ハイパー・リンクを張ることができる。上記の HTML のテキストを「○○.html」というファイル名で保存して、ウェブブラウザ（p41）で開くと、図表 28 のとおりウェブページ（p38）として表示される。前記の「法令データ提供システム」というハイパー・リンクをクリックすると、http：//law.e-gov.go.jp/htmldata/M29/M29HO089.html というウェブページを開くことができる（現在は、e-gov の URL の構造が変わっているから、これは例にすぎない。）。このように、テキストにタグで属性を与えてやるだけで、簡単にウェブページを作ることができるのが、HTML の特徴である。

　（注）メタタグについては p59 参照。

シー・ジー・アイ・プログラム【CGI プログラム：Common Gateway Interface】

　ウェブ・サーバが、ウェブブラウザ等の要求に応じてプログラムを起動する仕組みのこと。

　「http：//www.○○.co.jp/cgi/getdata.cgi」

などとプログラムが置かれている場所を
URL で指定することによって起動する
ことができる。データの送受信もでき、
起動したプログラムが受け取ったデータ
を元に HTML を動的に出力することが
できる。通常はあらかじめ用意された
HTML ページ（静的ページ）を表示する
だけだが、CGI により、動的なウェブサ
イトを作ることができる（例えば掲示板
やブログなど）。例えば、「甲野太郎」と
いうデータを「http：//www.○○.co.jp/
cgi/getdata.cgi」に送信し、サーバ側にあ
る getdata.cgi というプログラムが起動し
て処理を実行し、「あなたの名前は甲野
太郎です」と表示する HTML を出力す
る、つまり、当該ウェブページ上に「あ
なたの名前は甲野太郎です」と表示する
といった形で利用される。

ブラウザ【Browser】　コンピュータで様々
な情報を閲覧するためのソフトウェアの
こと。

例えば、画像を見るときは画像ブラウ
ザ、テキストファイルを見るときにはテ
キストブラウザを使うが、単に「ブラウ
ザ」と言ったときには、ウェブサイトを
閲覧するための「ウェブブラウザ」を指
していることが多い。マイクロソフト社
の Internet Explore、グーグル社の Chrome、
アップル社の Safari などがウェブブラウ
ザの例である。

インラインリンク【Inline Link】　リンク
元のウェブページを閲覧する際に、閲覧
者の操作を介することなく、自動的にリ
ンク先のウェブサイトの画面またはこれ
を構成するファイルが当該閲覧者の端末
に送信されて表示されるように設定され
たリンクのこと。

フレームリンク【Frame Link】　ウェブブ
ラウザ（p41）の表示を複数の「フレー
ム」と呼ばれる領域に区切り、リンク元

のウェブページのフレームの中にフレー
ムごとに別のリンク先のウェブページを
表示させる態様のリンクのこと。

近時は「フレーム」そのものがほとん
ど使われないから、フレームリンクが問
題になることも少ない。

法令・判例と実務

■ハイパー・リンクの法務

第三者のウェブページから、無断で、自
社のウェブページに対するハイパー・リン
クが張られた場合に削除を要求できるであ
ろうか。また、自社のウェブページから他
者のウェブページにハイパー・リンクを張
る際に、当該他者の承諾が必要となるであ
ろうか。

(1)　ハイパー・リンクと著作権

まず、ハイパー・リンクを張ることは、
ハイパー・リンク先のウェブページの著作
権を侵害するかが問題となる。**ハイパー・
リンク**（p37）とは、文書の中に記載され
た他の文書への参照（リンク）である。そ
の実体は、**HTML**（p39）で記載された下記
のような **URL**（p39）である。

```
a href="http：//law.e-gov.go.jp/htmldata/
M29/M29HO089.html"
```

つまり、ハイパー・リンクとは、当該
ウェブページが存在している場所を記載し
ているだけであり、リンク先のコンテンツ
を自ら送信しているわけではない。した
がって、ハイパー・リンクは、通常、リン
ク先のコンテンツの著作権（複製権・送信
可能化権等）を侵害するものではない。

(2)　不法行為に基づく責任

ハイパー・リンクを張ることにより、リ
ンク先とリンク元の関係等が誤認され、リ

ンク先のウェブページ開設者の名誉・信用が毀損されたりすると、不法行為責任が生じる可能性がある（刑法上の信用毀損罪、名誉毀損罪が成立する可能性もある）。例えば、アダルトサイトが企業へのリンクを張ることにより当該企業がアダルトサイトの関係者や広告主であるように誤認させるケースや、「○○は嘘つきだ」と虚偽の記載をして「○○」に他者のウェブページへのリンクを張るケースなどがこれにあたる。もっとも、これは、ハイパー・リンクを張ることそのものによる問題というよりも、ハイパー・リンクという手段により通常の不法行為が行われているケースということができる。なお、新聞社の見出しを、無断で、営利の目的をもって、反復継続して、情報の鮮度が高い時期にデットコピーして配信したケースで、見出しそのものは著作物とはいえないが、かかる行為そのものが不法行為を構成すると判断した事件があるから注意が必要である。

【参考判例】知財高判平成 17・10・6 裁判所ウェブサイト（著作権判例百選(第 4 版)10 頁）、YOL 事件

事案の概要

　被告が、Yahoo! ニュースへのリンクを張り、その見出しの多くを Yahoo! ニュースの見出しの語句と同一の語句にしていた。Yomiuri On Line（YOL）を運営していた読売新聞社が、かかる行為は

①YOL 上の見出しの複製権等の侵害にあたる

②YOL 上の記事の複製権侵害にあたる

③不正競争防止法 2 条 1 項 3 号（形態模倣）の不正競争行為にあたる

④不法行為にあたる

と主張して、損害賠償等を求めた。

要　旨

　上記①〜③は否定しつつも、不法行為にあたるとして損害賠償請求を一部認容した。

参考となる判示部分

　「本件 YOL 見出しは、控訴人の多大の労力、費用をかけた報道機関としての一連の活動が結実したものといえること、著作権法による保護の下にあるとまでは認められないものの、相応の苦労・工夫により作成されたものであって、簡潔な表現により、それ自体から報道される事件等のニュースの概要について一応の理解ができるようになっていること、YOL 見出しのみでも有料での取引対象とされるなど独立した価値を有するものとして扱われている実情があることなどに照らせば、YOL 見出しは、法的保護に値する利益となり得るものというべきである。一方、前認定の事実によれば、被控訴人は、控訴人に無断で、営利の目的をもって、かつ、反復継続して、しかも、YOL 見出しが作成されて間もないいわば情報の鮮度が高い時期に、YOL 見出し及び YOL 記事に依拠して、特段の労力を要することもなくこれらをデッドコピーないし実質的にデッドコピーして LT（著者注：後記「ライントピックス」のこと）リンク見出しを作成し、これらを自らのホームページ上の LT 表示部分のみならず、2 万サイト程度にも及ぶ設置登録ユーザのホームページ上の LT 表示部分に表示させるなど、実質的に LT リンク見出しを配信しているものであって、このようなライントピックスサービスが控訴人の YOL 見出しに関する業務と競合する面があることも否定できないものである。

　そうすると、被控訴人のライントピックスサービスとしての一連の行為は、社

会的に許容される限度を越えたもので
あって、控訴人の法的保護に値する利益
を違法に侵害したものとして不法行為を
構成するものというべきである。」

(3)　不正競争防止法に基づく責任

　通常のリンクであれば、ハイパー・リン
クを張る行為が「不正競争行為に該当する
可能性は極めて低い」と考えられる（経済
産業省「電子商取引及び情報財取引等に関す
る準則」（平成 28 年 6 月）ii.12 頁）。しかし
ながら、例えば、他人を自社のグループ会
社や提携先であるかのように誤認させるよ
うにリンクを張った場合などには、不正競
争行為に該当する場合もあると考えられ
る。ただし、これもハイパー・リンク特有
の問題ではなく、そのような表記をするこ
との問題にすぎない。また、**インラインリ
ンク**（p41）や**フレームリンク**（p41）の場
合には、リンク先の商品等表示をリンク元
の営業とリンク先の営業とを誤認混同させ

るように使用した場合や、著名な商品等表
示を自己の商品等表示として使用した場合
には、不正競争行為に該当する可能性があ
る（同準則同頁）。

(4)　商標法に基づく責任

　通常のリンクであれば、リンク先に他人
の商標が表示されていたとしても、当該商
標を出所表示として使用する行為にあたら
ず、商標権侵害にはならないのが一般的で
ある。これに対し、**インラインリンク**
（p41）や**フレームリンク**（p41）の場合に
は、閲覧者から見て、リンク元のウェブ
ページの作成者があたかもリンク先の他人
の商標を使用し、当該商標が出所表示機能
を発揮しているような場合もあり得る。そ
のような態様での使用は、商標法上の「使
用」と評価される可能性もあるものと考え
られている（経済産業省「電子商取引及び情
報財取引等に関する準則」（令和 2 年 8 月）
163 頁～164 頁）。

第5 電子メールに関連する基本的な概念

概　　説

【事例】顧客にメールが届かなかった。

➡　契約は成立しているか？

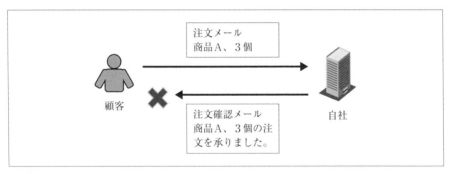

注文メール
商品A、3個

顧客

注文確認メール
商品A、3個の注
文を承りました。

自社

　インターネット・ショッピングのウェブサイトを運営している会社が、顧客からの注文の意思表示を受領したのを受けて、当該注文を承諾する意思表示をする電子メールを顧客に送信した。ところが、インターネットの通信状態が悪く、承諾の電子メールが顧客に届かなかった。この場合に、契約は成立しているだろうか。本項においては、インターネット上の電子メールの仕組みを解説し、それに基づいた契約の成否などについて説明する。

用　　語

でんしメール【電子メール】

➡**e-mail**　ネットワークを通じてメッセージのやりとりを行う仕組みのこと。

　特定電子メール法2条1号では、「特定の者に対し通信文その他の情報をその使用する通信端末機器（入出力装置を含む。以下同じ。）の映像面に表示されるようにすることにより伝達するための電気通信（電気通信事業法（昭和59年法律第86号）第2条第1号に規定する電気通信を

いう。）であって、総務省令で定める通信方式を用いるものをいう。」と定義されている。

エス・エム・ティー・ピー【SMTP：Simple Mail Transfer Protocol】　電子メールを送信するための TCP/IP を利用したアプリケーション層のプロトコルのこと。

　メールを送信するクライアントから送信用メール・サーバ（SMTP サーバ）への送信や、送信用メール・サーバ（SMTP サーバ）から、中継するサーバや受信側のサーバへの転送に用いられる。

ピー・オー・ピー（ポップ）【POP：Post Office Protocol】　メールを受信しダウンロードするための TCP/IP を利用したアプリケーション層のプロトコルのこと。

　受信側クライアントがメール・サーバからメールを受信する際に用いられる。現在は、POP バージョン 3（POP 3）が

利用されている。

　メールは**図表 29** のとおりの仕組みで送受信される。①送信側の**メール用アプリケーション**（**MUA**（p46））が、②「SMTP」で、③SMTP サーバ（送信用メール・サーバ。MTA）にデータを送信する。③SMTP サーバは、メール・アドレスを確認し、宛先となっているドメインの⑤SMTP サーバに④SMTP を使って当該データを転送する。⑦受信側メール用アプリケーション（MUA）は、定期的に⑤POP サーバにメールが届いていないかを確認し、届いていたら、「POP」または「IMAP」でデータをダウンロードまたは「閲覧」する。このように、メールは、SMTP サーバを通じて配信され、相手方の SMTP サーバに蓄えられる。メール・アドレスが誤っていた際などにエラーでメールが戻ってくるが、それは、受信側の SMTP サーバに届かな

図表 29

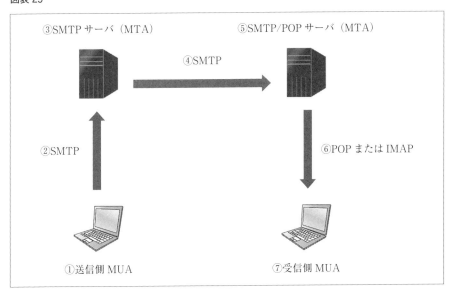

①送信側 MUA　　⑦受信側 MUA

かったことを意味している。一旦受信側の SMTP サーバに保存されてしまえば、その先で受信側MUA がそのデータをダウンロードしに来たかどうかは、送信側からはわからない。つまり、メールが受信側の MUA で開かれたかどうかを確認する手段は SMTP/POP の仕組みの中にはないのである。その意味で、SMTP/POP による電子メールは、私書箱へ郵便物を届けるのと同じということができる。送信側では、郵便局の私書箱に届けられたことしか追跡できず、本人が私書箱にその郵便物を取りに来たかどうかはわからないのである。

アイマップ【IMAP：Internet Message Access Protocol】　サーバ上にある電子メールを閲覧するアプリケーション層のプロトコルのこと。

現在では、IMAP バージョン 4（IMAP 4）が利用されている。POP ではサーバから電子メールをダウンロードして端末側に保存するが、IMAP では電子メールはサーバ側にとどまり、端末側ではそれを閲覧するだけである。大容量のストレージを確保することが難しかった時代には POP を使って端末に電子メールをダウンロードさせ、サーバ側では電子メールを削除するケースが多かった。ところが、大容量のストレージが低価格化すると、電子メールそのものはサーバに保存しておき、それを閲覧するだけの IMAP が流行し出した。IMAP であれば、いつでもどこでも、パソコンからもスマートフォンからも、同じデータを閲覧することができ、端末側に保存する必要がない。サーバ上でフォルダを作成して保存することもできるため、ネットワークの接続環境さえあれば、IMAP のほうが便利なのである。

エム・ティー・エー【MTA：Mail Transfer Agent】　電子メールを送信するサーバのこと。

エム・ユー・エー【MUA：Mail User Agent】　電子メールを受信・閲覧するソフトウェアのこと。

Outlook や Notes といった「メーラー」あるいは「電子メールクライアント」と呼ばれるソフトのことである。

メール・アドレス【e-mail address】
➡電子メール・アドレス　電子メールの配信先を示すアドレスのこと。

特定電子メール法 2 条 3 号では、「電子メールの利用者を識別するための文字、番号、記号その他の符号をいう。」と定義されている。例えば「abc@hogehoge.com」というアドレスは、「hogehoge.com」というドメインの「abc」というユーザであることを意味する。したがって、MTA は、DNS サーバにアクセスし、「hogehoge.com」というドメインのメール・サーバ（MTA）を探し出して、そこに電子メールを転送する。受け取った「hogehoge.com」のメールサーバは、それを「abc」というユーザの「私書箱」に保存しておくのである。

とくていでんしメール【特定電子メール】
広告または宣伝を行うための手段として送信する電子メールのこと。

特定電子メール法 2 条 2 号に定義があり、「電子メールの送信（国内にある電気通信設備（電気通信事業法第 2 条第 2 号に規定する電気通信設備をいう。以下同じ。）からの送信又は国内にある電気通信設備への送信に限る。以下同じ。）をする者（営利を目的とする団体及び営業を営む場合における個人に限る。以下「送信者」という。）が自己又は他人の営業につき広告又は宣伝を行うための手段として送信をする電子メールをいう。」と定められている。

法令・判例と実務

■電子メールによる意思表示と「到達」

2020年4月1日に施行された改正民法により、隔地者間の契約も、原則（民法97条）どおり、意思表示の到達によって成立するものとされた（改正前には、隔地者間の契約の成立時期は、承諾の意思表示の発信時であるとされており（旧民法526条1項）、電子消費者契約法により、電子承諾通知についてのみ、到達主義の原則に戻すという仕組みになっていた（旧電子消費者契約法4条））。

したがって、電子メールにより契約を締結する際に、「到達」とはどのような場合をいうのかが問題となる。例えば、電子メールを発信したが受信者側のサーバにエラーが発生して戻ってきてしまった場合や、受信者側のPOPサーバには届いたが、相手方がそれをPOPにより端末にダウンロードせず読まなかった場合に、契約が成立しているであろうか。

この点、意思表示の到達とは、意思表示が相手方にとって了知可能な状態におかれたこと、換言すれば意思表示が相手方のいわゆる支配圏内におかれたことをいうと解されている（最判昭和36・4・20民集15巻4号774頁、最判昭和43・12・17民集22巻13号2998頁）。これを電子メールについて考えると、**SMTP**（p45）による電子メールの送信は、宛先のメール・サーバに届けるところまでしか行わない。相手方は、自らのメール・サーバに**POP**（p45）または**IMAP**（p46）によってメールをダウンロードまたは閲覧しにいくことになる。したがって、相手方が当該メール・サーバにPOPまたはIMAPによってアクセスすることができる状況下で相手方のメール・サーバに届いた時点で、相手方にとって了知可能な状態におかれたといえる。

経済産業省「電子商取引及び情報財取引等に関する準則」（令和2年8月）（6頁〜7頁）
電子メールにより通知が送信された場合は、通知に係る情報が受信者（申込者）の指定した又は通常使用するメールサーバ中のメールボックスに読み取り可能な状態で記録された時点であると解される。具体的には、次のとおり整理されると考えられる。

①相手方が通知を受領するために使用する情報通信機器をメールアドレス等により指定していた場合や、指定してはいないがその種類の取引に関する通知の受領先として相手方が通常使用していると信じることが合理的である情報通信機器が存在する場合には、承諾通知がその情報通信機器に記録されたとき、②①以外の場合には、あて先とした情報通信機器に記録されただけでは足りず、相手方がその情報通信機器から情報を引き出して（内容を了知する必要はない。）初めて到達の効果が生じるものと解される。

なお、仮に申込者のメールサーバーが故障していたために承諾通知が記録されなかった場合は、申込者がアクセスし得ない以上、通知は到達しなかったものと解するほかない。

他方、承諾通知が一旦記録された後に何らかの事情で消失した場合、記録された時点で通知は到達しているものと解される。

■特定電子メール法

インターネットの普及、特に携帯電話による電子メールの普及により、迷惑メールが社会問題化したことを踏まえ、2002年、電子メールの利用についての良好な環境の

整備を図る目的で、特定電子メール法が成立・施行された。電子メールは、**SMTP**（p45）というプロトコルを利用して受信者の**メール・サーバ**（p102）（**MTA**（p46））に届くが、多くのメールサーバでは受信そのものに制限を設けていないため、誰からのメールであっても受信してしまう。そして、受信者の端末では、**POP**（p45）プロトコルで、自分宛てでメール・サーバに届いているメールはすべてダウンロードしてしまう。そのため、例えばウェブページであれば、見たくないウェブページは見にいかなければ済むものに対し、電子メールについては、見たいと思わないメール（迷惑メール）であっても受信してしまう結果となる。そこで、特定電子メール法は、広告または宣伝を行う手段として送信するメールを「特定電子メール」と定義したうえで（2条2号）、特定電子メールの送信の適正化のための措置等を定めている。

（特定電子メールにあたるもの）
・営業上のサービス・商品等に関する情報を広告または宣伝しようとするもの
・営業上のサービス・商品等に関する情報を広告または宣伝しようとするウェブサイトへ誘導することがその送信目的に含まれるもの
・SNS への招待や懸賞当選の通知、友達からのメールや会員制サイトでの他の会員からの連絡などを装って営業目的のウェブサイトへ誘導しようとするもの
（特定電子メールにあたらないもの）
・取引上の条件を案内する事務連絡や料金請求のお知らせなど取引関係に係る通知であって広告または宣伝の内容を含まず、広告または宣伝のウェブサイトへの誘導もしないもの
・単なる時候の挨拶であって、広告や宣伝の内容を含まず広告または宣伝のウェブサイトへの誘導もしないもの

具体的には、特定電子メールを送信する者（送信者）は、書面によりメールアドレスを通知した者などの一定の例外を除き、事前に同意の通知等をした者にしか特定電子メールを送信することができず（特定電子メール法3条1項。いわゆるオプトイン規制）、同意があった場合にはこれを証する記録を保存しなければならない（同条2項）。また、送信者は、事前に同意の通知等をした者から、事後に、特定電子メールの送信をしないように求める通知（オプトアウトの通知）を受けた場合には、以降特定電子メールを送信することができない（同条3項。いわゆるオプトアウト規制）。

送信者は、特定電子メールの送信にあたり、送信責任者の氏名、名称および連絡先（電話番号、電子メールアドレスまたは URL）の表示をしなければならず（特定電子メール法4条）、また、送信者情報を偽った送信（5条）や架空の電子メールアドレスを宛先とする送信（6条）が禁じられている。これらの規定を遵守しない場合、総務大臣および内閣総理大臣から措置命令が下される可能性がある（7条）。

特に、送信者情報を偽った送信（5条）や架空の電子メールアドレスを宛先とする送信（6条）を行った場合には、上記措置命令のほかに、電子通信事業者から電気通信役務の提供を拒否されることがある（11条）。さらに、送信者情報を偽った送信（5条）や措置命令違反（7条）に対しては、罰則が設けられている（34条以下。両罰規定あり（37条））。

■迷惑メールの送信に関する裁判例
　迷惑メールの送信については、電子通信事業者による送信差止仮処分の申立てや損害賠償請求を認めた裁判例がある。

【参考判例1】横浜地決平成13・10・29 判時1765号18頁、NTTド コモ仮処分事件

事案の概要

　電子通信事業者であるNTTドコモ（債権者）が、不特定多数の電子メールアドレス宛てに出会い系サイトへの勧誘メールを大量かつ継続的に送信していたダイレクトメール業者（債務者）に対して、電子メール送信を禁止する仮処分命令の申立てを行った事案である。送信する側は、プログラムによって自動的に宛先のメールアドレスを付した同じ内容の電子メールを、SMTP（p45）プロトコルを利用して次々送信すればよいから、大きな投資は必要ない。これに対し、受信側は、継続的に大量のメールが届くと、それに対応したメールサーバの容量、通信回線等が必要となり、大きな負担となるのである。本件では、それが追いつかず、通信設備への障害まで発生したのである。

要　旨

　本件では、債務者の大量かつ継続的な電子メールの送信行為等に起因して債権者の所有する電気通信設備に機能障害が発生する等の事態が発生したことから、債権者が債務者に対し上記電子メールの送信行為を直ちに中止するとともに、その旨の誓約書を提出することを要求する旨の警告書を送付したが、債務者は上記警告書を受領後も電子メールの送信行為を止めなかった。本件において、裁判所は、以下のとおり述べ、債務者に対して本件電子メールの送信行為自体を一般的に禁止することは相当でないとする一方で、1年間、宛先となる電子メールアドレスにランダムな数字を当てはめる等の方法により営利目的の電子メールを送信する等して、債権者の所有する電気通

設備の機能の低下もしくは停止をもたらすような行為を禁止する旨判断した。

参考となる判示部分

　「近時、いわゆる「出会い系サイト」に関連した犯罪が多発するなど大きな社会問題となっていることや、携帯電話やインターネット上の迷惑メールに対して何らかの規制の必要性が指摘されていることは債権者の主張するとおりであるけれども、現在の法制度の下においては、商用電子メールの送信行為自体は、正当な営業活動の一環として法的保護の対象となる営業の自由に含まれているとの議論もされているところでもあり、したがって、保全処分手続の現段階で債務者に対して本件電子メールの送信行為自体を一般的に禁止することは相当でないと考えられる。しかしながら、本件では、債務者の本件電子メールの送信の方法、時期及び回数が前記認定のとおりであり、それが債権者の電気通信設備等に発生した具体的な機能障害等の大きな原因となっており、債務者の上記行為が債権者の電気通信設備に対する所有権を侵害しているものと評価できること、しかるに債務者は、債権者の警告後も依然として従前と同様の方法により本件電子メールの発信を大量かつ継続的に行ってきたこと等の事情に照らすと、少なくとも、債務者に対し、この決定達達の日から1年間、宛先となる電子メールアドレス（「090」に8桁の数字を付したものに続けて「@docomo.ne.jp」を付したもの）の8桁の数字部分にランダムな数字を当てはめる等の方法により、債権者の所有する電気通信設備を利用して行われているパケット通信サービスを通じて同サービスの契約者の存在しない多数の電子メールアドレス（「090」に8桁の数字を付したものに続けて「@docomo.ne.jp」を付したもの）宛

に、営利目的の電子メールを送信する等して、債権者の所有する電気通信設備の機能の低下もしくは停止をもたらすような行為の禁止を命じたとしても、かかる行為が、本来、債務者に許された正当な営業活動として法的保護の対象とされているとはいえないから、債務者の上記行為の禁止を求める債権者の本件仮処分命令の申立ては、被保全権利及び保全の必要性がいずれも疎明されているというべきである。」

【参考判例2】東京地判平成 15・3・25 判時 1831 号 132 頁、NTT ドコモ損害賠償請求事件

事案の概要

電子通信事業者である NTT ドコモ（原告）から迷惑メール防止対策のためのサービス（本件サービス）を受けていた被告が、上記サービスを悪用して大量の宛先不明の電子メールを送信したとして、原告が被告に対し上記サービスの約款等に違反した債務不履行に基づく損害賠償請求をした事案である。本件サービスは、事業者が迷惑メールを防止するための措置をとることを条件としたうえで、事業者が一定の利用料を支払う代わりに、原告が設けた専用の接続口から、迷惑メールによって正常な電子メールが遅延することなく、円滑かつ確実に電子メール送信のサービスを受けることができるというものであった。しかしながら、被告は、本件サービスを利用して大量の宛先不明の電子メール送信行為を行った。

要　旨

本件において、裁判所は、以下のとおり述べ、「大量の宛先不明の電子メールが送信された場合には、これらが正常なメールだったとしたときに課金しうる金額を原告の受けた損害」であると判断した。

参考となる判示部分

「電子メールの通信料については、受信者に課金する仕組みがとられているため、宛先不明の場合、課金は不可能である。しかし、この場合、宛先不明のメッセージが送信者に送り返されるから、原告の電気通信設備を使用する点では、受信者に届いた場合と届かない場合とで変わりがない。

以上の点につき争いはなく、これを前提に考えると、宛先不明のメールが送信される場合、原告にとっては、自己の電気通信設備が利用されたにもかかわらず、課金できない状態が生じることになる。すなわち、原告は正常なメールが送信されたならば、受信者に課金することができるのに、宛先不明のメールが送信されると、自己の設備の利用に応じた料金を徴収できなくなるということができる。そうだとすれば、大量の宛先不明の電子メールが送信された場合には、これらが正常なメールだったとしたときに課金しうる金額を原告の受けた損害として認めるのが相当である。」

第6 その他のインターネット上の技術に関する基本的な概念

概　　説	【事例】P2P のファイル共有ソフトを開発したところ、同ソフト上で著作権を侵害するデータが共有されている。
	➡ 開発者が著作権法違反を問われるか？

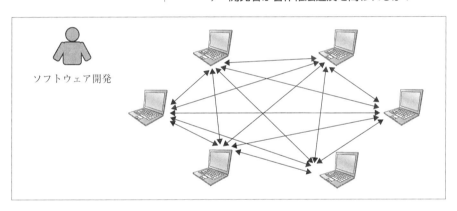

ソフトウェア開発

　ピア・ツー・ピア（P2P）ネットワークを利用したファイル共有ソフトを開発して公開していたところ、ユーザが同ソフト上で著作権を侵害するデータを共有していた。この場合、同ソフトを開発して公開している開発者も、著作権法違反等の刑事責任を問われることになるだろうか。本項では、これまでに解説した WWW や電子メール以外のインターネット上の技術について解説する。

用　　語

エフ・ティー・ピー【FTP：File Transfer Protocol】　インターネット上で、端末から端末にファイルを送信するためのアプリケーション層のプロトコルのこと。
　例えば、ウェブサイトを構築する技術者が、手元の PC で、HTML で作成したウェブページのファイルを FTP を使っ

てウェブサーバに転送する、というのが典型的な利用場面である。通常は、FTP のソフトウェア（FTP のクライアント・ソフト）を利用してファイルを転送する。

ピア・ツー・ピア・ネットワーク【P2P ネットワーク：Peer-to-Peer ネットワーク】　ノード（p22）同士が対等の立場でデータの要求と提供を行うネットワークモデルのこと。

インターネット・プロトコル（IP）（p18）により、IP アドレス（p3）を使ってノード同士が通信できることはすでに述べたとおりである。従来は、これを使って、**クライアント・サーバ・モデル**（p101）によるネットワークを構築してきていた。例えば、あるファイルをインターネット上のファイルサーバにアップロードしておき、各コンピュータが当該ファイルサーバにアクセスしてダウンロードしていた（**図表 30**）。しかし、インターネット・プロトコル（IP）は、クライアントもサーバも、共に、それぞれ

IP アドレスを保有して通信しあう立場にあるという意味で対等であり、「サーバ」と「クライアント」という区別は、単に、主たる機能に着目して呼称しているにすぎない。「サーバ」の役割を主として果たす特定のノードを設けなくても、すべてのノードが自らサーバとなってデータを提供する形にすれば、特定の「サーバ」は必要なくなる。これが Peer-to-Peer ネットワークである（**図表 31**）。Peer-to-Peer ネットワークでは、データを送受信するノードのことを、ピア（Peer）という。ピアからピアに直接データを送信するから、Peer-to-Peer ネットワークと呼ばれている。サーバが不要な Peer-to-Peer ネットワークは、ファイル共有ソフト、音声通信ソフト、ビットコインのブロックチェーン等で利用されている。

ファイルきょうゆうソフト【ファイル共有ソフト】　Peer-to-Peer ネットワークを利用して、各コンピュータが保存している

図表 30

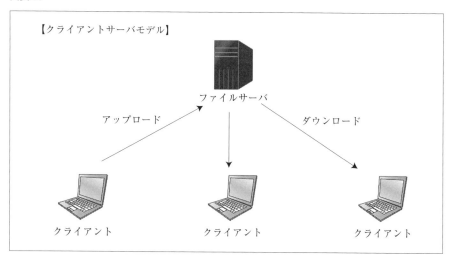

【クライアントサーバモデル】

ファイルサーバ

アップロード　　　　　　　ダウンロード

クライアント　　　　　クライアント　　　　　クライアント

図表31

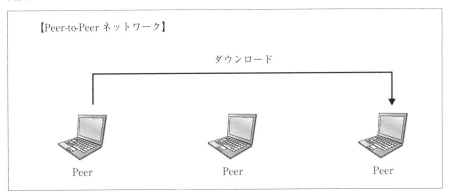

【Peer-to-Peer ネットワーク】

ダウンロード

Peer　　　　　Peer　　　　　Peer

ファイルを共有（ダウンロード）しあう
ソフトウェアのこと。

法令・判例と実務

【参考判例】最決平成 23・12・19 刑集 65
　　　　　巻 9 号 1380 頁、Winny事件

事案の概要

　Winny事件では、**P2P ネットワーク**
(p52) の技術を利用したファイル共有ソ
フトである「Winny」の開発者が Winny
を公開・提供した行為が著作権法違反の
幇助に該当するかが問題となった。すな
わち、Winny はファイルの共有に中央
サーバを必要としない P2P ネットワー
クを採用していたことから、直接の利用
者ではなくソフトウェアの開発者にすぎ
ない者に刑事責任を負わせることができ
るかが問題となった。仮に中央サーバか
らダウンロードさせる形でファイルを共
有していれば、中央サーバを開設して運
用している者が著作権法違反に該当する
行為をしていることは比較的明らかであ
るが、P2P ネットワークでは各ユーザが

平等にファイルをダウンロードさせあう
関係にあり、Winny の開発者は、単に
Winny というソフトウェアを開発して公
開しているだけであってファイルをダウ
ンロードさせているわけではないため、
著作権法違反を問うことができるかが問
題となった。

要　　旨

　第一審（京都地判平成 18・12・13 刑集
65 巻 9 号 1609 頁）において、裁判所は
「外部への提供行為自体が幇助行為とし
て違法性を有するかどうかは、その技術
の社会における現実の利用状況やそれに
対する認識、さらに提供する際の主観的
態様如何による」としたうえで、「本件
では、インターネット上において Winny
等のファイル共有ソフトを利用してやり
とりがなされるファイルのうちかなりの
部分が著作権の対象となるもので、
Winny を含むファイル共有ソフトが著作
権を侵害する態様で広く利用されてお
り、Winny が社会においても著作権侵害
をしても安全なソフトとして取りざたさ
れ、効率もよく便利な機能が備わってい
たこともあって広く利用されていたとい
う現実の利用状況の下、被告人は、その

ようなファイル共有ソフト、とりわけ Winny の現実の利用状況等を認識し……Winny が上記のような態様で利用されることを認容しながら」Winny を公開したとして、被告人の行為が幇助犯を構成すると判断した。

他方、控訴審（大阪高判平成 21・10・8 刑集 65 巻 9 号 1635 頁）において、裁判所は「Winny は価値中立の技術であり、様々な用途がある以上、被告人の Winny 提供行為も価値中立の行為である。」ことを前提に「価値中立のソフトをインターネット上で提供することが、正犯の実行行為を容易ならしめたといえるためには、ソフトの提供者が不特定多数の者のうちには違法行為をする者が出る可能性・蓋然性があると認識し、認容しているだけでは足りず、それ以上に、ソフトを違法行為の用途のみに又はこれを主要な用途として使用させるようにインターネット上で勧めてソフトを提供する場合に幇助犯が成立する」としたうえで、「被告人は、価値中立のソフトである本件 Winny をインターネット上で公開、提供した際、著作権侵害をする者が出る可能性・蓋然性があることを認識し、それを認容していたことは認められるが、それ以上に、著作権侵害の用途のみに又はこれを主要な用途として使用させるようにインターネット上で勧めて本件 Winny を提供していたとは認められない」として幇助犯の成立を否定した。

上告審（最決平成 23・12・19 刑集 65 巻 9 号 1380 頁）において、裁判所は、以下のとおり述べ「被告人は、著作権法違反罪の幇助犯の故意を欠く」と判断した。

参考となる判示部分

「刑法 62 条 1 項の従犯とは、他人の犯罪に加功する意思をもって、有形、無形の方法によりこれを幇助し、他人の犯罪

を容易ならしむるものである（最高裁昭和 24 年（れ）第 1506 号同年 10 月 1 日第二小法廷判決・刑集 3 巻 10 号 1629 頁参照）。すなわち、幇助犯は、他人の犯罪を容易ならしめる行為を、それと認識、認容しつつ行い、実際に正犯行為が行われることによって成立する。

……かかるソフトの提供行為について、幇助犯が成立するためには、一般的可能性を超える具体的な侵害利用状況が必要であり、またそのことを提供者においても認識、認容していることを要するというべきである。すなわち、ソフトの提供者において、当該ソフトを利用して現に行われようとしている具体的な著作権侵害を認識、認容しながら、その公開、提供を行い、実際に当該著作権侵害が行われた場合や、当該ソフトの性質、その客観的利用状況、提供方法などに照らし、同ソフトを入手する者のうち例外的とはいえない範囲の者が同ソフトを著作権侵害に利用する蓋然性が高いと認められる場合で、提供者もそのことを認識、認容しながら同ソフトの公開、提供を行い、実際にそれを用いて著作権侵害（正犯行為）が行われたときに限り、当該ソフトの公開、提供行為がそれらの著作権侵害の幇助行為に当たると解するのが相当である。

……まず、被告人が、現に行われようとしている具体的な著作権侵害を認識、認容しながら、本件 Winny の公開、提供を行ったものでないことは明らかである。

次に、入手する者のうち例外的とはいえない範囲の者が本件 Winny を著作権侵害に利用する蓋然性が高いと認められ、被告人もこれを認識、認容しながら本件 Winny の公開、提供を行ったといえるかどうかについて検討すると、……被告人による本件 Winny の公開、提供行為は、

客観的に見て、例外的とはいえない範囲の者がそれを著作権侵害に利用する蓋然性が高い状況の下での公開、提供行為であったことは否定できない。

他方、この点に関する被告人の主観面をみると、被告人は、本件Winnyを公開、提供するに際し、本件Winnyを著作権侵害のために利用するであろう者がいることや、そのような者の人数が増えてきたことについては認識していたと認められるものの、いまだ、被告人において、Winnyを著作権侵害のために利用する者が例外的とはいえない範囲の者にまで広がっており、本件Winnyを公開、提供した場合に、例外的とはいえない範囲の者がそれを著作権侵害に利用する蓋然性が高いことを認識、認容していたとまで認めるに足りる証拠はない。

……以上によれば、被告人は、著作権法違反罪の幇助犯の故意を欠くといわざるを得ず、被告人につき著作権法違反罪の幇助犯の成立を否定した原判決は、結論において正当である。」

55

第7 インターネット上のサービスと検索エンジンに関する概念

概　　説

【事例】自社名や自社の商品名をキーワードにして検索すると、他社のウェブサイトがヒットする。
➡ 当該他社に対して削除を請求できるか？

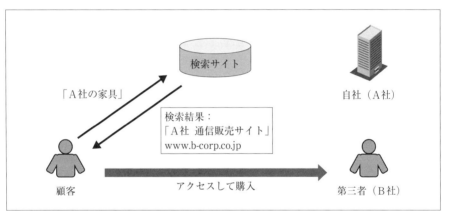

　自社の商標「A社」でキーワード検索すると、B社のウェブサイトがヒットする。このような状態になっていると、顧客の大部分がB社に流れてしまう。このような場合に、B社に対して、「A社」という記述をやめるように請求することができるだろうか。本項では、検索エンジンをはじめとするインターネット上のサービスについて解説する。

用　　語

ポータル（ポータル・サイト）【Portal Site】　インターネットを利用する際に「入り口」となるウェブサイトのこと。
＜公的文献等での定義＞
　「インターネットや特定の情報のまとまりに対する入り口となる Web サイトのこと」（国民のための情報セキュリティ

サイト）。

　Portal とは玄関、入り口を意味し、我々がインターネットを利用（とりわけウェブページの閲覧）する際に最初に見るページのことをポータル・サイトという。Yahoo! や Google のウェブサイトが典型的なポータル・サイトである。ポータルサイトになれば、閲覧するユーザが飛躍的に増えるため、各社がポータル・サイトの座を狙ってしのぎを削っている状況にある。

けいじばん、でんしけいじばん、BBS【掲示板、電子掲示板、BBS：Bulletin Board System】　記事を投稿したり、記事に対してコメントする新たな投稿をしたりすることでコミュニケーションを取ることができるウェブサイトのこと。

　通常、特定のテーマを決めて投稿を募り、投稿が積み重なっていく形になっている。

ブログ【Blog】　記事を投稿して日付順等で表示する日記型のウェブサイトのこと。

　かつて、ウェブページを作るためには HTML（p39）を学習してコードを記載して行く必要があったため、企業や IT技術の専門家だけがウェブページを公開していた。あるいは、企業や IT技術の専門家が設置した掲示板（p57）に記事やコメントを投稿することが一般ユーザの限界であった。そこに、記事を記入するフォームを備えたプログラムをサーバにインストールして公開し、ユーザがそこに記事を記入して「公開」ボタンを押すだけで、様々なデザインのウェブページを作ることができるサービスが登場した。これがブログである。Web（p38）の Log（日誌。P131）から Weblog といわれ、今では略して Blog といわれるようになった。Blog により、企業や IT技術の専門家だけではなく、個人がインターネット上で情報を発信できるようになった。

エス・エヌ・エス【SNS：Social Networking Service（ソーシャル・ネットワーキング・サービス）】　人と人とのつながりをインターネット上で作り出すサービスのこと。
＜公的文献等での定義＞
　「登録された利用者同士が交流できる Web サイトの会員制サービスのこと」（国民のための情報セキュリティサイト）。

　世界中の人間同士は、知り合いを6人介せばつながり合えるという「6次の隔たり」理論がある。1人の人間は平均して44人の知り合いを有するから、それを6回繰り返せば44^6＝約72億となり、全世界の人間と知り合えるという理屈である。この理想をインターネット上に実現しようというのが SNS の根底にある考え方である。したがって、SNS は、プロフィールの作成と公開、ユーザの検索、メッセージの交換が主要な機能となったサービスである。典型的には、Facebook や Twitter、Instagram、LINE などがこれに分類されている。

インターネット・オークション【Internet Auction】　インターネット上で、出品者が商品を出品し、落札者がこれをオークション形式で購入するという場を提供するサービスのこと。

　個人を含めた出品者が自由に商品を登録して開始価格を設定し、他のユーザが現在の価格よりも高い価格で入札をしていくことにより、最終的に最も高い金額をつけたユーザ（最後に入札したユーザ）が落札者となる仕組みになっている。日本ではヤフオク！（旧Yahoo! オークション）が大きなシェアを占めている。

ドロップ・シッピング【Drop Shipping】
　インターネットのショッピングサイトやオークションの出品者が、自ら商品を

入荷して発送せず、製造者などから直接発送すること。

　例えば、インターネット・オークションで「出品者」からある商品を購入すると、当該「出品者」からではなく、海外のメーカなどから直接商品が送付されてくる。商品の画像だけでインターネット・オークションに出品し、落札後は偽ブランド商品を海外から郵送するなどの詐欺が行われたり、手持ち資金がなくても商売が始められるとして初期費用などをだまし取る詐欺が行われたりしている。

くちこみサイト【口コミサイト】　商品やサービス等についての評価を投稿するサイトのこと。米国の TripAdvisor、日本の食べログ、価格ドットコムなどが典型である。

どうがとうこうサイト【動画投稿サイト】
ユーザが動画ファイルをアップロードし、他のユーザがこれを閲覧するサービスを提供するウェブサイトのこと。

　動画ファイルは、文書ファイルや画像ファイルに比べて、ファイルサイズがきわめて大きい。そのため、アップロードされた動画を保存するストレージと、それを配信する通信回線に巨額の投資が求められるのが特徴である。米国のYouTube や日本のニコニコ動画が典型である。

シー・ジー・エム【CGM：Consumer Generated Media】　消費者が内容を生成していくメディアのこと。**口コミサイト**（p58）、**動画投稿サイト**（p58）などがこれにあたる。

であいけいサイト【出会い系サイト】　他人と出会うきっかけとなる掲示板等を提供するサービスのこと。

　定義上は SNS との違いが不明瞭であるが、異性との出会いの場を提供することを目的とし、インターネット上の交流というよりはリアルな世界で会うことを主眼としている点が SNS と異なっている。かつて存在したテレクラ（テレホン・クラブ）のインターネット版と考えてもよい。したがって、SNS と機能としては類似するから、出会い系サイト規制法を逃れるため、SNS サイトを使って出会い系サイトのようなことをしている者が存在するのが実体である。

ウェブ・フィルタリング【Web フィルタリング】
➡**フィルタリング**　特定のウェブサイトへの通信を遮断すること。例えば、子供の携帯電話からアダルトサイトへの通信を遮断したり、企業内のネットワークからSNS への通信を遮断したりする。

けんさくエンジン【検索エンジン】　インターネット上の情報（ウェブサイトの文書、画像、動画等）を検索するプログラムのこと。

➡**検索事業者**
＜公的文献等での定義＞
　「利用者の求めに応じてインターネット上のウェブサイトを検索し、ウェブサイトを識別するための符号である URLを検索結果として当該利用者に提供することを業として行う者」（最決平成29・1・31民集 71 巻 1 号 63 頁）。

　検索エンジンには、主として、ディレクトリ型とロボット型の2種類がある。インターネット上には無数の情報（ウェブサイトや動画配信サイト等）が存在しているから、必要な情報に行き着くためには検索するサービスが必要となる。かつては、検索サービスを提供する会社が、「ニュース」、「天気」、「地図」といった分類（ディレクトリ）を作り、そこに登録するにふさわしいウェブサイトを手作業で登録することで、検索サービスを提供していた。これがディレクトリ型であ

る。かつての Yahoo! がこの典型であっ
た。ウェブサイトを運営する者は、検索
エンジンに登録されなければ見に来る人
がほとんどいないことになってしまうた
め、登録されるように良質なウェブサイ
トを作るという努力をしていた。そこ
に、無数に存在するウェブサイトを、プ
ログラムを使ってすべて自動的に分析・
保存し、検索サービスを提供する検索エ
ンジンが登場した。これがロボット型で
あり、Google がこの草分けである。ロ
ボット型は、プログラムが自動的に情報
を集めるから、どのサイトが良質な情報
を提供しているかどうかをプログラムが
分析し、良質なものから順番に検索結果
を表示する、という形をとる。ここが、
人力で良質なウェブサイトを登録してい
たディレクトリ型との違いである。ロ
ボット型を採用した Google は、人に頼
らずに自動的に情報を集める（「クロー
ル」(p59) と呼ばれる）ため情報量が桁
違いに多く、さらに検索順位で上位にく
るウェブサイトが、検索している者に
とって必要な情報が提供されていること
が多いという評価を得て、圧倒的なシェ
アを誇ることになった。そのため、ウェ
ブサイトを運営する者は、Google のよ
うなロボット型の検索エンジンが自らの
サイトを上位に表示するように、プログ
ラムがウェブサイトを良質だと判断する
基準に従ってウェブサイトを作るように
なった。これを SEO と呼ぶ。

**エス・イー・オー【SEO：Search Engine
Optimization】**

➡検索エンジン最適化　ウェブサイト
(p38) を構築する際に、**検索エンジン**
(p58) の検索結果でなるべく上位に表示
されるよう、サイトの構成や文書の内容
等を工夫すること。

　ロボット型の検索エンジンでは、プロ
グラムによりウェブサイトの情報を収集
し、ユーザが検索した際の表示の順番を
決める。Google や Yahoo! のような大手
の検索サービスで表示されない、または
表示されたとしても表示の順位が下位で
あれば、そのウェブページを訪れる人は
ほとんどいなくなってしまう。したがっ
て、検索エンジンが、検索結果で上位に
表示するウェブサイトを作ることができ
るかどうかは、ウェブサイトの運営者に
とっては死活問題となる。そのため、検
索エンジンのプログラムが、有益なサイ
トであると判断する要素を盛り込んだ
ウェブサイトを構築するのが、「検索エ
ンジン最適化（SEO）」である。例えば、
他の多くのサイトが当該サイトへハイ
パー・リンクを張っている、更新が頻繁
に行われている、などが典型的な要素と
なる。

クロール【Crawl】　ソフトウェアが自動
的にインターネット上のウェブサイト等
を読み込み、データとして蓄積していく
こと。

　例えば、検索エンジンは、世界中の
ウェブサイトをソフトウェアが自動的に
クロールし、その内容を読み込んで検索
用のキーワードやスニペットなどを保存
していく。

クローラ【Crawler】　クロール (p59) す
るためのプログラムのこと。

　例えば、Google のクローラは、全世
界のウェブサイトの内容をクローラで収
集してデータベース化し、キーワード等
による検索のサービスを提供している。

タイトルタグ【Title Tag】　ウェブページ
のタイトルを記載した HTML 内のタグ
のこと。詳細は**メタタグ** (p59) を参照。

メタタグ【Meta-tag】　ウェブページの設
定や概要等、当該ウェブページに関する
各種の情報を記載したもののこと。

HTML の header タグ内に記載される。「meta（メタ）」とは、上位・包摂的な概念を示すギリシャ語を語源とし、「高次な」等の意味を持つ接頭語である。「メタタグ」とは、その文書全体にかかわる情報を記載したタグのことである。HTML（p39）は、「ヘッダ部」と「ボディ部」からなる。**図表 32** のとおり head タグ（<head> と </head>）で囲まれた部分がヘッダ部であり、body タグ（<body> と </body>）で囲まれた部分がボディ部となる。ウェブページを**ウェブブラウザ**（p41）で閲覧したときに本文として画面に表示されるのが「ボディ部」である。これに対し、「ヘッダ部」には、その文書に関する各種の情報を記載する。例えば、その文書の文字コード、検索エンジンのロボットに対する指示などである。これらがメタタグである。メタタグの一種に、検索エンジンにそのページのキーワードを伝える keyword タグ（キーワードメタタグ）と、紹介文を伝える description タグ（ディスクリプションメタタグ）がある。Keyword タグおよび description タグの記載が検索エンジンにキーワードとして登録されるため、これらのタグに記載した単語が検索エンジンで検索されるとそのページが表示されることになるから、**SEO**（p59）として重要だとされている（ただし、これらのタグはサイトを作る人間が自由に記載できてしまうため、検索エンジンにおいて重要視されなくなっているといわれている）。例えば、筆者らが所属する法律事務所のウェブサイトを例にすると、**図表 32** のような構造になっている。このうち、「meta name = "keywords"」として記載されている部分、および「meta name = "description"」として記載されている部分等がメタタグである。また、「title」タグに記載され

ている部分が**タイトルタグ**（p59）である。検索エンジンは定期的に世界中のウェブサイトを読みに来てデータベースを作成しているが、その際にこのメタタグを読み込み、重要な要素としてデータベースに記録する。そして、ユーザが検索すると、検索結果を表したページに**図表 33** のとおり表示される。タイトルタグの記載が検索結果のタイトルに、メタタグの「description」が**スニペット（説明文）**（p60）になっていることがわかる。ただし、前述したとおり、近時は SEO の目的で、当該ウェブサイトの記載と関係がない広告的なメッセージをタイトルタグやメタタグに記載する例が多くなったため、検索エンジンはタイトルタグと description をそのままタイトルとスニペット（説明文）にするのではなく、独自にそれらを作成するケースも多くなっている。

スニペット【snippet】　検索エンジンが検索結果を表示する際の説明文のこと。**図表 33** の 3 行目から 5 行目が「スニペット」である。

アフィリエイト【Affiliate】
➡成功報酬型広告
➡アフィリエイト・プログラム
➡アフィリエイト・マーケティング　ウェブサイトの閲覧者が、当該ウェブサイトに設置された広告を見たり広告主の商品・サービスを購入した際に、ウェブサイトの運営者に成功報酬を与える広告形態のこと。

　典型的には、ブログをはじめとするウェブサイトの運営者が、ウェブサイトに広告を張り付ける。ウェブサイトを閲覧した者が、その広告をクリックすると 1 クリック当たり○円、実際に商品・サービスを購入すると購入価格の○パーセントといった形で支払いが行われる。

図表 32

```
【HTML の基本的な構造（概略）】
<html>
  <head>
    <meta http-equiv="Content-Type" content="text/html; charset=shift_jis"/>
    <meta name="keywords" content="法律事務所、弁護士、企業法務"/>
    <meta name="description" content=" ビジネス法務（渉外業務・国内業務）を中心に
    様々な業務分野を扱い、「クライアントが弁護士であれば何をしたいか」を常に考え、
    もっぱらクライアントのために「完璧な仕事をする」ことをモットーとしておりま
    す。"/>
    <title>牛島総合法律事務所</title>
  </head>
  <body>
    ［注：この部分に本文が記載されている］
  </body>
</html>
```

図表 33

牛島総合法律事務所

www.ushijima-law.gr.jp/▼

ビジネス法務（渉外業務・国内業務）を中心に様々な業務分野を扱い、「クライアントが弁
護士であれば何をしたいか」を常に考え、もっぱらクライアントのために「完璧な仕事をす
る」ことをモットーとしております。

もっとも、個人が解説しているブログの多くでは、ブログのシステムを提供する会社が無償でブログのシステムを利用させる代わりに、広告の設置を義務としており、広告による収入は、ブログを開設している個人ではなく、ブログのシステムを提供している会社に入ることになっている。つまり、ブログに広告が張り付けられているからといって、ブログを開設している個人が「金儲け」をしているとは限らない。

ステルス・マーケティング【ステマ】　広告であることがわからないように広告をすること。

＜公的文献等での定義＞

「宣伝であることを秘し、いかにも客観性ある情報であるかのように装って、真実と異なるイメージを持たせる宣伝等のこと」（東京地判平成 30・10・23LEX/DB 文献番号 25557879）。

インターネット・ショッピングのサイトの多くには商品の評価を入力して公表する機能がある。また、飲食店や宿泊施設などの評価をする様々な**ロコミサイト**（p58）もある。典型的なステルス・マーケティングとは、このようなサイトの評

61

価欄に、商品・サービスの提供者が、高い評価を入力することで行われる。要するに「サクラ」であり、アルバイトを雇って店舗の前に行列を作るのと同じである。

えんじょう【炎上】　インターネット上での発言や記事について、多くの者から非難や中傷のコメントが投稿されること。

コンビニのアルバイト学生がアイスクリームのケースに入って撮影した写真が SNS に投稿されて炎上したケースや、企業の公式アカウントが SNS で発言した内容が不謹慎であるなどとして炎上したケースなど、様々な炎上事件がある。典型的には、SNS での発言が問題であるとして Twitter などで非難や中傷の投稿が集中し、それが「まとめサイト」にまとめられ、最終的にマスメディアで報道される、というルートをたどることになる。

イー・シー・サイト【EC サイト：Electronic Commerce】　インターネットの上の通信販売のサイトのこと。

プラットフォームじぎょうしゃ【プラットフォーム事業者】
➡デジタル・プラットフォーム事業者
デジタル・プラットフォームじぎょうしゃ【デジタル・プラットフォーム事業者】

「デジタル・プラットフォーム」とは、「情報通信技術やデータを活用して第三者にオンラインのサービスの『場』を提供し、そこに異なる複数の利用者層が存在する多面市場を形成し、いわゆる間接ネットワーク効果が働くという特徴を有するものをいう」とされており（公正取引委員会「デジタル・プラットフォーム事業者と個人情報等を提供する消費者との取引における優越的地位の濫用に関する独占禁止法上の考え方」）、デジタル・プラットフォーム事業者とは、かかるプラット

フォームを提供する事業者のこと。

具体的には、オンライン・ショッピング・モール、インターネット・オークション、オンライン・フリーマーケット、アプリケーション・マーケット、検索サービス、コンテンツ（映像、動画、音楽、電子書籍等）配信サービス、予約サービス、シェアリングエコノミー・プラットフォーム、ソーシャル・ネットワーキング・サービス（SNS）、動画共有サービス、電子決済サービス等であって、上記の特徴を有するデジタル・プラットフォームを提供する事業者がこれにあたるとされており、消費者との関係で独占禁止法2条9項5号の優越的地位の濫用の適用があり得る。

かんせつネットワークこうか【間接ネットワーク効果】　多面市場において、一方の市場におけるサービスにおいて利用者が増えれば増えるほど、他方の市場におけるサービスの効用が高まる効果のこと。

例えば、オンライン・ショッピング・モールのようなデジタル・プラットフォームにおいては、出店者が増えれば増えるほど利用者（消費者）も増えるし、利用者（消費者）が増えれば増えるほど出店者も増える。このような効果のことを間接ネットワーク効果といい、独占禁止法におけるデジタル・プラットフォーム事業者の定義の一部をなしている。

法令・判例と実務

■メタタグの記載と商標権の侵害

東京地判平成 27・1・29 判時 2249 号 86 頁は、著名な家具販売店である IKEA が、同社とは関係のない第三者が勝手にタイト

ルタグおよびメタタグのうち Description
（ディスクリプション）メタタグに「IKEA」
などと記載したことは商標権を侵害し、不
正競争にあたるなどとして、記載の禁止等
を求めた事件である。これに対し、メタタ
グのうち Keywords（キーワード）メタタ
グに他人の商標を記載したことが商標権を
侵害しないとした事案として大阪地判平成
29・1・19 判時 2406 号 52 頁がある。

【参考判例 1】東京地判平成 27・1・29 判時 2249 号 86 頁

事案の概要

　被告は、IKEA とは関係なく同社の家
具の通信販売のウェブサイトを立ち上げ
た。その際、タイトルタグとして、「<title>
IKEA【STORE】イケア通販</title>」と記
載し、メタタグ（Description）として、「<meta
name="Description"content="イケア通販
【STORE】IKEA通販です。期間限定!!最
大 1 万円割引クーポンを商品ご購入者
様、全員にプレゼント!!カタログにある
スウェーデン製輸入家具・雑貨イケアの
通販サイトです。IKEA ではハイデザイ
ンと機能性を兼ねそなえた商品を幅広く
揃えています。>」と記載していた。こ
れにより、一般ユーザが検索エンジンで
「IKEA」と検索すると、被告のウェブ
ページが検索結果の上位に表示されるよ
うになっていた。このようにタイトルタ
グやディスクリプションメタタグに商標
等を記載すると、検索エンジンがそれを
キーワードとして登録し、表示するよう
になる。しかし、他方で、当該ウェブペー
ジをウェブブラウザで閲覧しても、通常
は、メタタグは表示されない。このよう
なタイトルタグやディスクリプションメ
タタグに商標等を記載して検索結果の表
示の際に自身のウェブサイトを表示させ
ることが、商標権を侵害したり不正競争

にあたったりするのかが問題となった。

要旨

　東京地裁は、以下のとおり判示し、商
標権侵害、不正競争を認めた。タイトル
タグやディスクリプションメタタグの記
載は、検索エンジンの検索結果において
出所等を表示し、当該サイトにアクセス
するように誘引するものとなるから、商
標的利用にあたると判断された。

参考となる判示部分

　「3　争点 3（被告が被告各標章をタ
イトルタグ及びメタタグとして使用した
ことは原告の商標権を侵害し、又は不正
競争に該当するか）について
　(1)　類否について
　　被告各標章は、著名な本件各商標に
「通販」、「STORE」、「【】」を付加して
なる標章であるが、被告各標章のうち
「通販」や「STORE」の部分は、イン
ターネット上の店舗において使用され
るものであって識別力が弱く、また
「【】」の部分も符号であって識別力は
ないから、被告各標章の要部は、
「IKEA」ないし「イケア」の部分であ
ると認められる。これは、本件各商標
と少なくとも外観及び称呼が同一ない
し類似するから、被告各標章は、本件
各商標に類似すると認められる。
　(2)　商標的使用ないし商品等表示とし
ての営業的使用について
　　インターネットの検索エンジンの検
索結果において表示されるウェブペー
ジの説明は、ウェブサイトの概要等を
示す広告であるということができるか
ら、これが表示されるように html ファ
イルにメタタグないしタイトルタグを
記載することは、役務に関する広告を
内容とする情報を電磁的方法により提
供する行為に当たる。そして、被告各
標章は、html ファイルにメタタグな

いしタイトルタグとして記載された結果、検索エンジンの検索結果において、被告サイトの内容の説明文ないし概要やホームページタイトルとして表示され（略）、これらが被告サイトにおける家具等の小売業務の出所等を表示し、インターネットユーザーの目に触れることにより、顧客が被告サイトにアクセスするよう誘引するのであるから、メタタグないしタイトルタグとしての使用は、商標的使用に当たるということができる。

［中略］

(3)　混同のおそれについて

被告各標章は、原告の商品等表示である「IKEA」ないし「イケア」に類似し、また、両者とも家具等の小売を目的とするウェブサイトで使用され、現に、被告サイトを原告サイトと勘違いした旨の意見が複数原告のもとに寄せられていることが認められる（略）から、被告各標章を使用する行為は、原告の営業等と混同を生じさせるものである。

［中略］

(5)　そうすると、被告が被告各標章をタイトルタグ及びメタタグとして使用することは本件各商標権を侵害し、かつ、不正競争に該当するから、商標法36条1項、2項、不正競争防止法3条1項、2項に従い、原告は、被告に対し、被告各標章の使用を差し止め、データの除去を請求することができる。」

【参考判例２】 大阪地判平成 29・1・19 判時 2406 号 52 頁

事案の概要

「バイクリフター」という商標の商標権（原告商標権）を保有する原告が、タイトルタグ及びメタタグ（キーワードメタタグおよびディスクリプションメタタグ）に原告商標を使用した被告に対し、原告商標等の削除等を求めた事案である。タイトルタグには「<title>バイクシフター　&amp；スタンドムーバー</title>」と記載され、メタタグには「<meta name = "description" content = "バイクシフター&スタンドムーバー　使い方は動画でご覧下さい">」及び「<meta name = "keywords" content = "バイクリフター">」などと記載されていた。

要　旨

大阪地裁は、タイトルタグおよびディスクリプションメタタグについては、前述の東京地判平成 27・1・29 と同様の判断をした上で、キーワードメタタグについては、検索結果の表示画面の被告のウェブサイトの欄にそのキーワードが表示されることがないことから、商標的利用には当たらないと判断した。

参考となる判示部分

「被告のウェブサイトの html ファイル上の前記前提事実(4)ウ記載のコードのうち、「<meta name = "keywords" content = "バイクリフター">」との記載は、いわゆるキーワードメタタグであり、ユーザーが、ヤフー等の検索サイトにおいて、検索ワードとして「バイクリフター」を入力して検索を実行した際に、被告のウェブサイトを検索結果としてヒットさせて、上記(1)のディスクリプションメタタグ及びキーワードタグの内容を検索結果画面に表示させる機能を有するものであると認められる。このようにキーワードメタタグは、被告のウェブサイトを検索結果としてヒットさせる機能を有するにすぎず、ブラウザの表示からソース機能をクリックするなど、需要者が意識的に所定の操作をして初めて視認されるものであり、これら操作がない

場合には、検索結果の表示画面の被告の
ウェブサイトの欄にそのキーワードが表
示されることはない。（弁論の全趣旨）

　ところで、商標法は、商標の出所識別
機能に基づき、その保護により商標の使
用をする者の業務上の信用の維持を図る
ことを目的の一つとしている（商標法1
条）ところ、商標による出所識別は、需
要者が当該商標を知覚によって認識する
ことを通じて行われるものである。した
がって、その保護・禁止の対象とする商
標法2条3項所定の「使用」も、このよ
うな知覚による認識が行われる態様での
使用行為を規定したものと解するのが相
当であり、同項8号所定の「商品…に関
する広告…を内容とする情報に標章を付
して電磁的方法により提供する行為」と
いうのも、同号の「広告…に標章を付し
て展示し、若しくは頒布し」と同様に、
広告の内容自体においてその標章が知覚
により認識し得ることを要すると解する
のが相当である。

　そうすると、本件でのキーワードメタ
タグにおける原告商標の使用は、表示さ
れる検索結果たる被告のウェブサイトの
広告の内容自体において、原告商標が知
覚により認識される態様で使用されてい
るものではないから、商標法2条3項8
号所定の使用行為に当たらないというべ
きである。」

■ステルス・マーケティングと景品表示法
　商品・サービスを提供する事業者が、顧
客を誘引する手段として、口コミサイトの
評価欄等に口コミ情報を自ら掲載したり、
第三者に依頼して掲載させる「ステルス・
マーケティング（ステマ）」を行った場合、
当該「口コミ」情報が、当該事業者の商
品・サービスの内容または取引条件につい
て、実際のものまたは競争事業者に係るも

のよりも著しく優良または有利であると一
般消費者に誤認されるものである場合に
は、景品表示法上の不当表示として問題と
なる。消費者庁「インターネット消費者取
引に係る広告表示に関する景品表示法上の
問題点及び留意事項」（平成24年5月）に
よれば、以下のケースが問題になるとされ
ている。

> 2　口コミサイト
> (3)　問題となる事例
> ○グルメサイトの口コミ情報コーナーにお
> いて、飲食店を経営する事業者が、自ら
> の飲食店で提供している料理について、
> 実際には地鶏を使用していないにもかか
> わらず、「このお店は△□地鶏を使って
> いるとか。さすが△□地鶏、とても美味
> でした。オススメです‼」と、自らの飲
> 食店についての「口コミ」情報として、
> 料理にあたかも地鶏を使用しているかの
> ように表示すること。
> ○商品・サービスを提供する店舗を経営す
> る事業者が、口コミ投稿の代行を行う事
> 業者に依頼し、自己の供給する商品・
> サービスに関するサイトの口コミ情報
> コーナーに口コミを多数書き込ませ、口
> コミサイト上の評価自体を変動させて、
> もともと口コミサイト上で当該商品・
> サービスに対する好意的な評価はさほど
> 多くなかったにもかかわらず、提供する
> 商品・サービスの品質その他の内容につ
> いて、あたかも一般消費者の多数から好
> 意的評価を受けているかのように表示さ
> せること。
> ○広告主が、（ブログ事業者を通じて）ブ
> ロガーに広告主が供給する商品・サービ
> スを宣伝するブログ記事を執筆するよう
> に依頼し、依頼を受けたブロガーをし
> て、十分な根拠がないにもかかわらず、
> 「△□、ついにゲットしました〜。しみ、

そばかすを予防して、ぷるぷるお肌に
なっちゃいます！気になる方はコチラ」
と表示させること。

■出会い系サイト規制法

　出会い系サイトを規制している「出会い
系サイト規制法」がある。同法では、出会
い系サイトを「インターネット異性紹介事
業」と呼び、以下の 4 要件を満たすものが
これにあたるとされている。

> ・面識のない異性との交際を希望する者
> 　（異性交際希望者）の求めに応じて、そ
> 　の者の異性交際に関する情報をインター
> 　ネット上の電子掲示板に掲載するサービ
> 　スを提供していること
> ・異性交際希望者の異性交際に関する情報
> 　を公衆が閲覧できるサービスであること
> ・インターネット上の電子掲示板に掲載さ
> 　れた情報を閲覧した異性交際希望者が、
> 　その情報を掲載した異性交際希望者と電
> 　子メール等を利用して相互に連絡するこ
> 　とができるようにするサービスであるこ
> 　と
> ・有償、無償を問わず、これらのサービス
> 　を反復継続して提供していること

　出会い系サイト規制法により、出会い系
サイトの掲示板に児童（18 歳未満）を相手
方とする異性交際を求める書き込みをする
ことなどが禁止されている。また、イン
ターネット異性紹介事業者は、届出、利用
者が児童でないことの確認、禁止誘引行為

に係る書き込みの削除等の義務を課せられ
ている。さらに、プロバイダ等（出会い系
サイトに必要な電気通信役務を提供する事業
者）および保護者には、フィルタリング
サービスの提供・利用等についての努力義
務が定められている。もっとも、上記のと
おりインターネット異性紹介事業の該当性
については詳細な要件が定められているた
め、例えば、異性交際希望者が相互に連絡
することができるようになっていないサー
ビスには規制が及ばないなどの限界がある。

■クローラと偽計業務妨害罪

　2010 年に、岡崎市が、市立図書館のウェ
ブサイトの蔵書検索システムに高頻度のア
クセスをしている者がいるとして警察に被
害届を提出し、その者が偽計業務妨害罪の
疑いで逮捕された。その者は、蔵書検索シ
ステムの使い勝手が悪かったため、自らが
クローラ（p59）を作成して実行していた
としており、起訴猶予処分となったと報道
されている。

　インターネット上で公表されているウェ
ブサイトに対するクロールは、検索エンジ
ンによるものも含めて極めて一般的に行わ
れており、サービスの停止そのものを目的
として短期間に極めて多数のアクセスを行
う **DDoS攻撃**（p172）とは、行為の客観面
においても主観面においても異なるので
あって、これを偽計業務妨害罪にあたる疑
いがあるとして逮捕に至ったことは疑問が
あるとする意見が多い。

第 **2** 章

個人情報と Ad-Tech（クッキー等）に関する概念

第1　個人情報に関する概念

概　　説

【事例】会社が保有していた個人情報が漏えいした。
➡　本人との関係の損害賠償義務はどうなる
　　か？

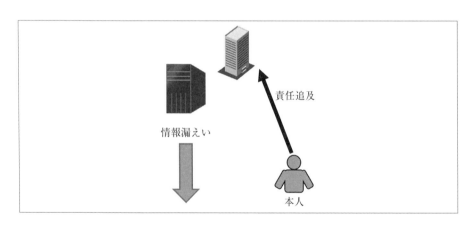

　個人情報が漏えいした場合、本人からどのような法的責任を追及されることになるのか。本項では、前提として、個人情報保護法の下での法的な概念を説明する。

用　　語

こじんじょうほう【個人情報】　生存する
　個人に関する情報であって、特定の個人

を識別することができる情報のこと。個人情報保護法では、以下のとおり定義されている。

> 個人情報保護法（令和2年改正）
> （定義）
> 第2条　この法律において「個人情報」とは、生存する個人に関する情報であって、次の各号のいずれかに該当するものをいう。
> 一　当該情報に含まれる氏名、生年月日

その他の記述等（文書、図画若しくは電磁的記録（電磁的方式（電子的方式、磁気的方式その他人の知覚によっては認識することができない方式をいう。次項第2号において同じ。）で作られる記録をいう。第18条第2項及び第28条第1項において同じ。）に記載され、若しくは記録され、又は音声、動作その他の方法を用いて表された一切の事項（個人識別符号を除く。）をいう。以下同じ。）により特定の個人を識別することができるもの（他の情報と容易に照合することができ、それにより特定の個人を識別することができることとなるものを含む。）
二　個人識別符号が含まれるもの
2　この法律において「個人識別符号」とは、次の各号のいずれかに該当する文字、番号、記号その他の符号のうち、政令で定めるものをいう。
一　特定の個人の身体の一部の特徴を電子計算機の用に供するために変換した文字、番号、記号その他の符号であって、当該特定の個人を識別することができるもの
二　個人に提供される役務の利用若しくは個人に販売される商品の購入に関し割り当てられ、又は個人に発行されるカードその他の書類に記載され、若しくは電磁的方式により記録された文字、番号、記号その他の符号であって、その利用者若しくは購入者又は発行を受ける者ごとに異なるものとなるように割り当てられ、又は記載され、若しくは記録されることにより、特定の利用者若しくは購入者又は発行を受ける者を識別することができるもの
［以下略］

すなわち、生存する個人に関する情報

であって、①当該情報に含まれる氏名、生年月日その他の記述等により特定の個人を識別することができるもの（他の情報と容易に照合することができ、それにより特定の個人を識別することができることとなるものを含む）および②個人識別符号が含まれるものが法律上の「個人情報」に該当する。氏名、生年月日は例示であり、特定の個人を識別できる情報であれば、すべて個人情報である。公開情報かどうかも関係がない。したがって、例えば、防犯カメラに記録された本人が判別できる映像情報や、法人の所在地等に代表者の氏名が合わさった情報などは、すべて個人情報にあたる。「特定の個人を識別することができる」とは、情報単体または情報に含まれる項目の組合せから、社会通念上、一般人の判断力や理解力をもって、生存する具体的な人物と情報との間に同一性を認めるに至ることができるものをいう。つまり、「個人一郎」であるという氏名に到達することをいうのではなく、具体的な人物と情報との間に同一性を認めるに至ることができるかどうかで判断する。

他の情報と容易に照合することができるかを容易照合性というが、容易照合性があるとは、ある事業者が通常の形で業務を行うにあたっての一般的な方法によって、個人を識別する他の情報との照合が可能な状態にあることをいうとされている。また、容易照合性を提供元と提供先のいずれにおいて判断するかについては争いがあるが、個人情報保護委員会は提供元において判断するとしている。

何が「個人識別符号」にあたるかは政令で定められている。「個人識別符号」には一号個人識別符号（身体の一部の特徴をデジタル化した符号）と二号個人識別符号（個人がサービスを利用したり商品を

購入したりする際に割り当てられ、または個人に発行される書類に付される符号）の2類型がある。

こじんじょうほうデータベースとう【個人情報データベース等】　個人情報を含む情報の集合物であって、特定の個人情報を検索することができるように体系的に構成したもののこと。ただし、利用方法からみて個人の権利利益を害するおそれが少ないものとして政令で定めるものを除く。

コンピュータによる「検索」ができるもののみならず、インデックスを付けた名簿等の紙媒体によるものも目次や索引等で整理されて、「容易に検索」できるようになっていれば、「個人情報データベース等」に該当する（個人情報保護法施行令1条。「等」とあるのはそのためである）。「利用方法からみて個人の権利利益を害するおそれが少ないもの」の例として、市販の電話帳、住宅地図等が挙げられる。

こじんデータ【個人データ】　個人情報データベース等を構成する個人情報のこと。

例えば、取引先で名刺交換して名刺1枚を会社に持ち帰った時点では、名刺に記載されている情報は「個人情報」である。この名刺を取引先データベースに登録したり、表計算ソフトで一覧表の形になっている顧客一覧に入力したり、五十音順になっている名刺フォルダに保存したりしたものが、「個人情報データベース等」になる。そして、この個人情報データベース等に保存されている1つひとつのデータが「個人データ」になる。

ほゆうこじんデータ【保有個人データ】　個人データであって、取り扱う事業者が開示、内容の訂正、追加や削除、利用の停止、消去や第三者への提供をやめることができる権限を有しているもののこと。

事業者が自ら取得した個人情報をデータベース化して利用しているような場合には、通常は、上記の権限が認められる。他方、委託を受けて個人情報を取り扱うような場合には、契約によって委託先における個人情報の取扱いが限定され、委託先事業者の自由裁量で開示や訂正を行い得るということは考え難いため、委託先が取り扱う個人情報は、委託先にとっては基本的に保有個人データに該当しないとされる。

ようはいりょこじんじょうほう【要配慮個人情報】　本人の人種、信条、社会的身分、病歴、犯罪の経歴、犯罪により害を被った事実その他本人に対する不当な差別、偏見その他の不利益が生じないようにその取扱いに特に配慮を要するものとして政令で定める記述等が含まれる個人情報のこと。

具体的には、①人種、②信条、③社会的身分、④病歴、⑤犯罪の経歴、⑥犯罪により害を被った事実、⑦心身の機能の障害があること、⑧医師等により行われた健康診断等の結果、⑨健康診断等の結果に基づき、または疾病、負傷その他の心身の変化を理由として、医師等により指導または診療もしくは調剤が行われたこと、⑩本人を被疑者または被告人として、逮捕、捜索、差押え、勾留、公訴の提起その他の刑事事件に関する手続が行われたこと、⑪本人を少年法に規定する少年またはその疑いのある者として、調査、観護の措置、審判、保護処分その他の少年の保護事件に関する手続が行われたことである。

かめいかこうじょうほう【仮名加工情報】　他の情報と照合しない限り特定の個人を識別することができないように個人情報を加工して得られる個人に関する情報のこと。

　仮名加工情報は、個人情報を、例えば、氏名をハッシュ化するなどして別の符号に置き換えたものをいう。利用目的の変更は変更前の利用目的と関連性がある範囲に限るとする規制や、本人からの開示請求や利用停止等の請求、漏えい時の報告義務などの適用が除外される。

とくめいかこうじょうほう【匿名加工情報】　特定の個人を識別することができないように個人情報を加工して得られる個人に関する情報であって、当該個人情報を復元することができないようにしたもののこと。

　匿名加工情報は、加工方法についての安全管理措置や、一定の事項の公表義務などの規制が課されるが、利用目的の特定や第三者提供時の本人同意を必要とせず、自由に利活用ができる。なお、匿名加工情報への加工についての規制は、匿名加工情報として取り扱う目的がある場合にのみ規制の対象となる。例えば、安全管理措置の一環として氏名を黒塗りにしたようなケースでは、匿名加工情報への加工についての規制は及ばない。また、匿名加工情報は、あくまでも「個人に関する情報」であるという条件が付くから、「○○支店の○月の住宅ローンの新規獲得残高は3億円である」という個人との関係が排除された情報（単なる統計情報など）は、匿名加工情報ではない。

個人情報保護法（令和2年改正）
（定義）
第2条
9　この法律において「仮名加工情報」とは、次の各号に掲げる個人情報の区分に応じて当該各号に定める措置を講じて他の情報と照合しない限り特定の個人を識別することができないように個人情報を加工して得られる個人に関する情報をい

う。
一　第1項第1号に該当する個人情報　当該個人情報に含まれる記述等の一部を削除すること（当該一部の記述等を復元することのできる規則性を有しない方法により他の記述等に置き換えることを含む。）。
二　第1項第2号に該当する個人情報　当該個人情報に含まれる個人識別符号の全部を削除すること（当該個人識別符号を復元することのできる規則性を有しない方法により他の記述等に置き換えることを含む。）。
10　［略］
11　この法律において「匿名加工情報」とは、次の各号に掲げる個人情報の区分に応じて当該各号に定める措置を講じて特定の個人を識別することができないように個人情報を加工して得られる個人に関する情報であって、当該個人情報を復元することができないようにしたものをいう。
一　第1項第1号に該当する個人情報　当該個人情報に含まれる記述等の一部を削除すること（当該一部の記述等を復元することのできる規則性を有しない方法により他の記述等に置き換えることを含む。）。
二　第1項第2号に該当する個人情報　当該個人情報に含まれる個人識別符号の全部を削除すること（当該個人識別符号を復元することのできる規則性を有しない方法により他の記述等に置き換えることを含む。）。

とくめいデータ【匿名データ】　行政機関等が統計法に基づいて実施した統計調査によって集められた調査票情報を、特定の個人または法人その他の団体の識別（他の情報との照合による識別を含む）ができ

ないように加工したもののこと（統計法2条12項）。

　行政機関等は学術研究の発展等に資すると認める場合に、一般からの求めに応じてこれを提供することができる（統計法36条）。匿名データは、個人情報保護法の適用を受けない。

こじんかんれんじょうほう【個人関連情報】　生存する個人に関する情報であって、個人情報、仮名加工情報および匿名加工情報のいずれにも該当しないもののこと。

　令和2年改正個人情報保護法で生まれた概念である。パブリック**DMP**（p87）ベンダからユーザ企業に提供される**オーディエンス・データ**（p87）がその典型である。提供を受ける側が個人データとして取得する場合には、提供を受ける側が本人から同意を取得し、提供する側がそれを確認しなければならない。

オプト・イン【Opt-in】　同意する旨の意思表示をすること。

　「opt」とは、選択する、選ぶという意味の英語である。「Opt-in」とは、あるものに参加する、あることに同意することを選択するという意味である。例えば、日本の個人情報保護法では、**要配慮個人情報**（p70）の取得には同意が必要であるから、「オプト・イン規制である」と言われる。あるいは、特定電子メール法においては、特定電子メール（広告メール）の送信は原則として同意がある者に対してのみ行うことができるとされているから、これも「オプト・イン規制」である。

オプト・アウト【Opt-out】　やめる旨の意思表示をすること。

　あるものから脱退する、あるものを停止する旨の意思表示をすることが、オプト・アウトである。オプト・インの反対

である。日本の個人情報保護法では、個人情報保護委員会に届出をするなどの法律の要件を満たせば、「オプト・アウト」による第三者提供が可能である（23条2項）。これは、本人の同意なく第三者提供ができるが、本人が第三者への提供を停止するように求めた場合には、第三者提供を停止しなければならないという仕組みである。

法令・判例と実務

■個人情報が流出した際の責任

　故意または過失により個人情報を流出させた場合、当該個人情報を流出させた者は、債務不履行または不法行為責任等の法的責任を負う。

【参考判例1】東京地判平成19・2・8判時1964号113頁、エステティック情報漏えい事件（第一審）

事案の概要

　エステティックサロンを経営する被告が開設したウェブサイトにおいて実施したアンケート等を通じて原告らから提供され保有管理していた原告らの個人情報を、インターネット上において第三者による閲覧が可能な状態に置き、実際に第三者がそれにアクセスしてその個人情報を流出させたことによって原告らのプライバシーを侵害したとして、原告らが、被告に対し、不法行為に基づく損害賠償請求（慰籍料請求）をした事案。

要旨

　顧客の氏名、住所、電話番号およびメールアドレス、顧客が被告のウェブサイトに上記情報を登録フォームに入力し

て送信した日時、原告らが関心を有していたコース名、回答の内容等の個人情報は、プライバシーに該当する。

①ホームページ制作保守契約の実行にあたって、ウェブサイトの具体的内容の決定権限や、本件ウェブサイトの最終的な動作確認の権限は被告が有していた、②ウェブサイトの保守管理会社は、随時、被告の担当者に対し、運用に関する報告を行い、障害や不具合が発生した場合には、被告の担当者との間で原因調査や対応策について協議を行っていた、③本件ウェブサイト上で収集された個人情報はすべて1件ごとに被告のパソコンに電子メールで送信されるとともに本件電子ファイルに格納されたうえで被告のパソコンに転送されることとされ、被告の担当者において情報の処理漏れがないように確認していたという事情の下で、ウェブサイトの保守管理の委託者である被告は上記個人情報の流出につき使用者責任を負う。

賠償額は、原告13名について1人当たり3万5,000円（慰謝料3万円、弁護士費用5,000円）、1名について2万2,000円（慰謝料1万7,000円、弁護士費用5,000円）

参考となる判示部分

（流出した情報のプライバシー該当性）

「本件情報流出事故によって流出した本件情報……のうち、氏名、住所、電話番号及びメールアドレスは、社会生活上個人を識別するとともに、その者に対してアクセスするために必要とされる情報であり、一定の範囲の者に知られ、情報伝達のための手段として利用されることが予定されているものであるが、他方で、そのような情報であっても、それを利用して私生活の領域にアクセスすることが容易になることなどから、自己が欲しない他者にはみだりにそれを開示されたくないと考えるのは自然のことであり、そのような情報がみだりに開示されないことに対する期待は一定の限度で保護されるべきものである。また、職業、年齢性別についても、みだりに開示されないことの期待は同様に保護されるべきものといえる。

本件情報には、そのほかに、原告らが本件ウェブサイトに氏名、職業、年齢、性別、住所、電話番号及びメールアドレス等の個人の情報を登録フォームに入力して送信した日時、原告らが関心を有していたコース名、回答の内容等やそれらの情報が蔵置された電子ファイル名、被告が原告らを識別するために付した番号などが含まれている。……これらの情報はエステティックサロンを経営する被告のウェブサイト上に蔵置されており、本件ウェブサイトにアクセスすることによって閲覧が可能な状況となっていたのであるから、閲覧したインターネットの利用者は、「facial」、「body」、「epi」、「waki」、「arm」、「bikini」、「ブライダル」などといった単語が原告らが関心を持ったコースの内容を意味するのかどうか、またその内容がどのようなものかなどの詳細はともかく……原告らが被告が提供しているエステティックサービスに関心を有し、そのため、被告に対し、氏名、職業、年齢、性別、電話番号及びメールアドレス等の個人の情報を提供したということも容易に認識できたものと考えられる。そして、エステティックサービスに関心があり、エステティックサロンを経営する被告に個人の情報を提供したことは、純粋に私生活上の領域に属する事柄であって、一般に知られていない事柄でもある上、社会一般の人々の感受性に照らし、他人に知られたくないと考える

ことは、これまた自然のことであるから、これらの情報全体がプライバシーに係る情報として法的保護の対象となるものというべきである。

　原告らは、被告に対し、氏名、職業、年齢、性別、電話番号及びメールアドレス等の個人の情報及び回答内容等を送信した際には、それらの情報は、適切に管理され、被告の業務に必要な範囲でのみ利用され、それ以外の目的で被告以外の者に利用されることは想定していなかったことは明らかであるから、本件情報が原告らの想定を超えて、本件ウェブサイトからインターネット上に流出したことは原告らのプライバシーを侵害するものといえる。」

（被告の使用者責任）

「被告はＹが提供するサービス内容等の紹介や宣伝を掲載するとともに顧客が求めるサービス内容を把握するために、インターネット及びイントラネット構築等を目的とするＺ社のウェブサーバーホスティングサービスに加入し、サーバーをレンタルして、本件ウェブサイトを開設していたところ、本件ウェブサイトへのアクセスが増加したことなどから、新たに『ホームページ制作保守覚書』を交わして、本件ホームページ制作保守契約を締結し、本件ウェブサイトのコンテンツの内容の更新修正業務等を委託するなどしたものであるが、本件ホームページ制作保守契約の実行に当たっては、Ｚ社にCGIプログラムの作成やサーバー内部の仕様の検証等の専門的技術的知識を要する業務が任されていたものの、本件ウェブサイトの具体的内容の決定権限や、本件ウェブサイトの最終的な動作確認の権限は被告にあるものとされ、Ｚ社は、随時、被告の担当者に対し、運用に関する報告を行い、障害や不具合が発生した場合には、被告の担当者との間で原因調査や対応策について協議を行っていたほか、本件ウェブサイト上で収集された個人情報はすべて１件ごとに被告のパソコンに電子メールで送信されるとともに本件電子ファイルに格納された上で被告のパソコンに転送されることとされ、被告の担当者において情報の処理漏れがないように確認していたものである。これらの事情に照らすと、被告は本件ウェブサイトの管理を主体的に行い、Ｚ社に委託したコンテンツの内容の更新、修正作業等についても実質的に指揮、監督していたものということができる。

　……被告は、民法715条により不法行為責任を免れないというべきである。」

【参考判例２】　大阪地判平成18・5・19判時1948号122頁、顧客情報漏えい事件

事案の概要

　インターネット接続等の総合電気通信サービスの会員であった原告らが、原告らの氏名・住所等の個人情報が外部に漏えいしたことについて、共同して同サービスを提供している被告らが個人情報の適切な管理を怠った過失等により、自己の情報をコントロールする権利が侵害されたとして、被告らに対し、不法行為に基づく損害賠償請求（慰謝料等の請求）した事案。

要　旨

　電気通信事業者である被告は、顧客データベースサーバについて、そもそも必要性がない場合または必要性のない範囲にリモートアクセスを認めることは許されず、リモートアクセスを可能にするにあたっては、不正アクセスを防止するための相当な措置を講ずべき注意義務を負う。

リモートアクセスの管理体制として、ユーザー名とパスワードによる認証以外に外部からのアクセスを規制する措置がとられておらず、ユーザー名およびパスワードの管理がきわめて不十分であったという事情の下では、電気通信事業者である被告は、不正アクセスを防止するための注意義務に違反したものと認められる。

賠償額は、1人当たり6,000円（慰謝料5,000円、弁護士費用1,000円）

参考となる判示部分
（注意義務の内容）
「ア　個人情報の管理に関する一般的な注意義務

……被告B社は同法（筆者注：電気通信事業法）にいう電気通信事業者に当たると認められる……ところ、本件不正取得が行われた当時、電気通信事業における個人情報保護に関するガイドライン……5条4項は『電気通信事業者が個人情報を管理するに当たっては、当該情報への不正なアクセス又は当該情報の紛失、破壊、改ざん、漏えいの防止その他の個人情報の適切な管理のために必要な措置を講ずるものとする。』と定めていた。

また、被告B社は……原告らを含む本件サービスの顧客の個人情報をデータベースとして保有、管理しており、個人情報保護法にいう個人情報取扱事業者に当たると解されるところ、同法20条は、「個人情報取扱事業者は、その取り扱う個人データの漏えい、滅失又はき損の防止その他の個人データの安全管理のために必要かつ適切な措置を講じなければならない。」と定めている……。

これらの点に鑑みると被告B社は、本件不正取得が行われた当時、顧客の個人情報を保有、管理する電気通信事業者として、当該情報への不正なアクセスや当該情報の漏えいの防止その他の個人情報の適切な管理のために必要な措置を講ずべき注意義務を負っていたと認められる。
イ　リモートアクセスに関する注意義務

……本件においては、本件リモートメンテナンスサーバーを通じて、本件顧客データベースサーバーにリモートアクセスが可能な状態となっていた。

リモートアクセスについては、JIS規格や、コンピュータ不正アクセス対策基準……で、その危険性が指摘され、不正アクセスへの対策について各種の規定がされているところであり……あるサーバーに対してリモートアクセスを可能にすることは、それ自体、当該サーバーに対する外部からの不正アクセスの危険を高めるものであるといえる。

被告B社は、個人情報の管理に関してアのとおりの注意義務を負うのであるから、本件顧客データベースサーバーについて、そもそも必要性がない場合又は必要性のない範囲にリモートアクセスを認めることは許されず、また、リモートアクセスを可能にするに当たっては、不正アクセスを防止するための相当な措置を講ずべき注意義務を負っていたというべきである。」
（リモートアクセスに関する注意義務違反の存否）
「本件リモートメンテナンスサーバーについては、そのIPアドレスを特定して、登録されたユーザー名・パスワードを入力すれば、リモートデスクトップでログオンすることが可能であって、被告B社は、本件リモートメンテナンスサーバーに対するアクセス管理として、ユーザー名とパスワードによる認証を行っていたが、特定のコンピュータ以外からはリモートアクセスができないようにする措

置はとられていなかったものと認められる。……

　本件においては、前記のとおり、本件リモートメンテナンスサーバーに登録されているユーザー名とパスワードについて、被告B社は、①本件アカウントを共有アカウントとして丙川に与えていたこと、②平成15年2月末に丙川が退職した際に、本件アカウントを含め丙川が知り得たユーザー名を削除したりそのパスワードを変更したりしなかったこと、③本件リモートメンテナンスサーバーの設置から平成16年1月までの約1年間、登録されているユーザー名について、パスワードの定期的な変更を行わなかったことが認められる。

　また、前記のとおり、④平成15年12月30日と平成16年1月5日に、本件リモートメンテナンスサーバーに登録されていたユーザー名のパスワードが変更されていたり、本件アカウントが削除されていたりしたことに気付いていたものの、パスワードが変更されていたユーザー名について元のパスワードに戻して、その使用を継続させていた。

　以上の被告B社におけるリモートアクセスの管理体制は、ユーザー名とパスワードによる認証以外に外部からのアクセスを規制する措置がとられていない上、肝心のユーザー名及びパスワードの管理が極めて不十分であったといわざるを得ず、同被告は……不正アクセスを防止するための前記注意義務に違反したものと認められる。」

【参考判例3】　最判平成29・10・23判タ1442号46頁、顧客情報漏えい事件

■事案の概要

　通信教育事業等を営む会社のシステム開発の再々委託先の従業員が、3,504万人分の個人情報を不正に取得し、その一部を名簿業者に売却した事件である。原告が、情報漏えいにより精神的苦痛を被ったとして、不法行為に基づき10万円の慰謝料の支払いを求めた（差戻し後の控訴審判決は大阪高判令和元・11・20裁判所ウェブサイト）。

■要旨

　本件で漏えいした情報は、氏名、性別、生年月日、郵便番号、住所および電話番号、ならびに保護者としての原告の氏名といった基本的な情報のみであった。原審である大阪高裁は、漏えいによって、原告が迷惑行為を受けているとか、財産的な損害を被ったなど、不快感や不安を超える損害を被ったことについての主張・立証がされていないから、請求には理由がないとした。これに対し、最高裁は、以下のとおり述べ、これを破棄し、差し戻した。

■参考となる判示部分

　「本件個人情報は、上告人のプライバシーに係る情報として法的保護の対象となるというべきであるところ（最高裁平成14年（受）第1656号同15年9月12日第二小法廷判決・民集57巻8号973頁参照（筆者注：江沢民名簿事件））、上記事実関係によれば、本件漏えいによって、上告人は、そのプライバシーを侵害されたといえる。

　しかるに、原審は、上記のプライバシーの侵害による上告人の精神的損害の有無及びその程度等について十分に審理することなく、不快感等を超える損害の発生についての主張、立証がされていないということのみから直ちに上告人の請求を棄却すべきものとしたものである。そうすると、原審の判断には、不法行為における損害に関する法令の解釈適用を

誤った結果、上記の点について審理を尽くさなかった違法があるといわざるを得ない。」

　本判決により、氏名、性別、生年月日というような基本的な情報のみが漏えいしたとしても、プライバシー権を侵害し、慰謝料請求が認められることがあることが明確になった（なお、差戻し後の控訴審判決は、慰謝料1,000円を認めた）。

第2 「クッキー（Cookie）」と アドテク（Ad-Tech）に 関する概念

概　説

【事例】行動ターゲティング広告のためにクッキー（Cookie）を DSP事業者に提供したい。

➡　個人情報保護法の適用があるか？

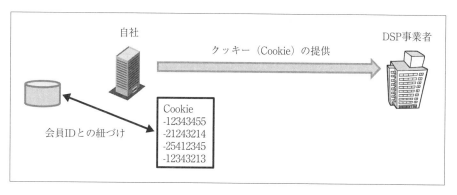

自社

DSP事業者

クッキー（Cookie）の提供

Cookie
-12343455
-21243214
-25412345
-12343213

会員IDとの紐づけ

Ad-Tech の技術とサービスは日々進歩しており、単なる広告の世界にとどまらず、DMP を利用した情報解析が企業活動に幅広く利用されるようになっている。その中で、「クッキー（Cookie）」に象徴されるデータの取扱いと個人情報保護法制・プライバシー保護との関係が大きな課題となっている。本項では、Ad-Tech を中心としたデータの取扱いに関する技術的な用語と法的問題点を解説する。

用　語

アド・テクノロジー【AD Technology：Advertisement Technology】

➡**アド・テク（AD-Tech）**　ウェブページに最適な広告を表示するためのテクノロジーのこと。**行動ターゲティング広告**（p79）を実現するための DSP（p81）、RTB（p81）、Cookie Sync（p82）などの技術を総称した呼称である。

クッキー【Cookie】 ウェブブラウザ (p41) を使ってウェブサイトを閲覧した際に、ウェブサイトから送信されてウェブブラウザに保存されるテキスト形式の情報のこと。

＜公的文献等での定義＞

「Web サーバーがクライアントコンピュータに預けておく小さなファイルのこと」（国民のための情報セキュリティサイト）。

例えば、**ウェブサイト** (p38) を閲覧すると、**図表１**のように「GA1.3.264700448. 14276796 ○○」といった単純な情報がユーザ側のウェブブラウザに保存される。これにより、次に同じウェブサイトを閲覧すると、ブラウザソフトが当該ウェブサイトのクッキーが HDD にあることを確認して、この情報をウェブサイト側に送信するため、ウェブサイト側が「GA1.3.264700448.14276796 ○○」という同じユーザが再訪問したということを認識することができる。インターネットショッピングのサイトを訪問すると「ようこそ○○さん」とユーザ名を覚えているのが通常であるが、これはクッキーを使って実装しているのが通常である。なお、語源は様々にいわれているが、焼き菓子のクッキーと同じスペルであることから、ウェブブラウザにクッキーを保存することを「クッキーを食べる」と表現することもある。

リスティングこうこく【リスティング広告、 Listing advertisement】
➡検索連動型広告
➡検索広告 検索エンジン (p58) で検索した際に、当該ユーザが検索した語句と関連する広告を検索結果画面に表示する広告のこと。

＜公的文献での定義＞

「インターネット検索サイトに入力し

たキーワードに対応する検索結果とともに、関連する広告を表示するもの」（総務省情報通信政策研究所「行動ターゲティング広告の経済効果と利用者保護に関する調査研究 報告書」（平成 22 年 3 月）9 頁 (https://www.soumu.go.jp/iicp/chousakenkyu/ data/research/survey/telecom/2009/2009-I-16. pdf)）。

Google や Yahoo! などで検索をすると、画面の 1 番上または横に、「広告」と書かれたリンクが表示されることがある。これがリスティング広告である。典型的には、キーワード（例えば「弁護士 相続」）ごとにオークション形式で広告料金が決まり、当該キーワードが検索された際に検索結果画面に URL と広告内容が表示され、それがクリックされた際に「1 クリック○円」という単位で広告料金を支払うことになる。

こうどうターゲティングこうこく【行動 ターゲティング広告、Behavioral Targeting Advertising】 広告を閲覧する者の行動の履歴を元にして、その者の興味がある分野や商品の広告を表示する広告のこと。

＜公的文献等での定義＞

「ネット利用者の閲覧履歴などの利用者行動を分析して利用者の興味や関心にマッチした広告を表示する」もの（総務省情報通信政策研究所「行動ターゲティング広告の経済効果と利用者保護に関する調査研究 報告書」（平成 22 年 3 月）3 頁）。

クッキー （Cookie）(p79) を使うなどすれば、特定のユーザがウェブサイト内で過去にどのコンテンツを閲覧したかを把握することができる。この情報に基づいて、そのユーザが興味を持つ広告を表示するのが行動ターゲティング広告である。インターネットショッピングのサイトで、ユーザがどの商品を閲覧したかを

図表 1

把握し、過去に閲覧したことのある商品
の広告をサイト上で表示する、というの
が典型である。これを発展させ、広告
サービスを提供する会社（インターネッ
ト上の広告代理店）が、独自の ID をクッ
キーに保存させ、様々なサイトでその会
社の広告を表示させれば、「Ａ」という
サイトで自動車の記事を見た者に対し、
「Ｂ」という別のサイトで自動車の広告
を表示させることができる。しかし、こ
れがいきすぎるとプライバシーの侵害と
なるため、サイトの運営者ではない第三
者が保存するクッキーを「サード・パー
ティ・クッキー」と呼び、デフォルト
（初期設定）で保存しない「拒否」の設

定になっているブラウザもある。

**ディー・エヌ・ティー【DNT：Do Not
Track】**　クッキーを受け付けないなど、
ウェブページからの追跡（トラッキン
グ）を拒否する機能のこと。主として
ウェブブラウザに実装されている。
　「消費者は、企業が自分からどのよう
な個人データを収集し、どのようにそれ
を利用するかについてコントロールを行
使する権利を有する」（米国プライバシー
権利章典原案）という思想に基づく機能
である。2010 年に米国連邦取引委員会
（FTC）が勧告したものであり、2012 年
の FTC プライバシーレポートで取り組
むべき主要分野の 1 つに挙げられてい

る。例えば、マイクロソフト社の Internet Explore では「InPrivate ブラウズ」モード（Ctrl＋Shift＋P）、グーグル社の Chrome では「シークレットモード」（Ctrl＋Shift＋N）、iOS（iPhone等）等の Safari では「プライベート・ブラウズ」と呼ばれている。従前から、ウェブブラウザの設定を変更し、クッキーを受け付けないなどの設定をすればトラッキングを拒否することができたが、一般消費者がそのような設定をするのは難しいため、その機能をわかりやすく簡単に実装するのが「DNT」である。

ディー・エス・ピー【DSP：Demand-Side Platform】 広告主や広告会社といった需用者側（デマンドサイド）が、広告枠を買うために使用するシステム（プラットフォーム）のこと。

＜公的文献等での定義＞

「広告主の指定した条件（金額、期間、露出量）にマッチしたサイトに広告を出稿し、広告主側の広告効果の最大化を支援」するもの（内閣官房デジタル市場競争本部事務局「デジタル広告市場の競争評価に関する論点と今後の取組」（令和元年12月17日）9頁（https://www.kantei.go.jp/jp/singi/digitalmarket/kyosokaigi/dai2/sankou5.pdf））。

かつては、ウェブページ上の広告は、例えば、「当ウェブサイトのトップページの右側のバナー広告は、1週間○円です」という形で「広告枠」として販売されていた。この状態では、広告主（例えばメーカー）は、サイトAには広告aを2週間、サイトBには広告bを1週間、サイトCには広告cを1か月それぞれ出稿する、というように、個別に管理しなければならなかった。そこで、複数のウェブサイト（媒体）をまとめるアドネットワークと呼ばれるサービスが登場

し、広告主は、アドネットワークと取引すれば、あとはアドネットワークが各サイトに広告を配信することができるようになった。さらに、その後、複数のアドネットワークをまとめて管理することができるアドエクスチェンジというサービスも登場した。

DSP とは、この複数のアドネットワークおよびアドエクスチェンジを管理するためのサービスである。後述する SSP（p81）と連動し、RTB（p81）により、サービス利用者である広告主が希望するターゲットがウェブサイトを閲覧した際に、適切な金額で自動的に広告を出稿することができるようになっている。

エス・エス・ピー【SSP：Supply-Side Platform】 ウェブサイト等の広告枠を販売したいと考えている供給者側（サプライサイド）が、広告枠を販売するために使用するシステム（プラットフォーム）のこと。

＜公的文献等での定義＞

「DSP が指定した条件に対応し、広告枠の収益を最大化させるサービス」（内閣官房デジタル市場競争本部事務局「デジタル広告市場の競争評価に関する論点と今後の取組」（令和元年12月17日）9頁）。

ウェブサイト側としては、1円でも高く広告を出稿してくれる広告主に広告枠を販売したいと考えることは当然である。そこで、ウェブサイトを閲覧しているユーザがどのような人物なのかという属性情報を複数の DSP（p81）に提供し、最も高く買ってくれた DSP に広告の出稿を依頼するシステムが、SSP である。

アール・ティー・ビー【RTB：Real Time Bidding】 ウェブページ上の広告枠をリアルタイムに競売するシステムのこと。

ユーザがウェブサイトを閲覧しにきた瞬間に、そのユーザの属性情報を元に、

図表2

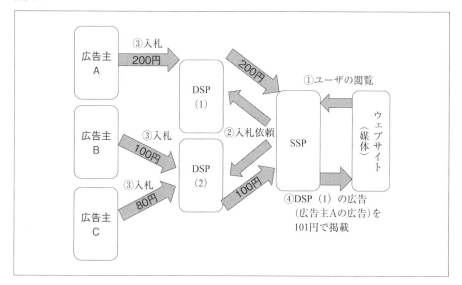

SSP（p81）と DSP（p81）との間で広告
枠を競売にかけ、最も高く買った広告主
に広告を出稿させるシステムのこと。
　具体的には、**図表2**のとおりに情報
がやりとりされる。
　①ウェブサイトの管理者（媒体）が登
録している SSP が、ユーザがウェブペー
ジを閲覧しようとした瞬間に、**クッキー**
（Cookie）（p79）等によりユーザを判別
し、その属性情報（例えば30代男性で自
動車に興味があるといった情報）等を SSP
内のデータベースから検索する。
　②SSP は、その属性情報等を複数の
DSP に提供し、競売を行う。
　③DSP は、サービスを利用している
複数の広告主の中から、当該属性のユー
ザと媒体に広告を出したいと考えている
者を探し、あらかじめ設定されている金
額の範囲で入札に参加する。
　④SSP は、最も高い金額を示した DSP
に対し、広告の出稿を許可する（なお、

多くの RTB では、最も高い金額を示した
DSP が、2番目に高い金額プラス1円で出
稿できる、といった形のルールを採用し、
価格を最適化している）。
　以上が、RTB の大まかな仕組みであ
る。この①から④まで（**図表2のすべて**）
を、0.1秒以内に行うのが RTB である。
　このような複雑かつ高度な仕組みは、
2010年頃にアメリカで生まれた。リー
マンショックにより、それまで金融分野
で高度なシステム取引の開発をしていた
技術者が、インターネットの広告の世界
に進出した結果、高度な金融取引のよう
なシステムが実現したといわれている。
我々がインターネットのウェブサイトを
見る際には、背後でこのような取引が瞬
時に行われ、自分の興味にあった広告が
表示されているのである。

クッキー・シンク【Cookie Sync】　複数
のシステム（典型的には、媒体側（SSP
（p81））と広告主側（DSP（p81））のシス

テム）の間で、訪問したユーザを共通に認識して特定するために、各システムにおける ID を紐付けること。

　ユーザがウェブサイトを閲覧した際、媒体側（SSP）においては、**クッキー**（Cookie）（p79）により、当該ユーザ（正確には当該ユーザが閲覧に使用していたブラウザ）に ID を設定することができる（仮にこれを「SSP-ID」と呼ぶ）。そして、SSP は DSP に広告の出稿を要請するが、DSP において、当該ユーザの属性がわからなければ、適切な広告を出稿できない。そこで、DSP では、DSP が保有しているユーザの ID（仮に「DSP-ID」と呼ぶ）と SSP-ID を紐付けし、「SSP-ID が○○であるユーザは、DSP-ID でいうと△△だ」と特定することが必要となる。これを Cookie Sync と呼ぶ（なお、DSP-ID は、広告主企業の会員 ID であったり、ウェブサイトを閲覧した際にクッキー（Cookie）として保存した ID であったりする）。

　Cookie Sync には、技術的には様々な方法があるが、典型的には、ユーザが訪問したウェブページの **HTML**（p39）の中に、DSP の**サイトへリダイレクト**（p83）するコード（**ウェブ・ビーコン**（p83）等）を埋め込み、その中に **URL パラメータ**（p83）等で SSP-ID を記載しておく。すると、リダイレクトを受けた DSP では、後述の URL パラメータにより SSP-ID を取得することができ、DSP-ID は自ら Cookie で取得できるため、両者を照合することができる（詳細は、**ウェブ・ビーコン**（p83）参照）。

ユーアールエル・パラメータ【URL Parameter】　URL を利用して情報を提供するため、URL に付加する符号のこと。

　URL は、通常は「http://www.hogehoge.com/index.html」のように記載するが、

「？」を付けると、それよりも後はサーバに送る符号を記載していることになる。例えば、

http://www.hogehoge.com/index.html?username=kounotarou

という URL は、username が kounotarou であるという情報をサーバに送信していることになる。

　また、複数の符号を送る際には、「＆」で区切ることになっている。例えば以下のとおりである。

http://www.hogehoge.com/index.html?username=kounotarou&reg=tokyo

　この場合、username が kounotarou であるという情報と reg が tokyo であるという情報をサーバに送信していることになる。

リダイレクト【Redirect】　アクセスしたウェブサイトから、別のウェブサイトに自動的に移動させること。

ウェブ・ビーコン【Web Beacon】　ごく小さな目立たない画像（例えば、1 ドット×1 ドットの透明色の gif ファイル）を **HTML**（p39）の中に記載し、画像の URL を別のウェブサイトとすることによって、ユーザを自動的に当該別のウェブサイトにアクセスさせる技術のこと。

　HTML の**タグ**（p40）の一種に画像を表示させるための img タグがある。img タグは、以下のように記載する。

<img src="http://hogehoge.com/image001.gif">

　これにより、「hogehoge.com」の「image001.gif」という画像ファイルが表示される。

　通常は、画像ファイルは、アクセスしているウェブサイトのウェブ・サーバに保存されているファイルを表示するのであるが、別のウェブサイトにある画像を指定しても問題ない。例えば、example.

図表3

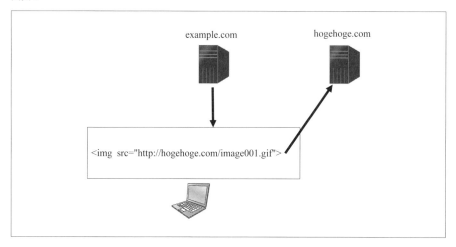

com というウェブサイトの HTML の中に、<img src="http://hogehoge.com/image001.gif"> というタグを記載してもよいのである。このコードにより、ユーザが example.com にアクセスすると、hogehoge.com のサーバにもアクセス（リダイレクト（p83））して画像ファイルを取得しようとする（**図表3**）。

これに **URL パラメータ**（p83）を組み合わせると、ユーザがアクセスしたウェブサイト以外のサーバに、情報を提供させることができる。

例えば、example.com のウェブページの HTML 内に、以下の記載をすれば、hogehoge.com に SSP-ID が xxx であることを伝えることができる（**図表4**）。

<img src="http://hogehoge.com/image001.gif?SSP-ID＝xxx">

これと、クッキー（Cookie）を組み合わせれば、**Cookie Sync**（p82）が完成する（**図表5**）。

ジャバスクリプト【JavaScript】　ブラウザ上で実行されるプログラムのこと。

＜公的文献等での定義＞

「ネットスケープ社とサン・マイクロシステムズ社が共同で開発したホームページに埋め込むことができるスクリプト言語」（国民のための情報セキュリティサイト）。

プログラム言語としての Java とは異なるものである。開発当初は「LiveScript」という名称であったが、当時人気のあった「Java」に便乗して「JavaScript」と称するようになった。ユーザ側のブラウザ上で実行されるプログラムであり、HTML コードの中に JavaScript をダウンロードして実行するように記載しておけば、ブラウザがサーバから JavaScript（プログラム）をダウンロードしてきて、ブラウザ上で実行する形で動作する。ユーザがメールアドレスを入力した際に正しい形式になっているか否かをチェックしたり、ウェブページ上の一部だけをリロードして別の画像を表示したりするのに使われている。また、JavaScript により、サイト内におけ

図表4

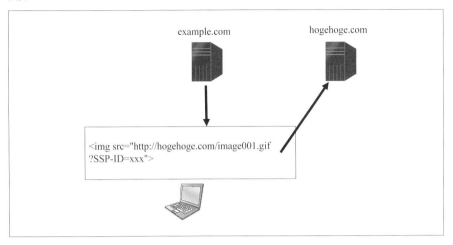

図表5

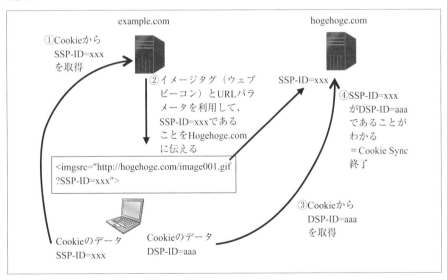

るユーザの閲覧履歴、ブラウザや OS の情報等（どのブラウザを利用しているか、OS は何かなど）をサーバに送信したり、**クッキー**（Cookie）(p79) を保存・読み出してサーバに送信したりすることができる。

例えば、**図表6**は、筆者が開設している「判例Update」というサイトの

85

図表6

```
<script type="text/javascript" data-cfasync="false">
［中略］
    /* Function to detect opted out users */
    function __gaTrackerIsOptedOut() {
        return document.cookie.indexOf(disableStr + '=true') > -1;      ←①
    }

    /* Disable tracking if the opt-out cookie exists. */
    if ( __gaTrackerIsOptedOut() ) {
        window[disableStr] = true;
    }

    /* Opt-out function */
    function __gaTrackerOptout() {
      document.cookie = disableStr + '=true; expires=Thu, 31 Dec 2099 23:59:59 UTC;
      path=/';
      window[disableStr] = true;
    }

    if ( mi_track_user ) {
    (function(i,s,o,g,r,a,m){i['GoogleAnalyticsObject']=r;i[r]=i[r]||function(){
        (i[r].q=i[r].q||[]).push(arguments)},i[r].l=1*new Date();a=s.createElement(o),
    m=s.getElementsByTagName(o)[0];a.async=1;a.src=g;m.parentNode.insertBefore(a,m)
        })(window,document,'script','//www.google-analytics.com/analytics.js','__
        gaTracker');      ←②

        __gaTracker('create', 'UA-********-*', 'auto');
        __gaTracker('set', 'forceSSL', true);
        __gaTracker('send','pageview');
    } else {
［以下略］
```

HTML コードの一部であり、Google Analytics という閲覧履歴の統計情報を分析する著名なサービス（**図表7**）を利用するための箇所である。①の□で囲んだ部分以下で、ユーザのブラウザからクッキーを読み出して、そのユーザ（ブラウザ）が Google Analytics をオプトア ウトしているか否かを判別し（すなわちユーザが Google Analytics を拒否している場合には JavaScript による情報収集をしない）、オプトアウトしていなければ②の□で囲んだ部分で www.google-analytics. com というサーバから「analytics.js」という JavaScript をダウンロードし、実行

図表7

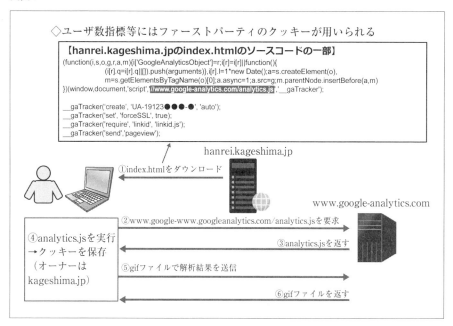

◇ユーザ数指標等にはファーストパーティのクッキーが用いられる

【hanrei.kageshima.jpのindex.htmlのソースコードの一部】

```
(function(i,s,o,g,r,a,m){i['GoogleAnalyticsObject']=r;i[r]=i[r]||function(){
    (i[r].q=i[r].q||[]).push(arguments)},i[r].l=1*new Date();a=s.createElement(o),
    m=s.getElementsByTagName(o)[0];a.async=1;a.src=g;m.parentNode.insertBefore(a,m)
})(window,document,'script','//www.google-analytics.com/analytics.js','__gaTracker');

__gaTracker('create', 'UA-19123●●●-●', 'auto');
__gaTracker('set', 'forceSSL', true);
__gaTracker('require', 'linkid', 'linkid.js');
__gaTracker('send','pageview');
```

hanrei.kageshima.jp

①index.htmlをダウンロード

www.google-analytics.com

④analytics.jsを実行
→クッキーを保存
（オーナーは
kageshima.jp）

②www.google-www.googleanalytics.com/analytics.jsを要求

③analytics.jsを返す

⑤gifファイルで解析結果を送信

⑥gifファイルを返す

するように命令している。これにより、ユーザのブラウザ上で analytics.js が自動的にダウンロードされて実行され、閲覧履歴やブラウザ・OS の情報等を収集して、Google のサーバにアップロードしているのである。

オーディエンス・データ（オーディエンス情報）【Audience Data】　ウェブサイトの閲覧履歴から推定するなどして得られる、性別・居住地・年齢といった属性データを組み合わせのこと。

　例えば、Google社の「Google 広告設定」のページに行けば、「広告のカスタマイズに利用する要素」として、Google 社が自分をどのような属性であると認識して広告に利用しているのかが確認できる。オーディエンス情報は「40代、男性、PC と自動車に興味あり」といった情報

であり、それ単体では特定の個人を識別することができる情報ではないという前提で仕組みが構築されているのが Ad-Tech業界における現在の実務である。

ディー・エム・ピー【DMP：Data Management Platform】　ウェブサイトにおける閲覧履歴やユーザの属性情報など、従来は別々に管理されていた様々な情報を統合して分析し、ユーザとのコミュニケーションに役立てるためのプラットフォーム（システム）のこと。

＜公的文献等での定義＞

　「『様々なところから、消費者の情報を集約して、セグメント化して提供』するもの」（内閣官房デジタル市場競争本部事務局「デジタル広告市場の競争評価に関する論点と今後の取組」（令和元年12月17日）9頁）。

図表8

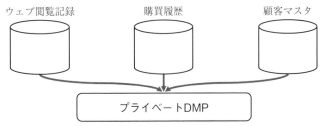

【DMP】

ディー・エム・ピー【DMP（Data Management Platform）】
ウェブサイトにおける閲覧履歴やユーザの属性情報など、別々に管理されている
様々な情報を統合して分析し、ユーザとのコミュニケーションに役立てるための
プラットフォーム

◇プライベートDMP
　　ユーザが自社のウェブサイトを閲覧した際の閲覧履歴や、ECサイト上
　の購買履歴、顧客の属性情報など、自社内の様々な情報を統合して分析し、
　利用する。

ウェブ閲覧記録　　　　　購買履歴　　　　　　顧客マスタ

プライベートDMP

共通のIDを振って紐付け（マッピング）して管理

　DMP は、プライベート DMP とパブ
リック DMP に大別できる。
　プライベート DMP とは、ユーザが自
社のウェブサイトを閲覧した際の閲覧履
歴や、EC サイト（p62）上の購買履歴、
顧客の属性情報など、自社内の様々な情
報を統合して分析し、利用するためのプ
ラットフォーム（システム）である。以
前は、これらのデータが各システムにバ
ラバラに存在していたが、それぞれに共
通の ID を振って統合的に管理・分析す
ることで、最適なマーケティング活動を
行うものである（**図表8**）。
　これに対し、パブリック DMP とは、
他社のサイトにおける閲覧履歴などから
得られるオーディエンス情報や所在地情
報などが保存され利用できる DMP のこ
とをいう。プライベート DMP と異なり、

他社のサイトの閲覧履歴などから得られ
る**オーディエンス・データ**（p87）と合
わせて分析することができるのが特徴で
ある（**図表9**）。
　パブリック DMP では、例えば以下の
ような仕組みで閲覧履歴を蓄積してい
く。①ある人物（正確には、あるブラウ
ザ）が自動車メーカ A のウェブサイト
（サイト A）を閲覧すると、ウェブサイト
A には **DSP**（p81）にデータを提供す
るための**タグ**（p40）等が埋め込まれてお
り、DSP が保存してある識別子（図でい
えば「1234」）を、**クッキー**（Cookie）
（p79）等を利用して DSP に対して提供
する。これにより、DSP は、「1234」が
自動車メーカ A のウェブサイト A を閲覧
したことを知ることができる。②その
後、同じ人物（ブラウザ）がウェブサイ

図表9

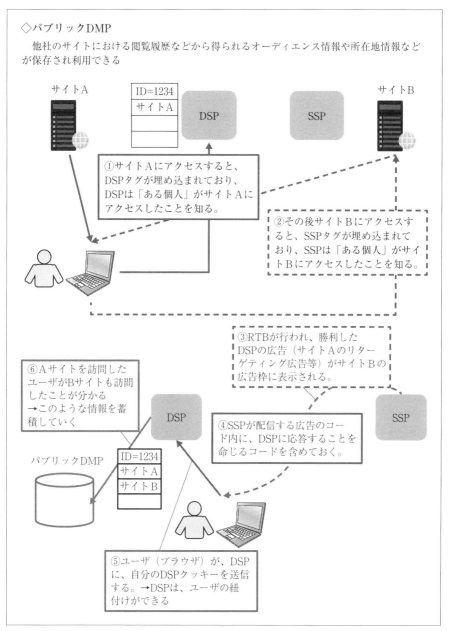

◇パブリックDMP

他社のサイトにおける閲覧履歴などから得られるオーディエンス情報や所在地情報などが保存され利用できる

サイトA　ID=1234 サイトA　DSP　SSP　サイトB

①サイトAにアクセスすると、DSPタグが埋め込まれており、DSPは「ある個人」がサイトAにアクセスしたことを知る。

②その後サイトBにアクセスすると、SSPタグが埋め込まれており、SSPは「ある個人」がサイトBにアクセスしたことを知る。

③RTBが行われ、勝利したDSPの広告(サイトAのリターゲティング広告等)がサイトBの広告枠に表示される。

⑥Aサイトを訪問したユーザがBサイトも訪問したことが分かる
→このような情報を蓄積していく

DSP

④SSPが配信する広告のコード内に、DSPに応答することを命じるコードを含めておく。

SSP

パブリックDMP

ID=1234 サイトA サイトB

⑤ユーザ(ブラウザ)が、DSPに、自分のDSPクッキーを送信する。→DSPは、ユーザの紐付けができる

トBを閲覧した際に、SSP タグが埋め込まれており、**SSP**（p81）は「ある個人」がウェブサイトBを閲覧したことを知ることができる。この時点では、DSP においても SSP においても、その人物が同一人であることは認識できていない。③その後、**RTB**（p81）が行われ、落札した DSP の広告（自動車メーカA）がウェブサイトBの広告枠に表示されたとする。その際、④SSP が配信する広告データの**コード**（p110）内に、DSP にデータを送信するよう命じるコードを含めておく。すると、⑤この人物のブラウザは、SSP が提供した広告データのコードに従い、自分のブラウザ内に保存されている DSP のクッキー（1234）を送信する。⑥これにより、DSP は、1234 というユーザがサイトBも閲覧したことが把握できる。これを繰り返すことにより、サイトA、サイトBといった閲覧履歴が次々と蓄積されていくことになる。これを保存しているのが、典型的なパブリック DMP である。

マーケティング・オートメーション・ツール（MAツール）【Marketing Automation Tool】
見込み顧客の獲得から営業活動に至るまでの一連のプロセスを最適化・自動化・効率化するためのツール（システム）のこと。

　例えば、従来は、見本市で名刺交換をした潜在顧客を、CRM システムに登録するなどして管理していた。他方で、ウェブサイトの閲覧履歴は別のシステムで管理しており、リアルな世界での名刺交換の情報と紐付けすることができていなかった。MA ツールでは両者を紐付けすることができる。

　MA ツールでは、典型的には以下のように紐付けを行う。①名刺交換した人物のメールアドレスを登録して、ダイレクト・メールを作成し送信することができるが、その際に、自社のウェブサイトのリンクを張り、そのリンクに **URL パラメータ**（p83）を設定しておくことができる。すると、②その人物が当該リンクをクリックすれば、以後、その人物が自社のウェブサイト内のどのページを閲覧しているのかを把握することができるようになる。これにより、リアルな世界での名刺とネットの世界での閲覧履歴が結びつき、その人物が興味を持っている製品の案内をすることができるようになる。さらに、③メールに**ウェブ・ビーコン**（p83）を埋め込んでおけば、メールを開封したことを確認することもできる。

　これらのデータを生かして、営業活動に至るまでのマーケティング活動を最適化・自動化・効率化することができるのが MA ツールである。

ジー・ピー・エス【GPS：Global Positioning System（全地球測位システム）】
機器が衛星からの信号を受信して、当該機器がその所在場所を知るシステムのこと。
＜公的文献等での定義＞
　「（GPS位置情報とは）複数の GPS衛星から発信されている電波を携帯電話等の移動体端末が受信して、衛星と移動体端末との距離等から当該移動体端末の詳細な位置を示す位置情報」（総務省緊急時等における位置情報の取扱いに関する検討会報告書「位置情報プライバシーレポート」（平成 26 年 7 月）47 頁（https://www.soumu.go.jp/main_content/000434727.pdf））。
　地球の軌道上には、多数の GPS衛星が周回しており、それぞれが時刻のデータと衛星の軌道等のデータを送信している。衛星と受信機は遠く離れているため、衛星がデータを発信してから受信機が受信するまでの間にわずかながら時間

がかかる。衛星と受信機はそれぞれが正確な時計を持っているため、受信機が衛星からのデータを受信すると、その衛星がデータを発信した時刻と、受信機が受信した時刻とのわずかな差を測定できる。これにより、衛星と受信機との距離を測ることができる。したがって、複数（通常は時刻の補正を含めて4機以上）の衛星のデータを受信すれば、位置が特定できる。これがGPSの仕組みである。

いちじょうほう【位置情報、ロケーション・データ：Location Data】 端末や個人の所在場所に関する情報のこと。典型的には、携帯電話に内蔵されたGPS（p90）受信機が受信した座標情報がこれにあたるが、GPSだけではなく、Wifiの電波強度などによる位置情報も広く用いられている。

ライフログ【Lifelog】 人が生活に関する情報をデジタルデータとして記録したもののこと。

＜公的文献等での定義＞

「利用者のネット内外の活動記録（行動履歴）が、パソコンや携帯端末等を通じて取得・蓄積された情報」（総務省「ライフログ活用サービスWGからの報告——ヒアリングをふまえた今後の検討の視点」（2009年8月）1頁（https://www.soumu.go.jp/main_content/00035704.pdf））。

曖昧で多義的な概念であるが、例えば、総務省ライフログ活用WG（ワーキンググループ）では、①閲覧履歴（ウェブのアクセス記録、検索語句、訪問先URLや滞在頻度・時間、視聴履歴等）、②電子商取引による購買・決済履歴、③位置情報（携帯端末のGPS機能により把握されたもの、街頭カメラ映像を解析したもの等）などがこれにあたるとされている。

法令・判例と実務

■閲覧履歴の利用・提供と個人情報保護法
　学生の採用活動に際して、ユーザの閲覧履歴等を収集して「内定辞退率」を算出し、サービス利用企業に提供していた案件について、個人情報保護委員会の勧告・指導が行われた事件である。

【参考事例】個人情報保護委員会令和元年8月26日「個人情報の保護に関する法律第42条第1項の規定に基づく勧告等について」および同年12月4日「個人情報の保護に関する法律に基づく行政上の対応について」

事案の概要
　学生の就職活動を支援するサービスを提供する会社が、サービスを利用している企業から学生の閲覧履歴等を取得し、「DMP」で蓄積・分析し、「内定辞退率」を算出して提供していた。時期によってサービスの仕組みは異なっていたようであるが、クッキーにより閲覧履歴を利用企業から取得して突合し、または氏名をハッシュ関数でハッシュ化（p128）したデータによりこれを突合していたとされている。

要　旨
　クッキーで突合していけば、パブリックDMPにおいて閲覧履歴を蓄積していくことができる（p89）。この場合、サービス提供会社にとっては、閲覧履歴およびそれに基づいて算出された内定辞退率は、特定の個人を識別することができない情報であり、個人情報ではない。しか

し、内定辞退率の提供を受けたサービス利用企業においては特定の個人を識別することができる。この点について、個人情報保護委員会は、「内定辞退率の提供を受けた企業側において特定の個人を識別できることを知りながら、提供する側では特定の個人を識別できないとして、個人データの第三者提供の同意取得を回避しており、法の趣旨を潜脱した極めて不適切なサービスを行っていた」と判断し、サービス提供会社に勧告を出した。なお、この点を踏まえて、令和2年の個人情報保護法の改正において、「提供元では個人データに該当しないものの、提供先において個人データになることが明らかな情報について、個人データの第三者提供を制限する規律を適用する」とさ

れることとされ（個人情報保護委員会「個人情報保護法いわゆる3年ごと見直し制度改正大綱」（令和元年12月13日））、「**個人関連情報**」(p72) という新しい概念が登場した。

なお、氏名のハッシュ値の提供を受けて突合していた点については、「ハッシュ化すれば個人情報に該当しないとの誤った認識」があったと指摘している。氏名は、それをハッシュ化したとしても、ハッシュ値を提供したサービス利用企業においてもサービス提供会社においても氏名とハッシュ関数の情報を保有している以上は、少なくとも容易照合性により特定の個人を識別できる情報であることに留意が必要である。

第 3 章

情報通信技術全般に
関する IT 用語

第 1 情報通信に関する基本的な概念

概　説

【事例】動画データを端末内にキャッシュするアプリ
を開発した。

➡ 著作権者から複製権の許諾を得る必要があ
るか？

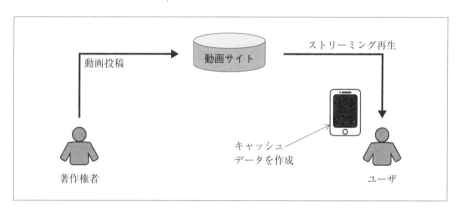

著作権者が動画を投稿し、動画のスト
リーミング配信サービスを提供している
ウェブサイトを構築した。著作権者からは
ストリーミング再生を前提として配信につ
いて許諾を得ている。当該ウェブサイトの
動画を再生するアプリを開発する際に、
ユーザ側の端末内にキャッシュデータを保
存し、動画をスムーズに再生するようにし
たいと考えているが、端末内で動画のデー
タを複製することについて著作権者の許諾
が必要になるだろうか。

用　語

**アイ・ティー【IT：Information Technology
（情報技術）】**　Information Technology すな
わち「情報技術」の略であり、情報を取
り扱う技術全般のこと。ハードウェアと
ソフトウェアの両者を含む概念である。

**アイ・シー・ティー【ICT：Information
and Communication Technology（情報**

通信技術）】　Information and Communication Technology すなわち「情報通信技術」の略であり、情報および通信を取り扱う技術全般のこと。

「IT」と基本的には同じものを指しているが、通信を前提とした技術、典型的にはインターネット関連の技術を前提としているケースが多い。要するに、「IT」よりも通信に重点を置いた表現が「ICT」である。日本では「IT」という言葉に馴染みがあるが、海外では「ICT」という言葉が多く用いられるといわれている。

インターネット【Internet】　インターネット・プロトコル（IP）（p18）という通信手順を使った、コンピュータネットワークを相互に接続した巨大なネットワークのこと。

Internet という言葉のとおり、元々はネットワーク間のネットワークという意味を持っていた。インターネットが登場する前には、様々なコンピュータネットワークが独立して存在していた。日本でも、かつては、富士通系の NIFTY-Serve や日本電気系の PC-VAN などの**パソコン通信**（p95）等の商用ネットワークや、企業内のネットワークなどがバラバラに独立して存在し、それぞれのネットワークの中でだけ情報がやりとりされていた。それぞれの通信手順が異なっていたためである。そこに、インターネット・プロトコル（IP）という通信手順を使うことにより世界中のネットワークや端末同士が情報をやりとりできるネットワークが登場した。これがインターネットである。

このように、インターネットとは、ネットワークを構成している通信技術のことをいうのであり、ウェブや電子メールは、インターネット上に存在している

サービスという位置付けになる。

イントラネット【Intranet】
➡**イントラ**　インターネット・プロトコル（IP）（p18）を用いた組織内の閉じたネットワークのこと。

パソコンつうしん【パソコン通信】　パソコンがネットワークに接続して情報をやりとりするサービスのうち、**インターネット・プロトコル**（IP）（p18）によらないもののこと。

インターネットが一般人に普及する前の 1980 年代から 1990 年代にかけて、NIFTY-Serve や PC-VAN等の、パソコンが**ホスト・コンピュータ**（p101）と接続して、掲示板等のサービスを提供するサービスが提供されていた。これがパソコン通信である。インターネットの普及により、世の中から消えることになった。

キャッシュ【Cache】　データへのアクセスを早くするために、高速な記録装置に保存されているデータのこと。

ICT の世界において、「キャッシュ」という発想（技術）は様々な場面で使用されている。例えば、ウェブサイトをブラウザで閲覧する際に、ウェブサーバからダウンロードしたデータを端末側に保存しておけば、次に同じウェブサイトを閲覧する際には、ウェブサーバからデータをダウンロードすることなく、端末側に保存してあるデータを表示することができる。これにより、毎回すべてのデータを通信回線でダウンロードするよりも表示が速くなる。すなわち、ウェブサイトを見るときにダウンロードしなければならないのは、前回閲覧した後に更新があった情報のみであり、更新される頻度が低いもの（例えば会社のロゴの画像データ）は、毎回ダウンロードするのではなく、端末側に保存されているダウンロード済みのデータを表示しているのであ

る。これをブラウザ・キャッシュという。

　あるいは、PC内部でいえば、HDDからの読み書きの速度と、半導体からの読み書きの速度を比較すると、後者が圧倒的に早い。したがって、HDDにはキャッシュを保存するための半導体が内蔵されており、書き込みの命令を受けた際に一度半導体に高速に保存しておきハードディスク（HDD）の磁性体には順番にゆっくりと書き込むという制御や、一度読み出した情報を半導体に保存しておき、同じデータの読み出しの要求があった際には、磁性体から読み出すのではなく、半導体に保存してあるデータを提供する、といったことが行われている。

アイ・オー・ティー【IoT：Internet of Things】　コンピュータなどの情報機器だけではなく、世の中に存在するモノがインターネットに接続して通信すること。

＜公的文献等での定義＞

　「インターネットに多様かつ多数の物が接続されて、それらの物から送信され、又はそれらの物に送信される大量の情報の活用に関する技術であって、当該情報の活用による付加価値の創出によって、事業者の経営の能率及び生産性の向上、新たな事業の創出並びに就業の機会の増大をもたらし、もって国民生活の向上及び国民経済の健全な発展に寄与するもの」（「インターネット・オブ・シングス活用関連技術」の定義。官民データ活用推進基本法2条3項）。

　現在は、主にコンピュータ（サーバやパソコン）やスマートフォンだけがインターネットに接続して通信を行っている。これが、今後、自動車をはじめとする機械、部品、人、動物など、あらゆるモノがインターネットに接続する時代になる。IPv6（p8）により世の中のすべての物に固有のIPアドレスを割り当てる

ことができるようになり、ICタグ（p193）やセンサー、通信モジュールといったハードウェアが低価格化していくと、あらゆるモノをインターネットに接続して通信することができるようになるのである。例えば、大型機械の回転軸に振動センサーを取り付けて、センサーがインターネットに接続してメーカーにデータを送信すれば、異常振動があることをメーカーが把握してメンテナンスを行うことができる。あるいは、人の体内にセンサーを埋め込んでおけば、リアルタイムで健康状態を把握することができる。これをIoTと呼ぶのである。ここで、「モノ」とカタカナを用いるのは、いわゆる「物」だけではなく、人や動物など、この世に存在するあらゆるモノを含むからである。物も人も含めすべての「モノ」がインターネットにつながることを、「Internet of Thing（IoT）」と表現している。

法令・判例と実務

■著作権法の平成21年改正とキャッシュに伴う複製

　著作権法2条1項15号は、「複製」について、以下のとおり「有形的に再製すること」をいうとしている。

著作権法
（定義）
第2条［略］
　十五　複製　印刷、写真、複写、録音、録画その他の方法により有形的に再製することをいい、次に掲げるものについては、それぞれ次に掲げる行為を含むものとする。

> イ　脚本その他これに類する演劇用の
> 　著作物　当該著作物の上演、放送又
> 　は有線放送を録音し、又は録画する
> 　こと。
> ロ　建築の著作物　建築に関する図面
> 　に従つて建築物を完成すること。

コンピュータ内部で著作物を利用する際には、**RAM**（p105）への複製が一時的に行われるから、これが著作権法の「複製」にあたるかが問題となる。この点について、東京地判平成12・5・16判時1751号128頁（スターデジオ事件）は、以下のとおり、RAMへの複製は、一時的・過渡的なものであり、将来反復して使用される可能性のある形態の再製物を作成するものではないから、「複製」にあたらないと判示した。

【参考判例】東京地判平成12・5・16判時1751号128頁、スターデジオ事件（ドメイン）

事案の概要

レコード製作会社である原告らが、通信衛星を利用したデジタル放送サービス「スカイパーフェク TV」の中で音楽を中心としたラジオ番組を運営する被告らに対し、当該番組の中で原告らの製作に係るレコードを使用して音楽の番組配信を行っていることについて、受信機の中のRAMにデータが一時的に蓄積されていることから、原告らがその製作したレコードについて有している著作隣接権であるレコード製作者の複製権を侵害しているとして、公衆送信の差止めおよび損害賠償などを求めた事案。

要　旨

RAMへの複製は、一時的・過渡的なものであり、将来反復して使用される可能性のある形態の再製物を作成するものではないから、「複製」にあたらないと判示した。

参考となる判示部分

「（一）著作権法における「複製」とは、「印刷、写真、複写、録音、録画その他の方法により有形的に再製すること」を意味し（同法2条1項15号）、プログラムやデータを磁気ディスクやCD-ROMに電子的に記録し、コンピュータの出力装置等を介して再生することが可能な状態にすることも、右「複製」に含まれることは明らかである。

ところで、RAM（ランダム・アクセス・メモリー）とは、コンピュータにおける作業データ等を保存する集積回路であり、一般に「メモリー」と称されるものである。通常、コンピュータ上でデータ等を処理する際には、ハードディスク等のファイルからデータ等がRAMに移され、作業時にはコンピュータの中央演算処理ユニット（CPU）によってRAM上のデータ等が処理され、処理が終了してファイルが閉じられると右データ等はRAMから元のハードディスク等に再び移されることになる。このように、RAMにおけるデータ等の蓄積は、一般に、コンピュータ上での処理作業のためその間に限って行われるものであり、また、RAMにおけるデータ等の保持には通電状態にあることが必要とされ、コンピュータの電源が切れるとRAM内のデータはすべて失われることになる。右のような意味において、RAMにおけるデータ等の蓄積は、一時的・過渡的なものということができ、通電状態になくてもデータ等が失われることのない磁気ディスクやCD-ROMへの格納とは異なった特徴を有するものといえる。

97

そこで、RAMにおけるデータ等の蓄積について、右のような特徴を踏まえた上で、著作権法上の「複製」に当たるか否かについて検討することとする。

（二）　著作権法は、著作物を利用する行為のうち、無形的な利用行為については、公になされるものに限って、著作者が右行為を行う権利を専有するものとし（同法22条ないし26条の2）、他方、有形的な再製行為（複製）については、それが公になされるか否かにかかわらず、著作者が右行為を行う権利を専有するものとしている（同法21条）。すなわち、著作権法は、著作物の有形的な再製行為については、たとえそれがコピーを一部作成するのみで公の利用を予定しないものであっても、原則として著作者の排他的権利を侵害するものとしているのであり、前記のような著作物の無形的な利用行為の場合にはみられない広範な権利を著作者に認めていることになるが、これは、いったん著作物の有形的な再製物が作成されると、それが将来反復して使用される可能性が生じることになるから、右再製自体が公のものでなくとも、右のように反復して使用される可能性のある再製物の作成自体に対して、予防的に著作者の権利を及ぼすことが相当であるとの判断に基づくものと解される。

そして、右のような複製権に関する著作権法の規定の趣旨からすれば、著作権法上の『複製』、すなわち『有形的な再製』に当たるというためには、将来反復して使用される可能性のある形態の再製物を作成するものであることが必要であると解すべきところ、RAMにおけるデータ等の蓄積は、前記（一）記載のとおり一時的・過渡的な性質を有するものであるから、RAM上の蓄積物が将来反復して使用される可能性のある形態の再製物といえないことは、社会通念に照らし明らかというべきであり、したがって、RAMにおけるデータ等の蓄積は、著作権法上の『複製』には当たらないものといえる。」

以上のとおり、RAMへの一時的な蓄積は将来反復して使用される可能性がないから「複製」にあたらないのであるが、インターネットにおいて用いられる「キャッシュ」は、技術的な意味合いがこれとは異なる。すなわち、通信の効率化等の目的でデータを別のサーバに「キャッシュ」として保存しておきダウンロードさせたり、端末上のウェブブラウザにキャッシュを置いておき、同じウェブページを閲覧しようとする際には、通信してダウンロードしてくるのではなく端末上のキャッシュデータを表示するようにしたりしている。このような「キャッシュ」は、ハードディスク等のストレージに保存されており通電状態になくても保存され続けるのであり、一時的・過渡的といえるかどうかが問題となる。しかし、これについて複製権侵害であると考えることもまた、社会の実態に即さない。そこで、平成21年の著作権法の改正により、送信の効率化等のための複製（著作権法47条の5）および電子計算機利用時に必要な複製（同法47条の8）が許諾なく行えることが定められた（注）。

　　（注）その他、インターネットで情報検索サービスを実施するための複製等（著作権法47条の6）、情報解析研究のための複製（同法47条の7）が認められることになった。

> 著作権法
>
> （電子計算機における著作物の利用に伴う複製）
>
> 第47条の8 電子計算機において、著作物を当該著作物の複製物を用いて利用する場合又は無線通信若しくは有線電気通信の送信がされる著作物を当該送信を受信して利用する場合（これらの利用又は当該複製物の使用が著作権を侵害しない場合に限る。）には、当該著作物は、これらの利用のための当該電子計算機による情報処理の過程において、当該情報処理を円滑かつ効率的に行うために必要と認められる限度で、当該電子計算機の記録媒体に記録することができる。

送信の効率化等のための複製（著作権法47条の5）とは、情報通信を効率的にするために設置する「キャッシュサーバ」や、障害を回避するための「バックアップサーバ」などを設置することであり、主としてサーバ側での複製を想定している。これに対し、電子計算機利用時に必要な複製（同法47条の8）は、端末側のコンピュータ内部での複製を想定している。以上から、サーバ上にある動画データを再生するアプリの内部において、再生をスムーズにするために必要な限度でキャッシュデータを記録することは、通常、著作権者の許諾なく行うことができる。

第2 システム構成に関する基本的な概念

|概　　説| 【事例】イントラネット上のファイル・サーバに保存してあった顧客の個人情報が漏えいした。
➡ ファイル・サーバとは何か？ |

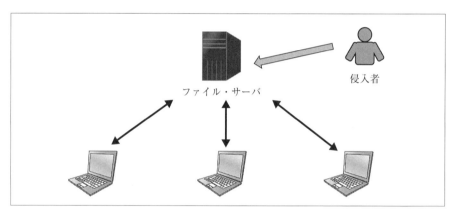

ファイル・サーバ　　侵入者

社内には、メール・サーバ、ファイル・サーバ、ウェブ・サーバなど様々なサーバがある。また、「このコンピュータはスタンドアローンだから安全だ」、「リモートアクセスを許可するのであればセキュリティの脆弱性に特に注意が必要だ」などという会話もしばしば聞かれる。本項では、このようなシステム構成に関する基本的な概念を取り上げる。

用　　語

サーバ【Server】　クライアントからの要求に応えて、何らかのサービス・情報の提供をする側のコンピュータのこと。サービスを提供するソフトウェアのことを指すこともあるし、それを稼働させるハードウェアのことを指すこともある。

クライアント【Client】　利用者が操作し、

サーバに接続するコンピュータのこと。

クライアント・サーバ・モデル【C/S モデル：Client/Server Model】

クライアントとサーバとで分散して処理を行う形態のこと。略して「クラサバ」と呼ばれたりもする。

歴史的には、処理能力が高いコンピュータ（メインフレームと呼ばれる大型コンピュータ）が非常に高価で大型であった時代に、メインフレームに処理を行わせ、利用者側では表示だけを行う簡単なコンピュータ（端末）を用いていた。例えば、端末側で「1 + 1」を処理しろという命令をメインフレームに送ると、メインフレームが「1 + 1」を処理して「2」という回答を返信し、端末側ではこれを受け取って「2」という表示をしていた。これがクライアントサーバモデルの原型である。現在では、例えば、社内で社員全員のスケジュールを管理・保管するグループウェアのサーバが1台あり、そこに各社員が自分のPC（クライアント）を接続してスケジュールを入力したり変更したりする、というのが典型的なクライアント・サーバ・モデルである（図表1）。

ホスト・コンピュータ【Host Computer】

ネットワーク内で重要な処理を担当し、ネットワークの中心を構成するコンピュータのこと。

メインフレームが中心であった時代によく使われた用語であり、現在では「サーバ」という用語とほぼ同義と考えてよい。

たんまつ【端末】

➡ターミナル（Terminal） ネットワークに接続され、他の機器と通信を行う機器のこと。

ネットワークの末端に接続されていることから、「端末」（ターミナル）といわれる。また、ホスト・コンピュータに接続して表示等のみを行うコンピュータのことを指す意味でも使われる。クライアントサーバシステムにおける「クライアント」は、ある程度の処理能力を持ったコンピュータが想定されているのに対

図表1

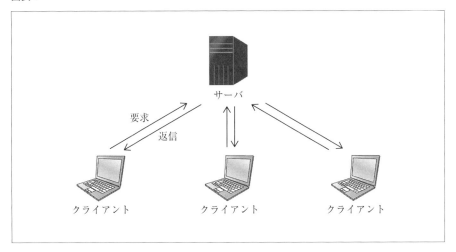

し、「ホスト・コンピュータ」と「端末」というときの「端末」は、入力と表示をする程度の能力しか持たないコンピュータが想定されている点に違いがある。もっとも、現在では、このような意味で「端末」という言葉を使うことはほとんどない。以上を総合して、要するに、パソコンや携帯電話、スマートフォンなど、ネットワークに接続されており、人間の目の前にあって人間が操作をしている機器のことを「端末」と呼ぶと考えればよい。

ウェブ・サーバ【Web Server】　ウェブサイトを提供するサーバのこと。

メール・サーバ【Mail Server】　SMTPサーバ（送信用サーバ）、およびPOPサーバまたはIMAP4サーバ（受信用サーバ）を総称し、メールのサービスを提供しているサーバのこと。

　MTA（Mail Transfer Agent）（p46）とも呼ばれる。

ファイル・サーバ【File Server】　文書や画像などの様々なファイルを保存しておくサーバのこと。

　多くの会社で、社内に「ファイル・サーバ」を設置し、そこに部署の者が共通で使うファイル等を保存し、共有している。

スタンドアロン【Stand-alone】　サーバやネットワークに接続されず、単独で（stand-alone）使用されているコンピュータのこと。

　「コンピュータ・ウィルスに感染して情報漏えいが発生することを防ぐため、個人データやマイナンバーをスタンドアロンのPCで保管・管理する」といった形で用いられる。

リモート・アクセス【Remote Access】

遠隔地からコンピュータにアクセスすること。幅広い場面で使用される用語である。

　例えば、一般の従業員が、オフィスにある自分のPCに外出先からアクセスするケースや、システムの保守業者が、ユーザが使用しているコンピュータに遠隔地からアクセスして保守するケースなどがこれにあたる。

法令・判例と実務

■日本年金機構からの情報漏えい事件と情報セキュリティ

　2015年5月に、日本年金機構から約125万件の個人情報が漏えいした。**標的型攻撃メール**（p173）により**端末**（p101）が**コンピュータ・ウイルス**（p162）に感染し、業務の共有ファイルサーバに保存されていた個人情報が漏えいしたものである。加入者の年金情報等が保存されていた基幹システムには侵入されなかったが、職員が日常的に業務を行っている業務系のネットワークに感染し、業務系のネットワークにあったファイル・サーバから情報が盗まれた。インターネットに接続している業務系のネットワークは、常にコンピュータ・ウイルスの感染と外部からの侵入のリスクに晒されている。このような場所に存在するファイル・サーバに、漏えいした際に重大な影響がある情報を保存しないことが、セキュリティ対策として求められるといわれている（不正アクセスによる情報流出事案に関する調査委員会「不正アクセスによる情報流出事案に関する調査結果報告」（日本年金機構、平成27年8月20日））。

第3 ハードウェアに関する概念

【事例】システム部からIT投資の決済を求められて
も、用語や概念がわからない。
➡　最低限、何を知っておくべきか？

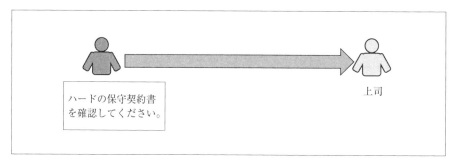

ハードの保守契約書
を確認してください。

上司

本項では、企業で日常的に使用されている ICT のハードウェア、とりわけパソコンに関連する基本的な用語を取り上げる。

用　語

ハードウェア【Hardware（HW、H/W）】
システムを構成する要素のうち、物理的な実体があるもののこと。
例えば、PC、ケーブル、スマートフォンなどがこれにあたる。
ソフトウェア【Software（SW、S/W）】
システムを構成する要素のうち、物理的

な実体がないもののこと。
例えば、プログラムやデータなどがこれにあたる。プログラムとの違いは、複数のプログラムおよびそれに関する文書等を併せてソフトウェアと呼ぶ点にある（**図表2**）。
ハードディスク【Harddisk】 磁性体を塗布した円盤を高速で回転させて、磁気ヘッドによってデータを記録する記録媒体のこと。
円盤を回転させ書き込んでいくから、回転が速いほど読み出し・書き込みが早い。回転数は1分間に数千〜1万回転に及ぶ。高速で回転する円盤の表面には風が起こるから、磁気ヘッドをバネで押さ

図表2

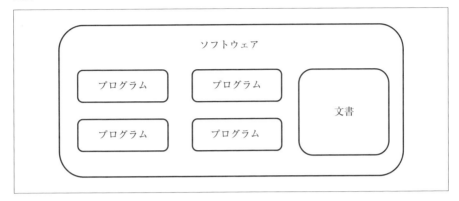

えつけておけば、回転する円盤の上をすれすれに浮きながら読み出し・書き込みをすることができる。その高さは、磁気ヘッドをジャンボジェット機の大きさとすると、地表5ミリメートルを飛んでいることに相当する。磁気ヘッドが円盤にぶつかると物理的に壊れてしまうため、ハードディスクが回っているときに PC に振動を加えるのは厳禁である（**図表3**）。

しゅうへんきき【周辺機器】　PC等のコンピュータとケーブル等で接続して使用される機器のこと。

図表3

ストレージ【Storage】　コンピュータの外部記憶装置のこと。

　例えば、ハードディスク・ドライブ（HDD）、光学ディスク、磁気テープ、フラッシュメモリを使用した記憶装置（USBメモリ等）をいう。

シー・ピー・ユー【CPU：Central Processing Unit、中央演算処理装置】　コンピュータにおいて様々な処理を行う中心的な役割を果たす半導体のこと。CPUが1秒間に処理を行う回数のことを「クロック周波数」という。

メモリ【Memory】　コンピュータにおける主記憶装置のこと。

ジー・ピー・ユー【GPU：Graphics Processing Unit】　コンピュータ内で画像処理を行うための半導体のこと。

　本来は、画面に表示する映像を処理する作業もCPU（p105）が行うのであるが、複雑な3D処理、例えば、町並みの中で人が動き回るゲームを考えると、建物、自動車、人などがすべて座標や物理特性で示され、奥にあるものは手前にあるものに隠れて表示されないなどの処理を、1秒間に数十回繰り返して表示する

必要がある。この計算にCPUを使ってしまうと、CPUが他の処理を行うことができなくなってしまうため、画像の表示のための計算に特化したプロセッサを別に用意するようになった。これがGPUである。CPUとGPUの違いは、目的の違いであるが、ごく簡単にいって、CPUは複雑な処理を高速で行うことに特化しているのに対し、GPUは単純な処理を並行して高速で行うことに特化しているという特徴がある。

ロム【ROM：Read Only Memory】　読み出し専用の半導体メモリのこと。

　技術的には、電源を切っても記憶内容が失われない「不揮発性」のメモリのことである。パソコンのBIOS（p109）のように、電源を起動して最初に起動するソフトウェアは、電源が切られても記憶内容が保存されていなければならないから、ROMに保存されている（注）。

　（注）日本では、一部のスマートフォンで、本体に内蔵されているストレージのことを指す用語としてROMが用いられることもある。

ラム【RAM：Randam Access Memory】

図表4

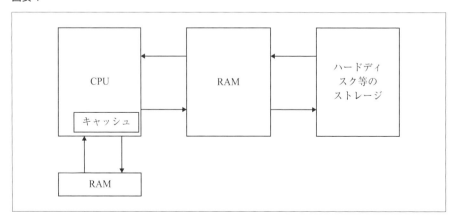

記録したデータを自由に読み書きできる半導体メモリのこと。

　技術的には、電源を切ると記憶内容が失われる「揮発性」メモリのことである。パソコンの主記憶メモリはRAMである（図表4）。

シーディー・ロム【CD-ROM】　データが記録されているCD（コンパクトディスク）のこと。

　元々、CDは音楽のデータを保存するものとして開発されたが、デジタル化された情報を保存するという意味では、音楽データも音楽以外のデータも全く差異がない。そこで、CDに音楽データ以外のデータを保存することができるように規格が作られた。これが「CD-ROM」である。

シーディー・アール【CD-R：CD-Recordable】　書込可能なCD-ROMのこと。

　音楽CDやCD-ROMからデータを読み出す際には弱いレーザ光線をあてて、凹んでいるか否かで「0」と「1」を判断している。CD-Rは、読み出す際のレーザ光線よりも強いレーザ光線をあて、熱で薄い金属層を焼き切ることで凹みを表現することにより、データを書き込むことができるようにしたものである。金属層を焼き切ってしまうので、1度記録すると2度目は記録できなくなる。

シーディー・アールダブリュ【CD-RW：CD-Rewritable】　複数回の書き込みが可能なCD-ROMのこと。

　CD-Rからさらに進化させ、何度でも記録できるようにしたもののことを、CD-RWと呼ぶ。

法令・判例と実務

■RAMへの一時蓄積と著作権法の複製

　コンピュータで著作物を利用する際に、必ずRAMへの記録が行われるが、これは電源を切ると失われる。このような一時的・過渡的な蓄積は、著作権法の「複製」にあたらないと解されている。詳細は97頁で述べたとおりである。

■パソコンの性能

　パソコンの性能は、以上のハードウェアの性能によって定まる。例えば、CPUが、同時にいくつの処理を行うことができるか、1秒間に何回の処理を行うことができるか、メモリへのアクセスの速さ等で、処理の速さが決まる。また、メモリへのアクセスはハードディスクへのアクセスよりも速いから、メモリの量が多ければ、ハードディスクから1度に読み込んで処理できる量が増え、速度が速くなる。

　このように、CPUの性能が高く、メモリの搭載量が多いものほど、価格が上がる傾向がある。

第4 ソフトウェアに関する概念

【事例】他社のソフトウェアを研究のために逆コンパイルしたい。

➡　リバース・エンジニアリングと著作権法の複製・翻案

B0001234	5642D243
0434F223	00A0B113
024D1453	8E3334FA

リバース・エンジニアリング

A＝1＋1
B＝2＋2
C＝A＋B

　ソフトウェアの開発において、逆コンパイルなどの手法でリバース・エンジニアリングを行ってソフトウェアの動きを研究することがある。これは、複製権、翻案権といった著作権を侵害しないであろうか。本項では、ソフトウェアに関する概念を取り上げる。

用　　語

プログラム【Program】　コンピュータに対する命令（計算や処理の手順）を記載

したもののこと。
＜公的文献等での定義＞
　「電子計算機を機能させて一の結果を得ることができるようにこれに対する指令を組み合わせたものとして表現したもの」（著作権法2条1項10号の2）。
　例えば、利用者がAとBの値を入力し、これらを足し算して、Cを出力するという命令（計算や処理の手順）を記載したものがプログラムである。

```
input A
input B
C＝A＋B
```

図表5

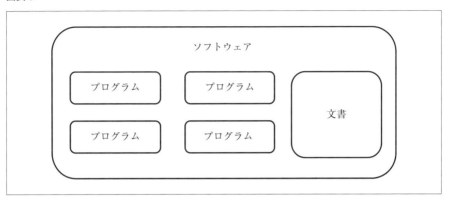

print C

最終的には、人間が読めるこのようなプログラムを、コンピュータが理解できる2進法に変換して、コンピュータが処理を実行することになる。**ソフトウェア**（p103）との違いは、複数のプログラムとそれに関連する文書を総称したものをソフトウェアと呼ぶ点にある（**図表5**）。

アプリケーション・ソフトウェア 【Application Software】

➡**アプリ**　ソフトウェアの一種であり、利用者がコンピュータで実現したいと考える目的を達成する機能を直接提供するソフトウェアのこと。

ワープロ（例：マイクロソフト社のワード）、表計算（例：マイクロソフト社のエクセル）、ゲームなどがこれにあたる。主としてスマートフォンの世界において、「アプリ」と呼ばれることも多い。

オペレーティング・システム 【OS： Operating System】

ソフトウェアの一種であり、機器が動作するうえで必要となる基本的な機能を提供するソフトウェアのこと。

＜公的文献等での定義＞

「Operating System（オペレーティング・システム）の略。コンピュータを動作させるための基本的な機能を提供するシステム全般のこと」（国民のための情報セキュリティサイト）。

パソコンの世界ではマイクロソフト社のWindows、Apple社のMac OSおよびオープンソースであるLinux、スマートフォンの世界ではApple社のiOSおよびGoogle社のAndroid等がこれにあたる。

ミドルウェア【Middleware】

アプリケーションとOSの中間的な役割を果たすソフトウェアのこと。

＜公的文献等での定義＞

「コンピューターの基本的な制御を行うオペレーティングシステム（OS）と、個別の用途に即した処理を行うアプリケーションの中間で機能するソフトウェア」（総務省「令和元年版情報通信白書」128頁「*3」（https://www.soumu.go.jp/johotsusintokei/whitepaper/ja/r01/pdf/index.html））。

OSが提供する機能は、多くのアプリケーションが共通して必要とする基本的な機能のみであるため、OS上で、特定の種類のアプリケーションのための機能

を提供するソフトウェアがあると便利である。これがミドルウェアと呼ばれる。アプリケーションとOSの間に入るソフトウェアであることから「ミドルウェア（Middleware）」と呼ばれる。データベース管理システム（DBMS）、通信管理システム、ソフトウェア開発支援ツール、EUCツール、運用管理ツール等がこれにあたる。要するに、サーバやデータベースを動かすためのソフトウェアであると考えればよい。

デバイス・ドライバ【Device Driver】　コンピュータに接続された機器を作動させるためのソフトウェアのこと。OSの上で作動する。

　例えば、プリンタを作動させるためのソフトウェアである「プリンタドライバ」や、デジカメをパソコンに接続した際にデジカメに保存された画像データをパソコンに読み込むためのドライバなどがこれにあたる。**周辺機器**（p104）を購入した際に、CD-ROMをパソコンに挿入してソフトウェアをインストールする作業を行うが、これは主としてデバイスドライバをインストールする作業をしていることになる。

くみこみソフトウェア【組み込みソフトウェア】

➡Embedded Software　デジタルカメラ、電子時計、テレビなど特定用途向けに特化、限定した機能を果たすことを目的とした電子機器を作動させるために当該電子機器に内蔵されたソフトウェアのこと。

　例えば、プリンタには、インクを出したり紙送りをしたりするためのソフトウェアが必要となるが、それはプリンタ内部のROM等に記録されている。これを組み込みソフトウェアという。パソコンの周辺機器だけではなく、家電、例え

ば炊飯ジャーで電気ヒーターに通電してタイマーを作動させているのも組み込みソフトウェアである。

ファームウェア【Firmware】　組み込みソフトウェアのうち、当該機器を制御する色彩が強いもののこと。

　組み込みソフトとファームウェアとの違いは明確ではないが、ファームウェアとは、電子機器内部のROMやフラッシュメモリに記録されて、当該機器を制御するソフトウェアのことを指すのが一般である。これに対し、組み込みソフトウェアとは、ファームウェアよりも広い概念であり、機器に内蔵されたソフトウェア一般のことを指す。テレビで、画面を表示したりチューナーを特定の周波数に合わせたりする制御を行うのが「ファームウェア」であり、このファームウェアに加えて、番組表のソフトウェア（アプリケーション）等を併せて「組み込みソフトウェア」と呼ぶと考えるとよい。

バイオス【BIOS】　Basic Input/Output Systemの略であり、パソコンがハードウェアにアクセスする基本的な機能を提供するソフトウェアのこと。

　パソコンのファームウェアと考えてもよいし、組み込みソフトウェアでもある。OS（例えばWindows）は機器が動作する上で基本的な機能を提供するソフトウェアであるが、これはハードディスク（HDD）に保存されている。したがって、パソコンの電源を入れた際に、最初に、ハードディスクを制御して、ハードディスクからOSを読み込むためのソフトウェアを、パソコン（のマザーボードと呼ばれる基板）にあらかじめ保存しておき起動しなければならない。これがBIOSである。パソコンの電源を入れると最初に起動するのがBIOSであり、

BIOS がハードディスクを読みに行き、ハードディスクに保存されている OS が起動するのである。パソコンを起動すると、最初に黒いスクリーンに英語の文字が数秒間表示されるが、これが BIOS であり、その後 Windows などの OS が起動することになる。

ソース・コード【Source Code】
➡ソースプログラム
➡ソース　人間が理解できる言語（プログラミング言語（p110））で記載された**プログラム**（p107）のこと。

　プログラムは、最終的には 0 と 1 の 2 進法（機械語）でコンピュータによって処理されることになる（これを**オブジェクト・コード**（p111）が、それでは人間が読むことができないため、まず、人間が理解できる言語で記載することになる（**図表 6**）。

プログラミング【Programming】　人間がプログラミング言語を用いてソース・コードを起案すること。

コーディング【Coding】　⇒プログラミング（p110）と同じ。

プログラミングげんご【プログラミング言語】　ソース・コードを作成する際の言語のこと。プログラム言語ともいう。

　Visual Basic.NET（VB.NET）、C 言語、C＋＋、Java、Ruby、PHP、Python など、無数の言語が存在している。著作権法では「プログラムを表現する手段としての文字その他の記号及びその体系をいう。」と定義されており（著作権法 10 条 3 項 1 号）、著作物とはならないとされている。

アルゴリズム【Algorithm】
➡**解法**　問題を解決するための方法や手順のこと。

　著作権法では「解法」と呼ばれ、「プログラムにおける電子計算機に対する指令の組合せの方法をいう。」と定義されており（著作権法 10 条 3 項 3 号）、著作物とはならないとされている。

　有名なアルゴリズムに「2 分探索法」がある。これは、探索（検索）についてのごく単純なアルゴリズムである。例えば、**図表 7** のデータがあるとする（小さい順に並んでいる）。ここで「69」という

図表 6

ソース・コード	オブジェクト・コード

#include <stdio.h>
main () {
printf ("Hello World!¥n");
}
	464c457f　00010101　00000000　00000000
	00030002　00000001　08048278　00000034
	00001abc　00000000　00200034　00280006
	001f0022　00000006　00000034　08048034

（独立行政法人情報処理推進機構（IPA）「情報セキュリティとリバース・エンジニアリングについて」（平成 20 年 7 月 25 日文化審議会著作権分科会第 5 回法制問題小委員会資料）（https://www.bunka.go.jp/seisaku/bunkashingikai/chosakuken/hosei/h20_05/pdf/shiryo1_6.pdf））

図表 7

位置	1	2	3	4	5	6	7	8	9	10
データ	11	23	41	45	56	59	69	70	81	100

データを探すとする。もし、前から順番に探していくと、7回目に「69」が見つかる。これを「線形検索」という。もし探しているデータが位置番号1にあれば1回目で見つかるが、位置番号10にあれば10回目で見つかる。つまり、最小で1回、最大で10回の探索で解が見つかることになる。

　これを、より効率的に検索する方法や手順の1つが「2分探索法」である。まず、位置の中央を求める。10/2 = 5であるから、位置5が中央である。位置5の数字をみると「56」となっており、「56」は「69」よりも小さいから、位置1〜5は探索する必要はない。次に、位置6〜10の中央の位置を求めると8である。位置8の数字は「70」であり「69」よりも大きいから位置8〜10も探索する必要がない。そして、位置6〜7の中央の位置は6であるから位置6を調べると「59」であり「69」とは異なるから、位置7が正解となる。このような2分探索法によれば、最小で1回、最大でも $[\log_2 N] + 1$（上記の例では N = 10）の探索で解が見つかることになる。線形検索では探索対象が2倍に増えると回数も倍になるが、2分探索法では回数は1回しか増えない。2分探索法のほうが優れていることがわかる（**図表8**）。

　このように問題を解決するための方法や手順のことをアルゴリズムと呼び、これを勉強したり編み出したりすること

で、効率の良い（＝実行速度が速い）プログラムを作ることができるのである。「検索のプログラムを作れ」といわれて、前から順番に調べていくプログラムを作るのが凡庸なプログラマであり、まず半分に割って探索対象を半分にしようと思いつくのが天才的なプログラマである。このように、問題に対する解決の方法や手段は無数にあり、これを表現（実装）したプログラムが「思想又は感情を創作的に表現したもの」である「著作物」として認められている所以である。

オブジェクト・コード【Object Code】
　人間が書いたソース・コードを、コンピュータが実行するに適した形式に変換したもののこと。

　Windowsでいうと「○○.exe」という形で**拡張子**（p130）「exe」がついているファイルが、オブジェクト・コードが含まれたファイルである（**図表9**）。

バイナリ・コード【Binary Code】
➡オブジェクト・コードと同じ

コンパイル【Compile】　人間が書いたソース・コードを、オブジェクト・コードに変換すること。

　ソース・コードをコンパイルするソフトウェアのことを「コンパイラ」と呼ぶ。

リバース・エンジニアリング【Reverse Engineering】　ハードウェアやソフトウェアを分解・解析し、その仕組みや仕様等を調べること。
　＜公的文献等での定義＞

図表8

データ数	線形検索の場合の最悪	2分探索の場合の最悪
100	100 回	7 回
10,000	10,000 回	14 回
1,000,000	1,000,000 回	20 回

図表9

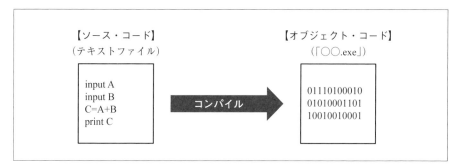

「『大まかには他人の製品を分解、解析してその技術を知覚し、場合によって自分の製品に利用することをいう。』コンピュータ・プログラムについて言えば、オブジェクト・コードからソース・コードに変換する行為を伴う」（独立行政法人情報処理推進機構（IPA）「情報セキュリティとリバース・エンジニアリングについて」（平成20年7月25日文化審議会著作権分科会第5回法制問題小委員会資料））。

例えば、自動車メーカーが、ライバル会社の自動車を購入して分解し、内部の構造や部品等を調べることがこれにあたる。ソフトウェアの世界では、オブジェクト・コードからソース・コードを作成する「逆コンパイル」などがこれにあたる。

ぎゃくコンパイル【逆コンパイル、Decompile】 ⇒リバース・エンジニアリングを参照。

フリーウェア（フリーソフト）【Freeware、Free Software】 無償で利用できるソフトウェアのこと。

フリーウェアの定義は、無償で利用できるかどうかを定義しているだけであり、入手したフリーウェアを再配布していいか否か、商用利用していいか否か等、その他のライセンス条件はソフト

ウェアによって様々である。

シェアウェア【Shareware】 一時的な試用については無償であるが、継続的な利用は有償であるソフトウェアのこと。

ソフトウェアの利用者が、開発費を開発者と分担しあう（シェアする）という発想から、「Shareware」と呼ばれるようになった。

オープン・ソース・ソフトウェア【OSS：Open Source Software】

➡オープン・ソース 文字どおり、ソース・コードを公開しているソフトウェアのこと。

<公的文献等での定義>

「ソフトウェアの設計図に該当するソースコードを、インターネット等を通じて無償で公開し、誰でも改良、再配布することができるようにしたソフトウェア」（総務省「平成15年版情報通信白書」（https://www.soumu.go.jp/johotsusintokei/whitepaper/ja/h15/html/F10Z2000.html））。

多くのケースでは、ソース・コードの再配布や改良等が認められている（再配布や改良等が認められていることが、オープン・ソースの定義に含まれるとする考え方もある）。ソース・コードは、ソフトウェア開発のノウハウを実体化したものであり、多くのソフトウェアではソー

ス・コードは非公開とされている。しかし、あえてソース・コードを公開しているソフトウェアのことをオープン・ソース・ソフトウェアと呼ぶ。

　オープン・ソースになっていると、①様々な人間が改良を加えていくため、バグや脆弱性の修正が速やかに行われる、②企業等が導入する際に、バグや脆弱性がないかどうかを確認することができる、③ソフトウェア・ベンダによる保守サービスの打切りのようなことがないなどのメリットがあり、大規模な基幹系システムからパソコンのインターネットブラウザまで、様々な場面で利用されている。

　なお、フリーウェアは無償で利用できるかどうかの問題であり、オープン・ソースはソース・コードが公開されているかどうかの問題であるから、両者は別である。例えば、筆者が提供している「 e 六法」という iPhone/iPad のアプリは、フリーウェアであるが、オープン・ソースではない。

ジー・ピー・エル【GPL：GNU General Public License】　フリーソフトウェア財団（Free Software Foundation）という団体が策定した OSS のライセンス（ライセンス契約のひな形）のこと。

　ソース・コードの公開義務を原則とし、自由な入手、使用、改変、再配布を認めている。また、GPL で公開されているプログラムを改変したり、他のプログラムに組み込んだりした派生プログラムについても、GPL を適用して公開しなければならないとしている点が特徴。Linux等で広く用いられており、OSS のライセンスの代表格である。

データ【Data】　コンピュータで処理される電子情報のこと。プログラム以外のものがデータであるという定義もある。

データベース【Database】　検索等が容易になるように一定の形式で保存・管理されているデータの集合体のこと。

　著作権法では、「論文、数値、図形その他の情報の集合物であって、それらの情報を電子計算機を用いて検索することができるように体系的に構成したもの」（2 条 1 項 10 号の 3）と定義されている。データベースの構造（モデル）は多数あるが、単純なものを挙げれば、「カード型データベース」がある。これは、文字どおり手書きの「カード」のように、入力するフィールド（手書きでいえば記入する枠）を作っておき、単純にそこにデータを記入して積み重ねていくものである（**図表10**）。

　これに対し、現在広く使われているのは、「リレーショナルデータベース」（RDB：Relational Data Base、関係データベース）である。カード型データベースは構造が単純であるが、重複するデータが多くなり、データ量が多くなるし、入力も煩雑である。例えば、カード型データベースでは、住所録を作るときに、個人を登録する「カード」を作っておき、そこに全員分のデータを入力していくが、例えば「社名」フィールドには同じ社名が何度も出てくる。それを毎回入力する必要があるし、データとしても同じ社名を人数分保存することになる。これでは効率が悪いので、「社名」という別のデータの集合体（テーブル）を作り「1：○○法律事務所」と保存しておき、住所録本体の社名フィールドには「1」とだけ入力しておくのが、リレーショナルデータベースである（**図表11**）。データの集合体（テーブル）同士が関係性を持って保存されているから、リレーショナルデータベースと呼ばれている。データの重複が少ないものまですべてについ

113

図表 10

図表 11

【リレーション】

氏名	社名ID	Tel
甲野太郎	1	03-1234-5678
乙山次郎	1	03-1234-5679
丙川三郎	2	06-8765-4321
丁野一郎	2	06-8765-4322

ID	社名
1	○○法律事務所
2	(株)○○商事

て別のテーブルを作ってしまうと、1つの情報を呼び出すために様々なテーブルを参照しなければならず、スピードが遅くなってしまう。かといって、カード型データベースのように1つのテーブルに全部の情報を放り込んでおくと、それはそれでスピードが遅くなったりデータ量が多くなったりする。データベースのテーブルやリレーション等をどのように設計・設定するかは、システムを設計する際のポイントの1つである（通常は**外部設計**（p150）で行われる。）。

フィールド【Field】　データベースにおいて、データを格納する領域のこと。

レコード【Record】　各フィールドに1件ずつ入力されたデータの集合体のこと。カード型データベースでは、1カードで1レコードである。

テーブル【Table】　「レコード」の集合体のこと。すなわち、**図表12**の表全体が「テーブル」である。

ファイル【File】　コンピュータでデータを取り扱うためのデータのまとまりのこと。

　例えば、ワープロソフトで文書を作ると、1つの文書を1つの「ファイル」として保存する。Windowsでは、アイコン1つひとつが、1つのファイルを表していると考えるのがわかりやすい。

モジュール【Module】　システムを構成する1つひとつの要素のこと。

　ソフトウェアでは、機能を持った小さなプログラムを「モジュール」と呼んでいる。

ライブラリ【Libraly】　汎用性が高いソフ

図表12

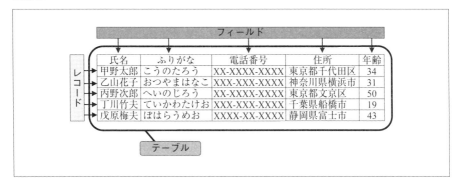

図表13

```
【電話番号表示プログラム】
 Input　裁判所名
 If　裁判所名　＝　"札幌高裁"　Then　電話番号　＝　"011-231-4200"
 If　裁判所名　＝　"仙台高裁"　Then　電話番号　＝　"022-222-6111"
 If　裁判所名　＝　"東京高裁"　Then　電話番号　＝　"03-3581-5411"
 If　裁判所名　＝　"名古屋高裁"　Then　電話番号　＝　"052-203-1611"
 If　裁判所名　＝　"大阪高裁"　Then　電話番号　＝　"06-6363-1281"
 If　裁判所名　＝　"広島高裁"　Then　電話番号　＝　"082-221-2411"
 If　裁判所名　＝　"高松高裁"　Then　電話番号　＝　"087-851-1549"
 If　裁判所名　＝　"福岡高裁"　Then　電話番号　＝　"092-781-3141"
```

トウェアのモジュールの集合体のこと。

エー・ピー・アイ【API：Application Programming Interface】　ライブラリ（命令や関数）の集合体、またはそれらを呼び出すための規約集のこと。

　ソフトウェアをモジュール化し、ライブラリを構成して、APIによって呼び出す、という発想が、一度開発したソフトウェアの再利用を容易にし、生産性が大幅に向上することになった。

　例えば、裁判所名を入力すると電話番号を表示する、という**図表13**のようなプログラムを作成したとする。では、後に、裁判所名を入力すると自動的に電話をかけるプログラムを作成したいと思っ

たときにどうするであろうか。**図表13**のプログラムの2行目から9行目をコピー＆ペーストして、**図表14**のようにプログラムを作成すれば簡単なように思える。しかし、このようにコピー＆ペーストすると、プログラムの行数が多くなってしまうだけではなく、仮に2行目から9行目の中にバグ（誤り）が含まれている（例えば札幌高裁の電話番号が間違っている）とすると、電話番号表示プログラムと電話自動発信プログラムの両方を修正しなければならないなど、効率が非常に悪くなる。そこで、2行目から9行目を「モジュール」として独立させ、例えば「Court_to_TelNum」という

図表14

```
【電話自動発信プログラム】
  Input　裁判所名
  If　裁判所名　＝　"札幌高裁"　Then　電話番号　＝　"011-231-4200"
  If　裁判所名　＝　"仙台高裁"　Then　電話番号　＝　"022-222-6111"
  If　裁判所名　＝　"東京高裁"　Then　電話番号　＝　"03-3581-5411"
  If　裁判所名　＝　"名古屋高裁"　Then　電話番号　＝　"052-203-1611"
  If　裁判所名　＝　"大阪高裁"　Then　電話番号　＝　"06-6363-1281"
  If　裁判所名　＝　"広島高裁"　Then　電話番号　＝　"082-221-2411"
  If　裁判所名　＝　"高松高裁"　Then　電話番号　＝　"087-851-1549"
  If　裁判所名　＝　"福岡高裁"　Then　電話番号　＝　"092-781-3141"
  TelCallTo　電話番号
```

名前を付けて、別のプログラムから呼び出せるようにする。すると、「電話番号表示プログラム」も「電話自動発信プログラム」も共に3行だけの短いプログラムになる。

「Court_to_TelNum」というプログラムにバグがないと一度確認されていれば、次からは安心して呼び出すことができ、生産性が上がることになる（**図表15**）。

このようなモジュールを多数集めたものを「ライブラリ」と呼んでいる。アプリケーションソフトを開発するときには、例えば「インターネットの指定されたURLからデータをダウンロードしてくるモジュール」や「カンマ区切りのデータを表形式で表示するモジュール」といった多数のモジュールを順番に呼び出すことで、プログラミングをしていくことになるのが通常である。ここで登場するのが「API」である。モジュール（プログラム）を呼び出すときに、例えば、「裁判所名は全角のテキストを渡してください」、「電話番号は半角文字12桁で戻します」といった外部との情報のやりとりの仕様（ルール）が決められていなければ、プログラミングできない。そのため、このような外部とのやりとり

の仕様のことを、Application Programing Interface（API。文字どおり、アプリケーションをプログラミングするときのインターフェース）と呼ぶのである（**クラウド**（p144）も参照）。APIは、著作権法上、著作物とはならない。著作権法10条3項2号の「規約」、すなわち「特定のプログラムにおける前号のプログラム言語の用法についての特別の約束」にあたるからである（もちろん、APIが呼び出すプログラムそのものは著作物となり得る）。

アドオン／アドイン／プラグイン【add-on、add-in、plug-in】　ソフトウェアに新たな機能を追加する別のソフトウェアのこと。

例えば、インターネットブラウザで、PDFファイルを閲覧しようとするときには、Acrobat Readerというアドビ社の別のソフトがブラウザ内で起動して表示をしている。あるいは、企業の在庫管理システムをパッケージソフトで構築する際に、その企業独自の出荷方法をプログラムし、そのパッケージソフト内でアドオンとして起動したりする。このようにあるソフトウェアにおいて別のプログラムを起動させることを可能にするソフトウェアがアドオンである。アドオンを使

図表15

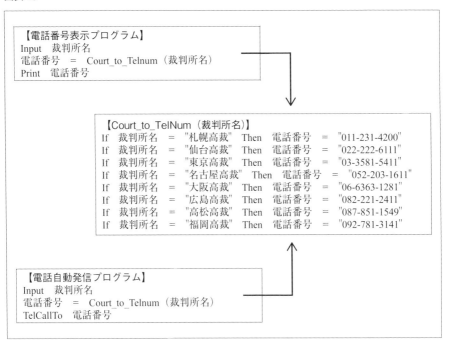

【電話番号表示プログラム】
Input　裁判所名
電話番号　＝　Court_to_Telnum（裁判所名）
Print　電話番号

【Court_to_TelNum（裁判所名）】
If　裁判所名　＝　"札幌高裁"　Then　電話番号　＝　"011-231-4200"
If　裁判所名　＝　"仙台高裁"　Then　電話番号　＝　"022-222-6111"
If　裁判所名　＝　"東京高裁"　Then　電話番号　＝　"03-3581-5411"
If　裁判所名　＝　"名古屋高裁"　Then　電話番号　＝　"052-203-1611"
If　裁判所名　＝　"大阪高裁"　Then　電話番号　＝　"06-6363-1281"
If　裁判所名　＝　"広島高裁"　Then　電話番号　＝　"082-221-2411"
If　裁判所名　＝　"高松高裁"　Then　電話番号　＝　"087-851-1549"
If　裁判所名　＝　"福岡高裁"　Then　電話番号　＝　"092-781-3141"

【電話自動発信プログラム】
Input　裁判所名
電話番号　＝　Court_to_Telnum（裁判所名）
TelCallTo　電話番号

うためには、「親」となるソフトウェア
に、アドオンを呼び出す仕組みが存在す
る必要がある。前述した例では、イン
ターネットブラウザは、自らの機能では
表示できないファイルがあったときには
そのファイルを開けるアドオンを呼び出
す仕組みがあり、そこに PDF ファイル
のときには Acrobat Reader というソフト
を起動すると登録してあるから、呼び出
すことができるのである。

**せいてきリンク【静的リンク：Static
Link】**　実行可能ファイルの中に、ライ
ブラリを組み込んでしまうこと。
＜公的文献等での定義＞
　「『ソースコードのコンパイル後にオブ
ジェクトファイルとライブラリとを結合
させて、実行ファイルを作成』するこ

と」（独立行政法人情報処理推進機構
（IPA）「OSS モデルカリキュラム V2」）。

**どうてきリンク【動的リンク：Dynamic
Link】**　実行可能ファイルの中に、ライ
ブラリを組み込まず、独立した外部のラ
イブラリを呼び出すようにすること（**図
表16**）。
＜公的文献等での定義＞
　「プログラムの起動時に初めてライブ
ラリを結合される方式」（独立行政法人情
報処理推進機構（IPA）「OSS モデルカリ
キュラム V2」）。

インストール【Install】　ソフトウェアを
使用できるようにコンピュータに保存
し、OS等に登録すること。
　例えば、ワープロソフトをパソコンで
使うためには、そのプログラムをハード

117

図表 16

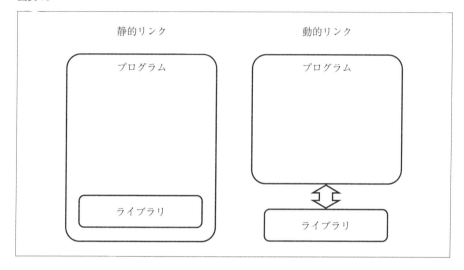

ディスク等に保存したうえで、Windows 等の OS に、そのプログラムを保存した場所を登録して、OS上でアイコンをクリック等して起動できるようにする必要がある。この一連の作業をインストールという。

フォルダ【Folder】　ファイルを保存する場所のこと。

Windows や Mac等の OS では、ファイルを、フォルダと呼ばれる場所に保存することができるようになっている。また、フォルダの中にフォルダを作ることもできるようになっている。これにより、階層的にファイルを保存する場所を作ることができる。このように階層的にフォルダを作っていくことを、「ツリー構造」とも呼ぶ。

図表 17 でいう「C：」と記載されているのは、Cドライブと名付けられたハードディスクの一番上の階層であり、「ルートフォルダ」（root folder）、「ルートディレクトリ」（root directory）と呼ばれる。文字どおり「根っこ」にあたる場所という意味である。その下に、「Program Files」というフォルダがあり、さらにその中に「Adobe」、「Acrobat Reader DC」、「Reader」、「Legal」というフォルダがあり、**図表 17** は、その中の「JPN」フォルダを閲覧している状態である。

コンピュータの中には数万のファイルが保存されているが、それを１つの場所に保存してしまうと、整理がつかなくなってしまう。そこで、フォルダを作り、見てわかりやすく、検索しやすい分量に分けて保管するという知恵である。例えば、ワープロで文書を作成し、保存しようとすると、**図表 18** のような表示が出るが、これは「どこのフォルダに保存するのかを選びなさい」という趣旨である。ツリー構造の中から、自分が保存したい場所（例えば「マイドキュメント」というフォルダ）を指定し、「保存」を押すと、そのフォルダに当該文書が保存されることになる。

図表 17

サブフォルダ【Sub-Folder】 フォルダの中にあるフォルダのこと。サブフォルダによって、フォルダがツリー構造になる。

ディレクトリ【Directory】 フォルダと同義である。Windows や Mac ではフォルダと呼び、UNIX や MS-DOS（かつての

図表 18

マイクロソフト社の OS）ではディレクト
リと呼ぶ。

**ユーザ・インタフェース【UI：User
Interface】**　人間が機械との間で情報を
やりとりする方法のこと。

　例えば、パソコンでは、ハードウェア
の面では、ディスプレイ、キーボードお
よびマウスがユーザインタフェースに
なっている。また、OS ではアイコン、
メニュー、ウィンドウなどがユーザ・イ
ンタフェースとして用いられている。
ユーザ・インタフェースの善し悪しが、
ユーザビリティ（p120）を決定付ける要
素といえる。

ユーザビリティ【Usability】　ソフトウェ
アやウェブサイトの使いやすさのこと。

**ユーザたいけん【ユーザ体験、UX：User
Experience】**　サービスや製品を利用し

た際にユーザが得られる体験のこと。単
なる使いやすさを意味する**ユーザビリ
ティ**（p120）よりも1歩進んで、ユーザ
がどのような体験を得られるかが UX で
ある。例えば、テーマパークに行くとお
とぎの国に行ってきたような UX が得ら
れる、という形で使われる。スマート
フォンがヒットしたのも、スマートフォ
ンを利用することで、スピーディでス
マートな UX が得られたからだ、などと
といわれる。ユーザビリティはユーザ体
験の一要素を構成することになる。

法令・判例と実務

■リバース・エンジニアリングと著作権

コンピュータプログラムの**リバース・エンジニアリング**（p111）の手法には様々なものがあるが、プログラムを調査・解析することが、特許権や著作権その他の権利を侵害しないかが問題となる。

まず、特許法においては、特許法69条1項により、試験または研究のためにする特許発明の実施に該当する限りにおいてプログラムのリバース・エンジニアリングが許されている。

> 特許法
> （特許権の効力が及ばない範囲）
> 第69条　特許権の効力は、試験又は研究のためにする特許発明の実施には、及ばない。
> ［2項以下略］

これに対し、著作権法においては、平成30年の著作権法改正（平成31年1月1日施行）以前には明文の規定は存在しなかった。したがって、リバース・エンジニアリングが複製権あるいは翻案権を侵害しないかが問題となっていたが、裁判例においては、リバース・エンジニアリングが複製あるいは翻案にあたるとしても、損害がない、または損害賠償請求は権利濫用にあたるなどとして、請求を棄却した事件があった（大阪地判平成21・10・15裁判所ウェブサイト、知財高判平成22・4・27裁判所ウェブサイト、FX取引プログラムリバースエンジニアリング事件等）。

これに対し、平成30年の著作権法改正により、30条の4が改正され、サイバーセキュリティ確保等のためのリバース・エンジニアリングが著作権を侵害しないことが明確となった。すなわち、リバース・エンジニアリングは、同条にいう「当該著作物に表現された思想又は感情を自ら享受し又は他人に享受させることを目的としない場合」に該当するとされている（文化庁

「著作権法の一部を改正する法律概要説明資料」（https://www.bunka.go.jp/seisaku/chosakuken/hokaisei/h30_hokaisei/pdf/r1406693_02.pdf））。

もっとも、例えば類似するソフトウェアを開発するためのリバース・エンジニアリングなどは但書の「著作権者の利益を不当に害することとなる」にあたる可能性があり、サイバーセキュリティ確保等のためのリバース・エンジニアリングのみが認められると考えられていることに留意が必要である。

> 著作権法
> （著作物に表現された思想又は感情の享受を目的としない利用）
> 第30条の4　著作物は、次に掲げる場合その他の当該著作物に表現された思想又は感情を自ら享受し又は他人に享受させることを目的としない場合には、その必要と認められる限度において、いずれの方法によるかを問わず、利用することができる。ただし、当該著作物の種類及び用途並びに当該利用の態様に照らし著作権者の利益を不当に害することとなる場合は、この限りでない。
> ［1号以下略］

■オープン・ソース・ソフトウェア（OSS）との契約

ソフトウェア開発において、**オープン・ソース・ソフトウェア（OSS）** を利用する場面は増えている。発注者側としては、まずOSSを断りなく使用していないかを受託者に確認する必要がある。当該OSSについてのライセンス条項を遵守しないとOSSのライセンス違反を問われる可能性があるからである。そのうえで、委託開発させたソフトウェアにも当該OSSのライセンス条項が適用されるか否かも重要なポ

図表 19

寛容型	互恵型
BSD ライセンス MIT ライセンス Apache ライセンス TOPPERS ライセンス	GPL LGPL Mozilla Public License

イントである。例えば、**GPL**（p113）の適用があれば、開発したソフトウェア（派生プログラム）のソース・コードも公開しなければならないからである（いわゆる「互恵型」のライセンス）。また、OSS は、著作権を元の作者らが保有するライセンスになっていることが多いから、システム開発の発注者と開発ベンダの間の契約では開発したソフトウェアの著作権を発注者に譲渡する契約になっていても、組み込まれたOSS の部分については著作権を有しないことになる。また、ソフトウェア開発ベンダとしては、OSS の部分については瑕疵担保責任等を負わない契約になることも多いから、注意が必要である。

なお、OSS のライセンス条項には様々なものがあるが、現在広く利用されているライセンス条項は、**図表19**のとおり「寛容型」と「互恵型」に二分できる。

「寛容型」とは、著作権表記やライセンス表記等の基本的な事項さえ遵守すれば、自由な改変や頒布が認められるタイプのライセンスである。これに対し、「互恵型」とは、当該OSS の開発者がソース・コード等を開示している代わりに、それを利用した者にもソフトウェア開発情報の共有を求めるタイプの（当該OSS を利用している場合、**バイナリ・コード**（p111）の頒布でも、改変部分を含めてソース・コードの公開を求める等）ライセンスである。

互恵型のうち、「LGPL」（Lessor GPL）は主としてライブラリとなるプログラムに適用することを想定して作られたライセンスである。LGPL の場合、当該OSS の派生プログラムであればソース・コードは開示対象となるが、当該OSS を改変していない場合、当該OSS（ライブラリ）を**静的リンク**（p117）としたソフトは開示対象となるが、**動的リンク**（p117）の場合は開示範囲ではないと考えられている。

第5 IT技術の基本に関する用語

概　説

【事例】電子帳簿保存法に対応するため、時刻認証局からデータにタイムスタンプを付してもらった。

➡ 時刻認証局に社内の秘密情報を渡すことになるのか？

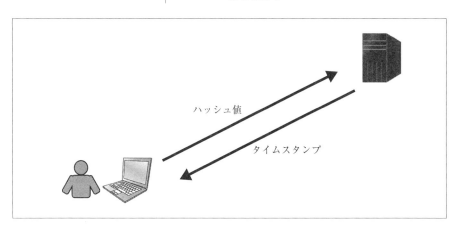

電子帳簿保存法では、電子データにタイムスタンプを付すことが必要とされている。タイムスタンプは時刻認証局により付されるのであるが、そのためには、データそのものを時刻認証局に送らなければならないのだろうか。実際には、データそのものではなく、データのハッシュ値を送付し、それにタイムスタンプを付す仕組みになっている。本項では、このような技術的な用語の中で、情報セキュリティやFinTech等における応用で必要とされる可能性が高いものを取り上げる。

用　語

ビット【bit】 コンピュータが取り扱う情報の最小単位のこと。2進法の1桁である。

コンピュータは、電気がオンの状態とオフの状態を、半導体を使った回路（論

図表20

1ビット	0	1						
2ビット	00	01	10	11				
3ビット	000	001	010	011	100	101	110	111

図表21

	0	1	2	3	4	5	6	7
0	NUL	DLE	SP	0	@	P	`	p
1	SOH	DC1	!	1	A	Q	a	q
2	STX	DC2	"	2	B	R	b	r
3	ETX	DC3	#	3	C	S	c	s
4	EOT	DC4	$	4	D	T	d	t
5	ENQ	NAK	%	5	E	U	e	u
6	ACK	SYN	&	6	F	V	f	v
7	BEL	ETB	'	7	G	W	g	w
8	BS	CAN	(	8	H	X	h	x
9	HT	EM	)	9	I	Y	i	y
A	LF	SUB	*	:	J	Z	j	z
B	VT	ESC	+	;	K	[	k	{
C	FF	FS	,	<	L	¥	l	|
D	CR	GS	−	=	M	]	m	}
E	SO	RS	.	>	N	^	n	~
F	SI	US	／	?	O	_	o	DEL

理回路）で処理して計算している。オンの状態を「1」オフの状態を「0」として、2進法で処理しているのである。1ビットは、この0と1を表現できる2進法の1桁である。**図表20**のとおり、1ビットは2つの情報を、2ビットは4つの情報を、3ビットは8つの情報を持つことができる。よく「64ビットパソコン」などというが、64ビットすなわち2の64乗（2^{64}）個の情報（0か1かの情報）を同時に処理できることを意味している。

バイト【byte】　8ビットの情報のかたまりのこと。

すなわち、8ビット＝1バイトである。1バイトは2の8乗（2^8）＝256個の情報の塊である。なぜ8ビットを「1バイト」として区切りを付けて1つの単位としてるかというと、7ビット＝128個あるとアルファベットと数字が表現でき、これにチェックのための1ビットを加えたからである（**図表21**）。

つまり、「半角文字」1つが1バイトであると考えるとわかりやすい。コンピュータが内部で処理している情報は「ビット」単位であるが、我々がよく目にするのは「バイト」単位である。例えば、「500メガバイトのハードディスク」

とは、要するにアルファベットで500メガ（500,000,000）文字すなわち5億文字を保存できる容量だということである（ただし、通信速度を表現するときには、bpsの項目で述べるとおり、ビットを単位として使うのが一般的である）。

キロバイト／キロビット【Kbyte/Kbit】

1キロバイトは1,000バイトまたは1,024バイトのこと。1キロビットは1,000ビットまたは1,024ビットのこと。

「キロ」は通常は1,000倍のことを意味するが、コンピュータの世界では、2の10乗＝1,024のことをキロと表現することが多い。なお、通信（例えば携帯電話の通信速度）の世界では1キロビット＝1,000ビットが用いられ、記憶容量（例えばハードディスクの記憶容量）の世界では1キロビット＝1,024ビットが用いられることが多い。

メガバイト／メガビット【Mbyte/Mbit】

1メガバイトは1,000キロバイトまたは1,024キロバイトのこと。1メガビットは1,000キロビットまたは1,024キロビットのこと。

ギガバイト／ギガビット【Gbyte/Gbit】

1ギガバイトは1,000メガバイトまたは1,024メガバイトのこと。1ギガビットは1,000メガビットまたは1,024メガビットのこと。

テラバイト／テラビット【Tbyte/Tbit】

1テラバイトは1,000ギガバイトまたは1,024ギガバイトのこと。1テラバイトは1,000ギガバイトまたは1,024ギガバイトのこと。

ビー・ピー・エス【bps：bit per second】

bit per secondの略であり、1秒間に通信できるビット数のこと。

ハードディスクなどの容量がバイト数で表現するのと異なり、通信速度はビット数で表現するのが一般的である。した

がって、「この携帯電話は通信速度150メガ」といえば「150メガビット／秒」を意味しており、「このハードディスクは500メガ」といえば「500メガバイト」を意味している。8ビット＝1バイトであるから、単位を揃えれば前者は後者の256分の1ということになる。「150Mbps」の速度で通信しても、3.3秒後に「500Mバイト」のハードディスクがいっぱいになるわけではない。150Mbpsは約0.586Mバイト／秒にすぎない。

(注) 例えば、「LTEのスマートフォンは150Mbpsだと聞いていたのに、遅い」と思うかもしれないが、256分の1にしてみると納得できるのではないだろうか。

たいいき／たいいきはば【帯域／帯域幅、band width】　1単位時間ごとに通信できる情報量のこと。

アナログ通信においては、周波数の幅（bandwith）が情報量を画していた。デジタル時代でもその名残で、例えば1秒間に通信できるビット数（bps）を帯域幅などと呼ぶ。

もじコード【文字コード】　文字に割り当てられているバイト表現のこと。

例えば、「A」という文字の文字コードは「41」であり、「z」という文字の文字コードは「7A」である。バイト（p124）で述べたとおり、アルファベットと数字は、8ビット＝1バイトの文字コードで表現される（図表21）。

これに対し、日本語は平仮名・片仮名のほか、大量の漢字からなっているから、文字コードは2バイトで表現される。2バイトは16ビットであるから、2^{16}＝65,536個の文字が表現できる。以上から、アルファベットと数字（いわゆる「半角文字」）のことを「1バイト系

図表 22

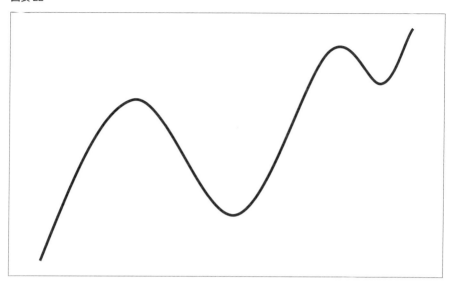

の文字」、日本語（いわゆる「全角文字」）のことを「2 バイト系の文字」などという。

　海外のソフトウェアを日本語化するときに最初にやらなければならないのは、「2 バイト系の文字」を取り扱えるように改修することである。

アナログ【Analog】　連続した量を、別の連続した量で示すこと。

　例えば、自動車の伝統的なスピードメータは、タイヤの回転数を物理的に変換して、スピードメータの角度で連続的に表示している。また、レコードは、マイクから入力された音を、そのまま溝の高低に刻み込んで記録しており、これを針でなぞると、その高低がそのままスピーカーの振動となって再生される。

デジタル【Digital】　連続していない、飛び飛びの量のこと。

　例えば、マイクから入力されたアナログの音声のデータは、**図表 22** のように

なっている。しかし、コンピュータは 0 と 1 しか扱うことができないから、このような連続した量を数値に変換する必要がある。そのため、アナログのデータに**図表 23** のような格子をあてはめ、該当する部分を抽出する。

　すると、**図表 24** のとおりの情報が得られる。これにより、黒くなっているマス目を「1」、白いマス目を「0」と表現できる。横軸方向に時間が進んでいくので、1 メモリを 0.1 秒とすると、0.1 秒後には 1〜3 が「1」であり、4〜15 が「0」となる。0.2 秒後には、1〜6 が「1」、7〜15 が「0」となる。このようにしていけば、マイクからの入力というアナログの情報を「1」と「0」に変換できる。このような処理を「標本化」（サンプリング）と「量子化」と呼び、これらによりデジタル化することができる。

サンプリングしゅうはすう【サンプリング周波数】　アナログ波形をデジタルデー

図表 23

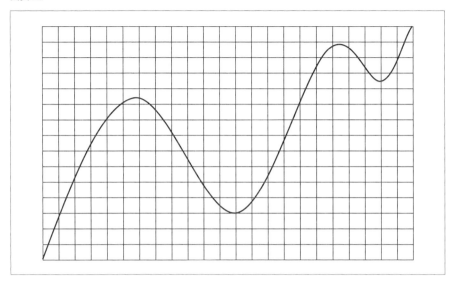

図表 24

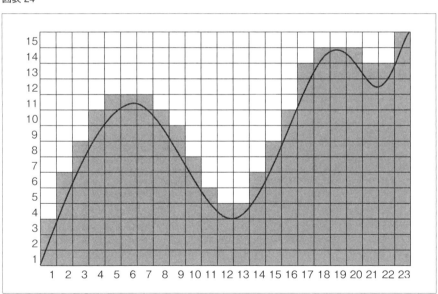

タにする際に、単位時間当たりに標本を採る（サンプリングする）回数のこと。

　アナログ波形をデジタルデータにする際に、マス目を小さくすればするほど、アナログに近くなり再現性が良くなるが、データ量が増える。マス目を大きくすれば、データ量は少なくて済むが、再現性が悪くなる。したがって、マス目の密度がデータの精度を定めることになる。この「横軸」におけるデータの密度のことをサンプリング周波数という。例えば、音楽CDのサンプリング周波数は44.1kHzである。Hz（ヘルツ）の単位時間は1秒であるから、1秒当たり44,100回のデータを採取していることを意味する。

りょうしかビット【量子化ビット】　アナログ波形をデジタルデータにする際に、何段階の数値で表現するかを示す値のこと。

　サンプリング周波数が「横軸」の密度を示しているのに対し、量子化ビットは、「縦軸」の「高さ」を何段階で表現するかを示している。例えば、音楽CDは16ビットであるから、標本化された1回当たりのデータを、$2^{16} = 65,536$個のマス目で表していることになる。

あっしゅく【圧縮】　データの容量を削減する処理のこと。

　データを保存する際にも通信する際にも、データの量は少ないほうがよい。そのため、圧縮の技術が様々な場面で使われている。例えば、音声データについていえば、音楽CDは、44.1kHz／16ビットの密度でデジタル化されているが、このデータにはすべてのマス目が記録されている（**図表24**）。したがって、このままでは、1秒間の音声のデータが44,100 × 65,536 = 2,890,137,600個の「1」または「0」という膨大なデータ量になってしまう。

　しかし、上記のデータに関して、すべてのマス目をデータとするのではなく、例えば、横軸が1マス目のときには1～3が「1」であるとしつつ、横軸が2マス目のときには1マス目のときよりも3つ多くなっている、という差分の情報だけを持つようにすれば、2マス目のときに1～6が「1」であるという情報の記録方式に比べ、情報量は減ってくる。あるいは、画像のデータであれば、すべてのマス目を「赤赤赤赤赤赤青青青青青」というようにデータ化するのではなく、「赤。7個先から青。」というように、差分だけの情報を持つことが考えられる。このような手法を駆使して情報量を減らすのが圧縮である。圧縮には、手法や精度により、様々な方法がある。

かいとう【解凍】　圧縮されたデータを、元のデータに戻すこと。

エンコード【Encode】　情報を一定の法則に従って別のデータに変換すること。

　圧縮（p128）をすることや**暗号化**（p184）することが、典型的なエンコードである。

デコード【Decode】　⇒復号（p185）も参照。エンコードされたデータを、エンコードする前の情報に戻すこと。

　圧縮された情報を元に戻したり（「解凍」）、暗号化された情報を平文に戻したり（復号）することが、デコードである。

ハッシュかんすう【ハッシュ関数、Log】　文字列から一定の長さの符合（ハッシュ値）を生成する関数のこと。

　例えば、SHA-256と呼ばれるハッシュ関数で「IT技術用語辞典」のハッシュ値を算出すると、「2618fbfb30a2ae5ad2556488f3bbadcaebc8afae2d986b649ea8a5404396a82d」となる。ハッシュ関数は、同じ入力値からは毎回同じ「ハッシュ値」が算出される（偶然性がない）一方で、入

図表 25

入 力 値	SHA-256 によるハッシュ値
IT技術用語辞典	2618fbfb30a2ae5ad2556488f3bbadcaebc8afae2d986b649ea8a5404396a82d
IT技術用語辞典。	f59b23422e2ab176f8a8225c30bedaffd468072afe97e87b846b420fcf18f940

図表 26

入 力 値	SHA-256 によるハッシュ値
IT技術用語辞典は IT法務のための IT 技術用語の解説書です。	08d9d0de041670236919edf5978cab51b394cfa8733e42fd6ad36b36a294a740
IT	f415bf7b07a9b2c07029144aafb3c59d0187682ecd2b8c8ac911e742a38a5f36

力値が少しでも異なればハッシュ値も異なることになるという特色がある（非衝突性）（**図表 25**）。また、長さが異なる入力値に対しても同じ長さ（固定長）のハッシュ値が生成されるという特徴もある（**図表 26**）。そして、ハッシュ関数は不可逆であり、ハッシュ値から元の入力値を割り出すことはきわめて困難である（一方向性）。このような特徴を有するハッシュ関数（ハッシュ値）は、例えば、通信においてデータが改ざんされていないことを確認するために利用されている。データ（および第三者にわからない鍵）とそのハッシュ値を送信し、受信した側でも同じくデータ（および当該鍵）からハッシュ値を算出して、ハッシュ値が一致しなければデータが改ざんされていることがわかるのである。

メタデータ【metadata】　データに付随するデータのこと。

　ワードやエクセルなどで文書を作成すると、作成日や作成者などが記録されるが、これらが、その文書ファイルのメタデータである。

タイムスタンプ【Time-stamp】　あるイベントが発生した日時を記録した文字列のこと。

　例えば、ファイルやフォルダに記録されている、データの作成や更新、アクセスの日時の記録がタイムスタンプの例である。このようなファイルやフォルダに記録されているタイムスタンプは単なるメタデータであるが、電子帳簿保存法などで用いられるタイムスタンプは、電子データがタイムスタンプを付した日にその内容で存在していたことを証明するためのものであり、偽造防止のための特別な仕組みが組み込まれている。

チェックデジット【Check digit】　符合の誤りを検出したり偽造を防止するために用いられる数字や符号のこと。

　Check digit とは、文字どおり「検査数字」であり、一定の計算式によって、その符合に誤りがないかなどを検査するための数字や符合を意味する。計算式は多数存在しているが、説明の便宜上きわめて簡単な例を挙げれば、10 桁の数字について、11 桁目に 1 桁目から 10 桁目までの数値の和の下 1 桁をチェックデジットとして記載しておくことが考えられる。これによれば、単純計算で 90％の確率で 10 桁の数値に誤りがあるかどう

図表27

チェックデジット付きデータ	(元のデータ)	(チェックデジット)	検　　　査	判定
12345678905	(1234567890)	(5)	$1+2+3+4+5+6+7+8+9+0=45$	正
32456254247	(3245625424)	(7)	$3+2+4+5+6+2+5+4+2+4=37$	正
74658395711	(7465839571)	(1)	$7+4+6+5+8+3+9+5+7+1=55$	誤

かを判別できる（**図表27**）。チェックデジットは、入力ミスや、通信エラーによるデータの欠落などを判断するのに利用されている。

マイナンバー（個人番号）は12桁の数値であるが、12桁目はチェックデジット（「検査用数字」）になっている。

```
マイナンバー法施行令
（個人番号とすべき番号の構成）
第8条　法第8条第2項の規定により生成
　される個人番号とすべき番号は、機構が
　同条第3項の規定により設置される電子
　情報処理組織を使用して、作為が加わら
　ない方法により生成する次に掲げる要件
　に該当する11桁の番号及びその後に付
　された1桁の検査用数字（個人番号を電
　子計算機に入力するときに誤りのないこ
　とを確認することを目的として、当該
　11桁の番号を基礎として総務省令で定
　める算式により算出される0から9まで
　の整数をいう。第3号において同じ。）
　により構成されるものとする。［以下略］
```

総務省令によれば、算式は以下のとおりである。

```
行政手続における特定の個人を識別するた
めの番号の利用等に関する法律の規定によ
る通知カード及び個人番号カード並びに情
報提供ネットワークシステムによる特定個
人情報の提供等に関する省令
（検査用数字を算出する算式）
```

```
第5条　令第8条の総務省令で定める算
　式は、次に掲げる算式とする。

算式
$$11-\left(\sum_{n=1}^{11}Pn\times Qn\ \text{を}11\text{で除した余り}\right)$$

ただし、$\sum_{n=1}^{11}Pn\times Qn$を11で除した余り
$\leqq1$の場合は、0とする。

算式の符合
Pn　個人番号を構成する検査用数字以外
　の11桁の番号の最下位の桁を1桁目
　としたときのn桁目の数字
Qn　$1\leqq n\leqq6$のとき　　$n+1$
　　　$7\leqq n\leqq11$のとき　$n-5$
```

例えば、マイナンバーを入力するソフトウェアにおいて、以上のチェックデジットの算式により、マイナンバーの入力ミスがあったときにメッセージを出すことができるのである（チェックデジットとの組合せ上、ありえない12桁というものが存在するということである）。

かくちょうし【拡張子】　ファイル名の末尾に記載されている文字列であり、それによりファイルの種類を示すもののこと。

OSによって拡張子が必要なものと必要ないものがあり、拡張子の記載の仕方もOSにより様々である。例えば、Windowsでは、ピリオド＋3文字または4文字で拡張子が記載されるのが通常で

ある。例えば、「.txt」はテキスト形式、「.doc」はワード形式、「.xls」はエクセル形式、「.exe」は実行形式を示す。Windowsは、ファイルのアイコンがダブルクリックされた際、拡張子を見て「.doc」であればワードを起動してそのファイルを開き、「.xls」であればエクセルを起動してそのファイルを開く。「.exe」であればデータはなくプログラムであるから、当該ファイルを直接起動する。なお、Windowsでは、デフォルト（初期設定）では拡張子は表示されないようになっている。

アイコン【Icon】　プログラム名やファイルの内容等を小さな絵で表したもののこと。

WindowsやMac等のOSでは、アイコンをダブルクリックすると、アプリケーションが起動したり、ファイルが開いたりするようになっている。実行形式のファイルは、プログラマが自由にアイコンを設定できる。また、**拡張子**（p130）で述べたとおり、Windowsの初期設定では拡張子が表示されない。そのため、実行形式のウィルスプログラムが例えばエクセルのアイコンを使っている場合、ユーザがエクセルのファイルだと思ってダブルクリックすると、実は実行形式のファイルであり、ウィルスプログラムが起動するという事態が発生する。

ログ【Log】　サーバなどの処理や発生した事象などを時系列で記録したもののこと。

「log」とは航海日誌のことであり、ITの世界では、例えば「○月○日○時○分○秒　サーバ起動、○月○日○時○分○秒　ユーザID○○がログイン」などと、処理や発生したことを時系列で記録していくファイルのことである。

法令・判例と実務

■電子帳簿保存法とタイムスタンプ・ハッシュ値

電子帳簿保存法は、国税関係帳簿書類の保存義務者が、電磁的記録の備付けおよび保存をもってその帳簿の備付けおよび保存に代えることができることを定めた法律である（いわゆるe‐文書法とは異なる法律である）。電子帳簿保存法では、契約書や領収書等を電磁的記録として保存することができるが、その要件の1つとして、データに「一般財団法人日本データ通信協会が認定する業務に係るタイムスタンプ」を付すことが必要である（同法施行規則3条5項2号ロ）。この**タイムスタンプ**（p129）では、対象となる電子データのハッシュ値を時刻認証局（Time-stamp Autority（TSA））に送付する（TSAにはハッシュ値しか送付しないので、元の電子データの内容をTSAに知られることはない）。TSAは当該ハッシュ値に、偽造防止策を講じた時刻情報（タイムスタンプ）を付して送付する。これにより、後に、検証したい電子データのハッシュ値と時刻情報を付したハッシュ値を比較して両者が一致すれば、検証したい電子データがタイムスタンプを付した日に存在していたことが立証できるのである（**図表28**）。

図表 28

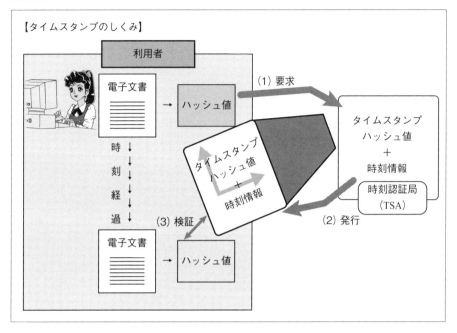

第 4 章

人工知能（AI）に
関する概念

概　　説

【事例】AI を利用したサービスに従業員の面接の情報
を入力したい。
➡➡　従業員の同意が必要となるか？

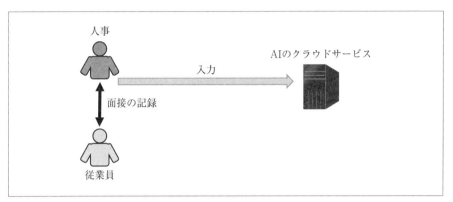

AI技術を利用したサービスは急速に広まっている。AI技術を利用したソフトウェア開発には、従来からのソフトウェア開発とは異なる性質があるため留意すべき点がある。また、AI技術を利用したサービスを利用する際に、留意すべき点は何であろうか。本項では、AI に関する概念を取り上げる。

用　　語

じんこうちのう【人工知能】　学習・推論・判断などの人間の知能が持つ機能を備えたコンピュータシステムのこと。
　非常に多義的に用いられており、マーケティング目的で、「少し賢い動作をする機械」を「人工知能搭載」と称しているケースもある（例えば、人工知能搭載のエアコン、人工知能搭載の炊飯ジャーなど）。
＜公的文献等での定義＞

「人工的な方法による学習、推論、判断等の知的な機能の実現及び人工的な方法により実現した当該機能の活用に関する技術」（官民データ活用推進基本法 2 条 2 項）（「人工知能関連技術」の定義）。

エーアイ【AI：Artificial Intelligence】
➡人工知能

きかいがくしゅう【機械学習】　人工知能のプログラム自身が学習する仕組みのこと。
＜公的文献等での定義＞
　「あるデータの中から一定の規則を発見し、その規則に基づいて未知のデータに対する推測・予測等を実現する学習手法の一つ」（AI契約ガイドライン（AI編）9 頁）。
　「教師あり学習」と呼ばれる手法では、入力するデータ（**学習用データ（p136）**）と正しい出力のセットをあらかじめ人間が用意し、入力データに対して正しい出力が出るようにコンピュータに学習させる。例えば大量の画像を用意し、各画像

図表1

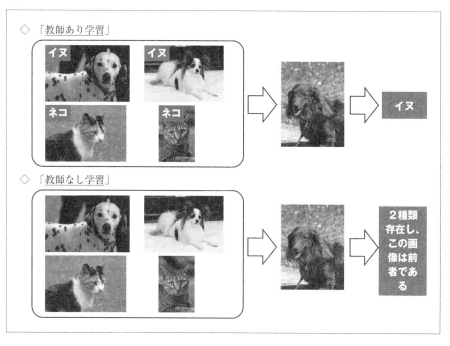

に対し、これはイヌ、これはネコという正解を用意し、コンピュータに与えると大量の入力データと正しい出力のペアから、構造やパターンを学習し、新しいデータに対し、これはイヌ、これはネコと判断できるようになるというものである（**図表1**）。

これに対し「教師なし学習」と呼ばれる手法では、入力用のデータ（**学習用データ**（p136））のみ用意し、データの中にある構造やパターンをコンピュータ自身に学習させる。大量の画像を入力すると、そのうちに、イヌが写っている画像と、ネコが写っている画像の構造やパターンの違いを理解し、両者を分けることができるようになるというものである。コンピュータが行うのは、このよう

に、データの特徴を学習し、分類することであり、分類された結果が「イヌ」なのか「ネコ」なのかという意味づけをするのは別の作業である（**図表1**）。

いずれにせよ、機械学習によるソフトウェア開発は、大量の学習用データから**特徴量**（p136）を抽出し、結論を導くことができるモデル（**学習済みモデル**（p137））を生成する作業であるため、「帰納的」な開発であるといわれる。これは、従来からのプログラミングが、人間がロジックを考え、そのロジックをプログラミング言語で表現するという、「演繹的」な作業であったことと対照的である。

ディープ・ラーニング【Deep Learning】
機械学習をする際のデータを表すために

135

図表2

【「AI」の開発】
◇　データから結論を推論する（帰納的）

◇　人間は、「イヌ」、「ネコ」を判別するために、目の形や耳の形といった特徴を学習しており、その特徴から類推して「イヌ」か「ネコ」かを判別している。

◇　AIでは、これを「特徴量」（物事の特徴を定量的に表した変数）と呼び、特徴量を与える/抽出することでパターンを認識する。

使われる「特徴量」と呼ばれる数値を自らが学習すること。

＜公的文献等での定義＞

「機械学習の一手法であるニューラルネット（脳の情報処理を模して開発された機械学習の一手法）を多層において実行することで、より精度の高い推論を目指した手法」（AI契約ガイドライン（AI編）10頁）。

人間は、ネコの輪郭を見たときに、何となくネコであることを認識する。これは、どのあたりに曲線があり、どのあたりにカドがあるのか、といったネコの輪郭の様々な特徴を捉えて認識しているものと考えられる。これを数値として表すと、特徴「A」の量がゼロ、特徴「B」の量が2、特徴「C」の量が1であればネコであるという形になるはずである。これを特徴量という（図表2）。

ディープ・ラーニングは、この特徴量を、人間が教えなくても、コンピュータ自らが学習して見つけ出す手法のことであり、人工知能の発展にとってブレークスルーになるものとされている。

がくしゅうようデータ【学習用データ】　機械学習（p134）において学習のために用いられるデータのこと。

なお、学習用データ（学習用データセット）に構成する前の、学習用データとして利用する候補となるデータのことを「生データ」という。

＜公的文献等での定義＞

「生データに対して、欠測値や外れ値の除去等の前処理や、ラベル情報（正解データ）等の別個のデータの付加等、あるいはこれらを組み合わせて、変換・加工処理を施すことによって、対象とする学習の手法による解析を容易にするため

図表3

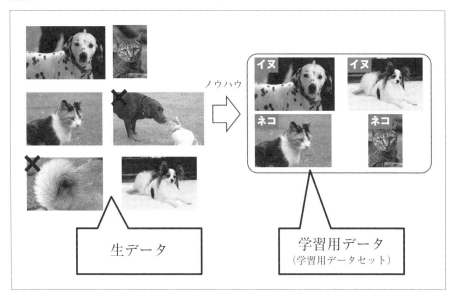

ノウハウ

生データ

学習用データ
（学習用データセット）

に生成された二次的な加工データ」（AI契約ガイドライン（AI編）13頁）（**図表3**）。

がくしゅうようプログラム【学習用プログラム】　機械学習において、学習用データセットを読み込み、学習済みモデルを作るためのプログラムのこと。

＜公的文献等での定義＞

　「学習用データセットの中から一定の規則を見出し、その規則を表現するモデルを生成するためのアルゴリズムを実行するプログラム」（AI契約ガイドライン（AI編）14頁）。

がくしゅうずみパラメータ【学習済みパラメータ】　機械学習において、学習用データセットを用いた学習の結果、得られたパラメータ（係数）のこと（AI契約ガイドライン（AI編）15頁参照）。

　パラメータとは数値等の情報のことをいい、例えば、機械学習の結果得られる、ある要素とある要素との重み付けの数値

などがこれにあたる。機械学習の結果としてコンピュータが導き出した各種の数値のことをいうと理解すれば契約実務等においては十分であると思われる。

がくしゅうずみモデル【学習済みモデル】　学習済みパラメータ（p137）が組み込まれた推論プログラムのこと（AI契約ガイドライン（AI編）14頁参照）。

　パラメータは単なる数字の組み合わせでありソフトウェアとしては動かないから、入力値に対して学習済みパラメータを適用して結果を出力するためのプログラムが必要である。このプログラムのことを「推論プログラム」といい、推論プログラムに学習済みパラメータがセットされた状態のものを「学習済みモデル」と呼んでいる（AI契約ガイドライン（AI編）15頁）。

アール・ピー・エー【RPA：Robotics Process Automation】　ソフトウェア

図表4

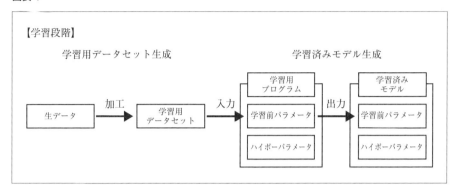

上のロボットによる業務工程の自動化のこと。

　例えば、ファックスで届いた請求書の内容をエクセルに入力して保存するという作業を自動的に行うソフトウェアのことである。以前からエクセル等には「マクロ」という自動化の仕組みが用意されていたが、それをソフトウェア間で横断的に利用できるようにしたものである。書類の画像データから文字や数字を読み取る部分にAIが使われていることもある。

法令・判例と実務

■AI技術を活用したソフトウェアを開発する場面での留意点

　生データを加工して**学習用データ**（p136）を作成し、それを**学習用プログラム**（p137）に入力すると、**学習済みパラメータ**（p137）が生成される。学習済みパラメータとそれを利用するための推論プログラムのセットが**学習済みモデル**（p137）である。これが、AI技術を利用したソフ

トウェア開発である（**図表4**）。

　AI技術を利用したソフトウェア開発は、このように帰納的に行われるため、以下の特徴があるとされている（詳細はAI契約ガイドライン（AI編）18頁以下参照）。

①学習済みモデルの内容・性能等が契約締結時に不明瞭な場合が多い。

　学習済みモデルを生成する際、探索的なアプローチを用いて試行錯誤を繰り返す必要がある。また、帰納的な開発であるため、実際に開発してみないとどのような学習済みモデルが生成されるかが分からない。したがって、開発前に性能を保証することが性質上困難である。また、同様の理由で、生成した学習済みモデルが期待した性能になっていない場合に、その原因を事後的に検証することも困難である。

②学習済みモデルの内容・性能等が学習用データセットによって左右される。

　学習用データセットに含まれるデータに本来の統計的性質を反映していないデータ（外れ値）が混入していた場合や、学習用データセットのデータに大きな統計的なバイアスが含まれていた場合等には、精度の高い学習済みモ

デルを生成することはできない。例え
ば、イヌとネコの顔写真を判別する学
習済みモデルをつくるのに、学習用
データセットの中にイヌのしっぽの写
真が混ざっていれば、生成した学習済
みモデルが不適切なものになってしま
う可能性があるのである。

③ノウハウの重要性が特に高い。

　帰納的な開発をするため、当初は試
行錯誤を繰り返すことになる。そのた
め、ノウハウの重要性が特に高いとい
われている。なお、生データから学習
用データセットを作るところにも重要
なノウハウがある。

④生成物に更なる再利用の需要が存在す
る。

　生成した学習済みモデルを追加学習
して更に精度を上げる、複数の学習済
みモデルを組み合わせるなど、生成し
た学習済みモデルなどに再利用の需要
が存在する。

　以上の特徴から、AI技術を活用したソ
フトウェアの開発委託契約を締結する際に
は、以上に述べた機械学習の特徴を踏まえ
た対応が必要となる。

　まず、開発頓挫のリスクがあるため、
フェーズ毎に契約を分ける多段階契約とす
るのが安全である。AI契約ガイドライン
（AI編）では、「アセスメント」、「PoC（Proof
of Concept）」、「開発」、「追加学習」のフェー
ズに分けることが提唱されている。

　次に、契約締結時に内容・性能が不明で
あり、事後的に不具合の原因を検証するこ
とも困難であるため、何を開発の目的とす
るか、成果物をどのように評価するか、ど
のような基準で報酬を支払うか等を契約に
おいて明確に定めておく必要性が高い。実
務的な解決策としては、評価用データを入
力した場合には性能を保証する条項が考え
られる。

　また、学習済みモデルの権利関係を明確
にしておくことも重要である。ここをおろ
そかにすると、競合他社のために開発をし
たという結果に陥りかねないからである。

■AIの開発と利用における規制

　機械学習に個人情報を利用することは、
生成されるのが**学習済みパラメータ**
（p137）という統計的なものであり、個人
に関する情報ではなくなっているから、個
人情報保護法15条1項に従った利用目的
の特定は必要ないと考えられる（個人情報
保護委員会「『個人情報の保護に関する法律に
ついてのガイドライン』及び『個人データの
漏えい等の事案が発生した場合等の対応につ
いて』に関するQ&A」（平成29年2月16
日）（以下、「個人情報保護法ガイドライン
Q&A」という。）Q2-5)。

　また、機械学習に著作物を利用する際に
も、原則として著作権者の許諾は不要であ
る（著作権法30条の4)。もっとも、同条で
は「ただし、当該著作物の種類及び用途並
びに当該利用の態様に照らし著作権者の利
益を不当に害することとなる場合」には許
諾が必要であるとされている。この点につ
いて、文化庁著作権課「デジタル化・ネッ
トワーク化の進展に対応した柔軟な権利制
限規定に関する基本的な考え方」（令和元
年10月24日）の「問9」は、「例えば、大
量の情報を容易に情報解析に活用できる形
で整理したデータベースの著作物が販売さ
れている場合に、当該データベースを情報
解析目的で複製等する行為」がこれにあた
るとしている。このようなデータを学習用
データとして無断で使用しないように留意
が必要である。

　なお、以上のとおり、学習用データとし
てデータを利用することは、個人情報保護
法上も、著作権法上も問題がなく、日本の
法制度は「機械学習天国」といっても過言

ではない状態になっているが、契約上の制限には留意が必要である。例えば、インターネットのウェブサイトに掲載されている写真データについて、当該ウェブサイトの利用規約等において、「機械学習における学習用データとして利用することは認めない」旨の記載があれば、それを学習用データとして利用することは利用規約に違反することになるからである。近時は、画像を大量に掲載しているサイトなどにおいて、機械学習における学習用データとしての利用を禁止する明文規定が置かれている

ことも多いから注意したい。

以上に対し、AIを利用する際（**図表5**）には、出力されるものが個人情報である場合には、個人情報保護法に従った利用目的の特定と通知等が必要となる。例えば、従業員の面接の情報をAIに入力して退職の意向を調べるサービスを利用するのであれば、従業員の面接結果という個人情報の利用目的として、機械的に分析して退職の意向を調べるという目的で利用することを特定し、通知等しなければならないと考えられる。

図表5

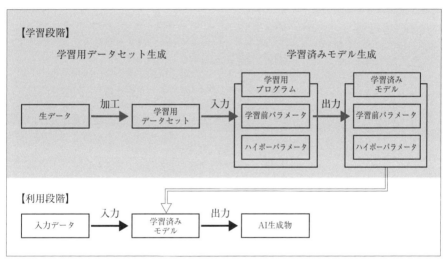

第5章

企業における IT サービスの利用と
システムの構築に関する IT 用語

第 1 企業が利用する IT サービスに関する概念

概　　説	【事例】クラウドに個人データを保存することは「委託」にあたるのか。
	➡　クラウドとは何か？

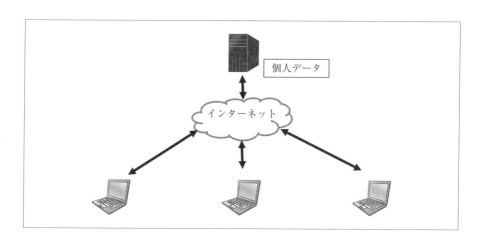

　企業活動において、データ・センタのホスティング・サービスやハウジング・サービスを利用したり、クラウドを利用して仮想環境にシステムを置くことは日常的に行われている。ここで、個人データを保存することが「個人データの取扱いの全部又は一部を委託する場合」（個人情報保護法22条）にあたるかが問題となる。委託にあたれば委託先の監督義務があるし、委託にあたらなければ自社が管理するものとしての

安全管理措置義務があるからである。委託にあたるか委託にあたらないかを判断する前提として、これらのサービスがどのようなサービスなのかを理解しておく必要がある。サービス提供者が個人データを取り扱うことになるかどうかが問題になるからである。本項では、企業が利用する IT サービスを取り上げる。

用　語

データ・センタ【Data Center】　数多く
のサーバやストレージを収納するための
専用施設のこと。

　多くのデータ・センタは、高速な通信
回線に接続されているほか、無停電電源
装置や自家発電装置が設置され停電時に
も電気を供給できるようになっている。
近時は、災害時の停電を避ける目的や通
信のレスポンスの速さを売りにするた
め、都心部での建設が目立っている。現
代社会ではきわめて重要な施設であり、
テロ等で真っ先に狙われる施設であるた
め、所在地の詳細が公にされていない
ケースも多いが、窓がなく（特に低層階
では侵入を防止する目的もある）人の出入
りがないため、見ればデータ・センタだ
とわかる。

レンタル・サーバ【Rental Server】　IT
サービスを提供する者（以下、この項に
おいて「業者」という）が保有し、自分
以外の者が利用できるように貸し出して
いるサーバのこと。実務的には、「ホス
ティング」と同義で使用されている。

ホスティング【Hosting】　業者が、自ら
が保有しているサーバを、ウェブサイト
を提供するソフトウェア（サービスと呼
ばれる）や電子メールを提供するソフト
ウェア（サービス）などをインストール
できるように設定して、貸し出すサービ
スのこと。

　複数の利用者が１台のサーバを共有す
るのが通常であるが（各使用者がディレ
クトリ（p119）を割り当てられて、そこを
利用する）、単独の利用者で１台のサー
バを専有できるサービスもある（料金次

第である）。サーバは、データ・センタ
に存在するのが通常である。後述するハ
ウジングとの違いは、機器は利用者では
なく業者が保有している点や、サーバの
保守・管理・運営は業者が行い利用者は
それを利用しているだけである点にある。

ハウジング【Housing】　データ・センタ
の事業者が、サーバ等の設置場所を貸し
出すサービスのこと。

　電源や通信回線は提供されているもの
を利用できるが、場所だけを貸すサービ
スであるため、ハードウェアは利用者が
用意し、運用・管理も利用者が行う。
サーバは自社が設置して管理するため自
由度が高いが、単に場所だけを借りてい
るのであり設定から運用まですべて遠隔
操作で行うため、高度な技術力が必要と
なる。

　「Housing」という文字のとおり、マ
ンションの１室を通常の賃貸借契約で借
りるようなイメージであり、家具や備品
は自分で用意しなければならない（これ
に対し、ホスティングは家具付のマンスリー
マンションや寮のイメージである）。

サービスしこうアーキテクチャ【サービス
指向アーキテクチャ】

➡ SOA：Service Oriented Architecture
　１つの業務を実行するソフトウェアの
機能を「サービス」と見立てて部品化
（コンポーネント化）し、それらを組み合
わせてシステムを構築する設計手法のこ
と。

　ソフトウェアの**モジュール**（p114）や
API（p115）のように、ソフトウェアの
世界では、古くから、様々なプログラム
で共通して必要となる機能を「部品」と
して再利用することが行われてきた。例
えば、API で述べた例では、裁判所名を
渡すと電話番号を返すというきわめて単
純な機能を API として提供しているから、

これを利用すれば、ウェブサイトに電話番号を表示するシステムも、電話を自動で発信するシステムも作ることができる。

このような部品の機能を高度化し、例えば、在庫状況を確認する、クレジットカード決済をする、などの業務の単位（サービス）にまで大きくしたのが SOA のイメージである。これにより、例えばインターネット上での通信販売のウェブサイトのシステムを構築する際に、倉庫の在庫をリアルタイムで把握して管理するシステムを部品として作っておけば、そのコンポーネント（サービス）を呼び出すだけで顧客が見る画面で在庫状況を確認して在庫数を表示したり、倉庫にいる従業員が見る端末では同じサービスを呼び出して在庫状況をモニタリングして入荷業務を行うといった様々な機能を持ったシステムを、効率よく構築することができる。これが、サービス指向アーキテクチャ（SOA）である。

クラウド【Cloud】　ソフトウェアの機能やハードウェアを、ネットワークを通じて利用すること。

＜公的文献等での定義＞

「『クラウド・コンピューティング・サービス関連技術』とは、インターネットその他の高度情報通信ネットワークを通じて電子計算機（入出力装置を含む。（略））を他人の情報処理の用に供するサービスに関する技術をいう」（官民データ活用推進基本法 2 条 4 項）。

API（p115）や SOA（p143）で述べたようなソフトウェアのコンポーネントの再利用の発想をさらに進展させ、ネットワークの向こう側にあるソフトウェアやハードウェアを、ハードウェア等の構成や所在を意識することなく利用することをクラウドサービスと呼んでいる。例えば、Google社の Gmail という電子メール

のサービスがある。Gmail は SMTP/IMAP を利用した電子メールの送受信の機能を提供しているが、我々ユーザは、自分のメールのデータがどこの国のどこのサーバのハードディスクに保存されているのかを知ることはないし、知る必要もない。Gmail のサービスが、メールを読んだり送信したりするためのインターフェース（窓口）を提供しているから、そこにインターネットブラウザやメール受信ソフトでアクセスすれば、メールを送受信することができる。このように、どこにサーバがあるのかなどを意識することなくネットワーク上で機能を提供するのがクラウドである（そのうち、Gmail のように、ソフトウェアを提供するサービスのことを「サース（SaaS：Software as a Service)」という）。

一般に、システム構成図を描く際に、インターネットを雲で表現する。そのため、文字どおり「雲の向こう」のシステムを利用するという意味で、「クラウド」と呼ばれている。発想自体は古くからあったものであり、インターネット企業がサービスを「新しい時代のもの」として売り込むための営業用のキャッチーな用語という色彩もある（図表 1）。

オンプレミス【on-premises】　自社が保有するシステムのこと。クラウドの反対を意味する。

かつては自社がシステムを保有することは当然であったため、そのようなものには名称が存在しなかったが、クラウドという言葉が利用されるようになり、その反対語として、自社がシステムを保有することをオンプレミスと呼ぶようになった。

パース【PaaS：Platform as a Service】
OS やハードウェアの環境等をインターネット経由で提供するクラウドサービス

図表1

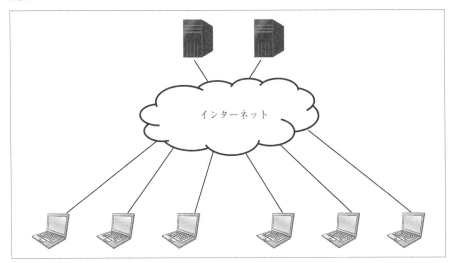

のこと。パースと読む。

イアース【IaaS：Infrastructure as a Service】　サーバやネットワークなどのインフラをインターネット経由で提供するサービスのこと。イアースと読む。IaaS と PaaS の違いは、前者がネットワークサーバなどの「土台」となる仕組みだけを提供しているのに対し、後者はこれに加えて、OS までも提供している点にある。

PaaS にせよ IaaS にせよ、OS やインフラを仮想的に提供することがサービスのポイントである。すなわち、OS がハードウェアにアクセスするのはもちろん、サーバやネットワークが通信をしたり情報を保存したりすることも、結局は、それぞれの機器がソフトウェアを実行して行っていることである。したがって、その実行環境そのものを、ソフトウェアで仮想的に再現することができる。例えば、大きなサーバに 100TB のハードディスクを接続して、Windows を動かして

200GB だけを使わせるようにすれば、Windows を搭載した PC に 200GB のハードディスクが1台接続されていて読み書きできるようになっているのと同じ状態を、ソフトウェアで仮想的に作り出すことができる。アクセスしている者からは遠隔地にある PC にアクセスして自分専用のハードディスクを利用するように見える。これが PaaS や IaaS といったクラウドの特徴である。このように仮想化する結果、ハードディスクを 200GB から 400GB に増やしたり、PC を1台から2台に増やしたりすることも、仮想的に瞬時にできるようになる。これが**スケーラビリティ**（p179）と呼ばれるものであり、クラウドサービスを利用する大きなメリットの1つである。

サービスレベルけいやく【サービスレベル契約】

➡**SLA：Service Level Agreement**　サービスを提供する者との間で、サービスの品質について合意する契約のこと。

145

図表2

項　　目	作業内容
前提条件	サービスレベルに影響を及ぼす業務量、端末数、拠点数等の前提条件を明確にする。
委託業務の範囲	外部委託する業務の分析を行い、具体的にどのような業務を委託するかを整理する。
役割と責任の分担	サービスを構成する個々の業務プロセスに関して、委託者と提供者のどちらがどのような役割を果たし、その実施に対して責任を持つかを明確化した表を作成する。
サービスレベルの評価項目	サービス管理の対象となるサービスを決定し、サービスの水準を評価するための客観的で測定可能なサービスレベル、評価項目と要求水準を設定する。数値や算定式などを用いた評価項目の定量的な測定方法を定義する。
結果対応	サービスレベルが達成されなかった場合の委託者、提供者それぞれの具体的な対応方法を設定する。
運営ルール	年度、月次の報告ルール、SLA を適切に維持するための会議体運営のルールを設定する。

例えば、クラウドサービスを利用する際に、「稼働率 99％、累計年間停止時間4時間以内」というサービスレベルの契約をすれば、1年間に4時間以上停止する時間があった場合には、契約違反に該当するとして利用料金の減額が受けられたりするようになっているのが SLA である。

ベスト・エフォート【Best Effort】　サービスの品質を保証せず、最大限努力をすることのみを約すること。

例えば、通信速度が「50Mbps」と謳われていても、「ベスト・エフォート」であれば、50Mbps で通信することは保証されていない。

法令・判例と実務

■SLA の実務

SLA は、クラウドサービス等において、サービスの約款の中に含まれていたり、別途合意書を締結するなどして、広く締結されている。SLA において目標値を定める

項目や、SLA を構成する条項については、IPA（独立行政法人情報処理推進機構）の「情報システムに係る政府調達への SLA 導入ガイドライン」（平成 16 年 3 月）や、経済産業省の「SaaS向け SLA ガイドライン」（平成 20 年 1 月 21 日）に記載されている。例えば、SLA の一般的な構成と各項目における作業内容について、「情報システムに係る政府調達への SLA 導入ガイドライン」は**図表2**のとおり述べている。

■クラウドと個人情報の取扱いの「委託」

個人情報保護法において、個人情報の取扱いを委託することができるが、委託先に対する「必要かつ適切な監督」を行う義務が生じる（22 条）。また、マイナンバー法においても、個人番号利用事務等を委託することはできるが、委託先に対する「必要かつ適切な監督」を行う義務が生じる（11条）。さらに、マイナンバー法においては、再委託以降について、最初の委託元の許諾が必要とされている（10 条）。そして、「必要かつ適切な監督」として、個人情報保護委員会の「個人情報の保護に関する法律についてのガイドライン（通則編）」（平成 28年 11 月）（以下、「個人情報保護法ガイドライ

ン」という）においても、特定個人情報保護委員会「特定個人情報の適正な取扱いに関するガイドライン（事業者編）」（平成26年12月11日）（以下、「番号法ガイドライン」という）においても、①適切な委託先の選定、②委託契約の締結、③委託先における取扱状況の把握が義務であるとされている。そこで、クラウドサービスやホスティング等を利用している際に、それが委託にあたるのかあたらないのかが実務的に問題となる。この点について、個人情報保護委員会は、①委託契約の条項等によって受託者が個人データを取り扱わない旨が定められており、②適切なアクセス制御が行われている場合等、個人データを取り扱わない場合には、「保管・管理」、「配送・移送」、「廃棄・消去」の業務委託を行った場合でも、個人情報保護法上の委託には該当しない（個人データの取扱いの委託はしていない）としている。

> 個人情報保護法ガイドライン Q&A
>
> Q 5-33　個人情報取扱事業者が、個人データを含む電子データを取り扱う情報システムに関して、クラウドサービス契約のように外部の事業者を活用している場合、個人データを第三者に提供したものとして、「本人の同意」（法第23条第1項柱書）を得る必要がありますか。または、「個人データの取扱いの全部又は一部を委託」（法第23条第5項第1号）しているものとして、法第22条に基づきクラウドサービス事業者を監督する必要がありますか。
>
> A 5-33　クラウドサービスには多種多様な形態がありますが、クラウドサービスの利用が、本人の同意が必要な第三者提供（法第23条第1項）

又は委託（法第23条第5項第1号）に該当するかどうかは、保存している電子データに個人データが含まれているかどうかではなく、クラウドサービスを提供する事業者において個人データを取り扱うこととなっているのかどうかが判断の基準となります。

　当該クラウドサービス提供事業者が、当該個人データを取り扱わないこととなっている場合には、当該個人情報取扱事業者は個人データを提供したことにはならないため、「本人の同意」を得る必要はありません。

　また、上述の場合は、個人データを提供したことにならないため、「個人データの取扱いの全部又は一部を委託することに伴って・・・提供される場合」（法第23条第5項第1号）にも該当せず、法第22条に基づきクラウドサービス事業者を監督する義務はありません。［中略］

　当該クラウドサービス提供事業者が、当該個人データを取り扱わないこととなっている場合とは、契約条項によって当該外部事業者がサーバに保存された個人データを取り扱わない旨が定められており、適切にアクセス制御を行っている場合等が考えられます。［後略］

また、マイナンバーについても同じ考え方を示している。

> 番号法ガイドライン Q&A
>
> Q 3-12　特定個人情報を取り扱う情報システムにクラウドサービス契約のように外部の事業者を活用している場合、番号法上の委託に該当しますか。
>
> A 3-12　当該事業者が当該契約内容を履

行するに当たって個人番号をその内容に含む電子データを取り扱うのかどうかが基準となります。当該事業者が個人番号をその内容に含む電子データを取り扱わない場合には、そもそも、個人番号関係事務又は個人番号利用事務の全部又は一部の委託を受けたとみることはできませんので、番号法上の委託には該当しません。

当該事業者が個人番号をその内容に含む電子データを取り扱わない場合とは、契約条項によって当該事業者が個人番号をその内容に含む電子データを取り扱わない旨が定められており、適切にアクセス制御を行っている場合等が考えられます。

サービスが委託にあたるかどうかは、以上を前提に個別具体的に検討する必要があるが、一般的にいえば、**ハウジング**（p143）については、委託にあたらないケースが多いであろう。**ホスティング**（p143）についても、サービス内容次第であるが、委託にあたらないケースが多いと考えられる。クラウドについては、**IaaS**（p145）や **PaaS**（p144）は通常は委託にあたらないと考えられる。SaaS については、サービスの内容次第であり、個人情報やマイナンバーを取り扱うことになっているかどうかを注意深く検討する必要があると考えられる。なお、個人情報保護法の外国にある第三者への提供（24 条）にあたるか否かについても、同様の考え方で対処することになる。

第2 ITシステム開発に関する IT用語

概　　説	【事例】システム開発で、契約書に記載されている仕様を満たさないシステムが完成した。
	➡ ベンダに対して損害賠償できるか。「仕様」の合意とは何か？

システム開発を巡る紛争は後を絶たない。プロジェクト開始前のトラブル、プロジェクト期間中の頓挫、システム完成後のトラブルなど、その類型も様々である。本項では、システム開発に関する基本的な概念を取り上げて解説する。

用　　語

ようけんていぎ【要件定義】　どのようなシステムを作るかを定義すること。
＜公的文献等での定義＞

「これからベンダーが開発するソフトウェアをどのようなソフトウェアとするのかというユーザーの要求を、ベンダーが開発できるような形にとりまとめていく作業のこと」（司法研修所編「民事訴訟における事実認定——契約分野別研究（製作及び開発に関する契約）」（法曹会、平成26年）（以下、「研修所事実認定」という。）103頁）。

ITシステムによりこのような業務を実現したいというユーザの要求を元に、導入するITシステムにどのような機能を持たせるのか（機能要件。例：「カナ検索で全従業員を検索できる」）、どのような

速度でどのような使い勝手にするか（非機能要件。例：「1000 枚の帳票を 10 分以内に印刷できる」）などを取りまとめていく作業のことである。要件定義のアウトプットとして作成されるのが「要件定義書」であり、これが IT システムの設計・開発のベースラインとなる。失敗したシステム開発プロジェクトにおいて最大の原因を占めているといわれるのが「要件定義」の失敗であり、システム開発の肝といえる。

ようきゅうていぎ【要求定義】
➡要件定義

がいぶせっけい【外部設計】　要件定義で決まった内容を元に、ユーザが日常業務において使用する画面レイアウトや操作時の動作（例：入力欄はどのような並びにするか、クリックするボタンをどこに置くか）、帳票のレイアウト、データベースのテーブル構造などの仕様を決めること。
＜公的文献等での定義＞
　「一般に、ユーザーが日常の業務において使用する画面や帳票などのインターフェイスを設定し、決定する工程とされ、ユーザーの視点から、どのようなソフトウェアを開発するのかを決める工程である」（研修所事実認定 104 頁）。
　外部設計（基本設計）のアウトプットとして作成されるのが「外部設計書」（基本設計書）である。本来的には、この外部設計書の作成をもって開発対象となるシステムの仕様の確定が完了することが予定されている。

きほんせっけい【基本設計】
➡外部設計

がいようせっけい【概要設計】
➡外部設計

ないぶせっけい【内部設計】　外部設計書（基本設計書）を前提に、機能やデータの流れをソフトウェアとしてどのように実現するかの詳細を設計すること。
＜公的文献等での定義＞
　「ベンダーが、基本設計書を前提に、機能要件等のハードウェア、ソフトウェア等による実現方式の設計、処理の内部ロジックを設計するなど、開発すべきソフトウェアの詳細を設計する」もの（研修所事実認定 105 頁）。
　内部設計（詳細設計）のアウトプットとして作成されるのが「内部設計書」（詳細設計書）である。開発担当者は、内部設計書に基づいてプログラム設計・プログラミングを行うことになる。

しょうさいせっけい【詳細設計】
➡内部設計

テスト【Test】　システムが要求どおりに動作するかを確認し、バグを検出すること。
　テストは、一般的には以下の 4 つの順に進められる。

単体テスト：モジュールごとに行うテストのこと。
結合テスト（統合テスト）：各モジュールを結合させて行うテスト（例：「顧客情報の登録を行う」モジュールＡと、「登録確認をメール配信する」モジュールＢが、連携して動作するか）。
システムテスト（総合テスト）：システム全体のテスト。システムが実際の業務どおりに動作するか確認する。
受入テスト（ユーザテスト）：システムが要求した機能や性能を備えているか、最後に発注者側が実際の業務に即して確認するテスト。

じょうりゅうこうてい【上流工程】　要件定義から外部設計までの工程のこと。区分は論者・会社によって様々であるが、一般的に、外部設計までの工程を「上流工程」と呼ぶことが多い。

図表3

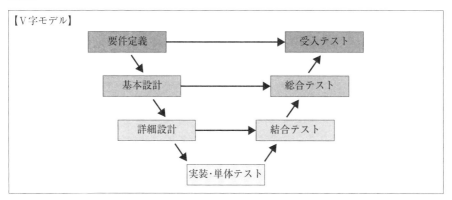

かりゅうこうてい【下流工程】　内部設計からテスト完了までの工程のこと。区分は論者・会社によって様々であるが、一般的に、内部設計以降の工程を「下流工程」と呼ぶことが多い。

ウォーターフォール・モデル【Waterfall Model】　「要件定義」を左上とし、「実装・単体テスト」で折り返して、右上の「テスト」に進む開発プロセスのこと。前フェーズのアウトプットを次のフェーズのインプットとする手法であり、手戻りが生じないよう、滝が上から下に流れ落ちるように開発していくことから、「ウォーターフォール・モデル」と呼ばれている。

　なお、実際の開発では下流のテスト工程では様々なテストを行い、これらのテストは上流工程と対応していることから**図表3**のような V字を描く（V字モデル）。

アジャイルかいはつ【アジャイル開発】　小さな機能を短い期間で開発する作業を繰り返してシステムを開発すること。ウォーターフォール・モデルでは、要件定義→基本設計→詳細設計→実装→テストと、手戻りが発生しないように作業を進めていくが、例えばテストの段階に

なって、機能が不足していることが明らかになるなどして、手戻りが発生するケースが後を絶たない。そこで、1 週間から数週間程度でテストまでが完了する単位で開発を終え、実際に動かしてみて次に何を作るのかを決めて、再び 1 週間から数週間でテストまでを完了する、という作業を反復して開発することで、仕様変更に係るリスクを最小化しようとする手法が生まれた。これがアジャイル開発である。

レガシーシステム【Legacy System】　時代遅れとなった古いシステムのこと。

　システム開発プロジェクトの多くは、レガシーシステムを新システムに更改することを目的の1つとしている。

スクラッチかいはつ【スクラッチ開発】　既存のパッケージ・ソフトなどを使わずに、1から新しいシステムを開発すること。

　自社の業務に合わせて自由にシステムを開発することができるため他社との差別化を図れるというメリットがある一方、開発期間の長期化やコストが高くつくというデメリットがある。

パッケージ・ソフト【Package Software】

特定の業態や業務における標準的な処理を汎用性のある形で提供しているソフトウェアのこと。典型的には、SAP社やオラクル社が提供する ERP パッケージがある。

パッケージ・ソフトを導入するプロジェクトには、自社の業務改革や導入期間・コストの削減が図れるというメリットがある一方、パッケージ機能のカスタマイズを求めると導入期間の長期化・コストの増大を招くというデメリットがある。パッケージ・ソフトを導入するプロジェクトでは、一般に、パッケージ・ソフトの機能がユーザの要求に適合しているかを分析する「Fit&Gap」によりパッケージが選定され、その後、導入とカスタマイズの作業が行われる。

オンラインしょり【オンライン処理、Online Transaction】　リアルタイムでデータを更新する処理のこと。

データの入力や変更があった際に、その瞬間にデータを更新することができれば、常に最新の情報を保有することができる。しかし、この処理を行うためには、例えば、2つの矛盾する入力があったときの処理といったソフトウェアの処理の面でも、通信環境等のハードウェアの面でも、コストがかかることになる。

リアルタイムしょり【リアルタイム処理、Realtime Transaction】
➡オンライン処理

バッチ【Batch】　データをまとめて更新する処理のこと。

オンラインでリアルタイムに情報を更新するのではなく、夜間などにまとめて更新すれば、他の処理と平行するためのソフトウェアや高度なハードウェア等を導入する必要はない。そのため、例えば、部品の在庫のデータについて、生産管理システムにはオンライン（リアルタイム）で更新をするが、そこまでリアルタイムな情報は必要なく前日の情報がわかればいい管理会計のシステムには、夜間のバッチで1日1回だけ更新をする、といった形で設計が行われる。

アウトソーシング【Outsourcing】　企業が、ある業務を外部の企業に行わせること。

システム開発の文脈では、ユーザ企業が IT システムの設計・開発、運用・保守などをベンダ企業に対して外注すること。これに対し、これらをユーザ企業内で行うことをインソーシング（内製）という。

エス・イー【SE：System Engineer】　システム開発に携わる技術者のこと。

狭義には、プログラミングを担当するプログラマと区別するために、プログラミング以外の業務を担当する技術者を指すこともある。

システム・エンジニア【System Engineer】
➡エス・イー

エスアイアー【SIer】　System Integration（SI。システムの構築）を行うベンダ企業のこと。

欧米のユーザ企業は、インソーシング（内製）によりスクラッチ開発するか、パッケージ・ソフトをそのまま導入するのが基本であるのに対し、日本のユーザ企業の多くは、アウトソーシングによりスクラッチ開発するか、パッケージ・ソフトを導入する際にもカスタマイズを要求する。そのため、SIer は日本において独自に発展してきた業態であり、欧米では日本でいう SIer は存在しないといわれている。

システム・インテグレータ【System Integrator】
➡SIer

法令・判例と実務

■システム開発を巡る紛争

　企業の業務・ITシステムが複雑化しているため、システム開発を巡る裁判例は、近年相当な増加傾向にある。裁判所においても、ここ数年で、システム開発に関する訴訟について、専門訴訟の1つとしてのプラクティスが確立されつつある。システム開発を巡る紛争は、①プロジェクト開始前のトラブル、②プロジェクトが途中で頓挫した場合のトラブル、③プロジェクト完了後のトラブルの3つに大きく分けられる。①のプロジェクト開始前のトラブルは、契約の成否を巡ってトラブルになるケースが典型的である。規模の小さなシステム開発プロジェクトでは、契約書を作成しないままベンダが作業を開始し、その作業の報酬支払いを巡ってトラブルになるケースは珍しくない。

　このようなケースでは、契約の成否、および契約内容の特定が問題となる。また、契約が成立していなくとも、信義則上の義務（いわゆる契約締結上の過失等）として、ベンダに対する損害賠償義務が認められるケースがある。

【参考判例1】東京地判平成24・4・16 Westlaw 2012WL JPCA04168001、損害賠償請求事件

事案の概要

　被告の業務システムの構築事業者に選定された原告が、被告からの正式な発注がされず契約が締結されない状況下で、仕様の確定等の具体的な作業を進めていた。その後、原告が、被告の求めに応じて見積書を提示したところ、被告が見積金額の減額を請求するなどし、結局、契約締結に至らなかった。そのため、原告が、被告に対し、契約締結上の過失に基づき、下請会社への支出額、ハードウェアの購入代金、原告の社内経費の合計約8,795万円を損害賠償請求した事案。

要　旨

　ベンダが、相当の理由に基づいて契約が締結されるものと信頼してシステムの構築に向けた作業を行っている場合、ユーザは、信義則上、その信頼を裏切って損害を被らせることのないよう配慮すべき義務を負う。

参考となる判示部分

　「原告としては、……技術提案応募要領に記載されたとおり、選定された構築事業者として見積書記載の見積金額で被告との間で本件業務委託契約が締結されるものと信頼して本件システムの構築に向けた具体的作業を行っていたことは明らかであり、上記の経緯に照らし、原告がそのような信頼を抱いたことについては相当の理由があるというべきである。したがって、被告は、信義則上、原告に対し、上記の信頼を裏切って損害を被らせることのないよう配慮すべき義務を負っていたものである。

　……被告は、……原告が被告との打合せに基づいて本件システムの構築に向けた仕様の確定等の具体的作業を行っており、それに必要な費用を支出していることを認識しながら、原告の提出した見積書の見積内容や見積金額に疑問や不満を述べることもなく、これらの作業に協力しており、それにもかかわらず、見積金額の合意成立の見込みがないことを理由として本件業務委託契約の締結を拒絶するに至ったのであるから、そのような被告の対応は、上記のような信頼を抱いて

いた原告との関係においては、信義則上の義務に違反したものと認めるのが相当であ」る。

　また、研修所事実認定によれば、概括的な合意があれば契約の成立要件としての特定性は満たされるとしつつ、瑕疵担保責任や不完全履行との関係で問題となる具体的な仕様に関する合意については、請負契約締結後の上流工程で徐々に確定され、仕様確定後もしばしば変更されるものであるとされている。実際の裁判例においても、契約締結後の書面をもって、契約内容を特定するものが多数存在する。前記②のプロジェクトが途中で頓挫した場合のトラブルは、要件定義や外部設計（基本設計）といった上流工程が原因となって頓挫するケースと、内部設計（詳細設計）や実装といった下流工程が原因となって頓挫するケースに分けられる。前者の典型例は、要件が予想より大幅に増加したことに伴って生じる開発コストの負担を巡ってトラブルになるケースがあり、後者の典型例は、プログラミングに問題がありバグの修正が終わらないまま頓挫するケースである。付随義務としてのプロジェクト・マネジメントに関する義務が争点となるケースも多い。

【参考判例2】 東京地判平成 22・7・22 判時 2096 号 80 頁

■ 事案の概要

　原告が、被告との間で人材派遣業務システムに係るコンピュータのソフトウェアの開発委託契約を締結し、これに基づいて被告から仕様書や試作品の納品を受けるなどしていたにもかかわらず、突然、被告から追加費用を支払わなければソフトウェアの開発を続行できないなどと告知され、契約を一方的に解除されたために、ソフトウェアが完成することを

前提に支出した営業費用等に相当する金額の損害を被ったと主張して、被告に対し、債務不履行（履行不能）等に基づき、営業費用等の相当額から既払金を控除した残額等 1 億 2,078 万円の支払いを求めた事案。

■ 要　旨

　要件定義が定まらない時点で締結されるシステム開発に係る契約については、開発規模それ自体の大きさなどを想定して契約金額が決められるから、契約当事者の合意の基礎となった事情に変更が生じれば、注文者は、その内容のシステム開発を当初の契約金額の範囲で受注者に対して製作することを求めることはできない。

■ 参考となる判示部分

　「一般に、要件定義が定まらない時点で締結されるシステム開発に係る契約については、開発規模それ自体の大きさなどを想定して契約金額が決められるのであるが、契約当事者間において開発内容を具体化していくその後の打合せにおいて、備えるべき新たな機能の追加など、当初の契約段階で客観的に想定されていた開発規模を超える内容のシステム構築を注文者が求めたような場合には、契約当事者の合意の基礎となった事情に変更が生じているのであるから、注文者は、上記内容のシステム開発を当初の契約金額の範囲で受注者に対して製作することを求めることはできないものと解すべきである。

　……本件契約が履行不能となったのは、原告において、被告との打合せのたびに新たな要求事項を追加するなどして、本件ソフトウェアの要件定義を確定させようとしなかった上、被告からされた追加費用の負担の提案にも一切応じようとしなかったことに最大の原因があると考え

られる。そうだとすれば、被告に債務不履行（履行不能）の原因があるということはできないというべきである。」

【参考判例3】東京高判平成25・9・26金判1428号16頁

事案の概要

ユーザの勘定系システムのプロジェクトで、要件定義及び外部設計の工程で開発費用が増大して頓挫したケースで、ユーザが115億円余の損害賠償請求訴訟を提起し、ベンダが125億円の反訴請求を行った事件。

要　旨

ベンダは、得られた情報を集約・分析して、ベンダとして通常求められる専門的知見を用いてシステム構築を進め、ユーザに必要な説明を行い、その了解を得ながら、適宜必要とされる修正、調整等を行いつつ、システム完成に向けた作業を行うこと（プロジェクト・マネジメント）を適切に行うべき義務を負う。

参考となる判示部分

「控訴人は、……各契約に基づき、本件システム開発を担うベンダとして、被控訴人に対し、本件システム開発過程において、適宜得られた情報を集約・分析して、ベンダとして通常求められる専門的知見を用いてシステム構築を進め、ユーザーである被控訴人に必要な説明を行い、その了解を得ながら、適宜必要とされる修正、調整等を行いつつ、本件システム完成に向けた作業を行うこと（プロジェクト・マネジメント）を適切に行うべき義務を負うものというべきである。

また、前記義務の具体的な内容は、契約文言等から一義的に定まるものではなく、システム開発の遂行過程における状況に応じて変化しつつ定まるものといえる。すなわち、システム開発は必ずしも当初の想定どおり進むとは限らず、当初の想定とは異なる要因が生じる等の状況の変化が明らかとなり、想定していた開発費用、開発スコープ、開発期間等について相当程度の修正を要すること、更にはその修正内容がユーザーの開発目的等に照らして許容限度を超える事態が生じることもあるから、ベンダとしては、そのような局面に応じて、ユーザーのシステム開発に伴うメリット、リスク等を考慮し、適時適切に、開発状況の分析、開発計画の変更の要否とその内容、更には開発計画の中止の要否とその影響等についても説明することが求められ、そのような説明義務を負うものというべきである。」

前記③のプロジェクト完了後のトラブルは、ベンダが納品したシステムの障害によりユーザが損害を被った場合に、ベンダに対して損害賠償責任を追及するケースが典型例である。法的には、プログラムにバグがあった際に、履行が完了していないのか、履行完了後の瑕疵の問題なのかが最初に問題となる。この点について、多くの裁判例では、請負契約の完了基準を「予定された最後の工程まで一応終了した」かに置いている。

【参考判例4】東京高判平成26・1・15判例集未登載（第一審：東京地判平成25・5・28判タ1416号234頁）

事案の概要

ユーザの基幹システムのプロジェクトで、要件定義、外部設計の各工程は完了し、支払いも行われたが、開発工程の完了後（ただし、完了したか否かに争いあり）のテスト工程において不具合・障害が発見されたため、ユーザがサービスイ

ンを断念し、開発工程の個別契約を解除した。

　ベンダが未払金等約14億円の本訴、ユーザが既払金等の損害約14億円の反訴をした事案。

要　　旨

　請負の仕事が完成しているか否かは予定された最後の工程まで一応終了したか否かによって判断される。

参考となる判示部分

「民法632条及び633条は、注文者の請負人に対する報酬の支払時期について、請負人が仕事を完成させ、仕事の目的物を注文者に引き渡したときであると規定し、他方、同法634条は、仕事の目的物に瑕疵があるときは請負人は注文者に対し担保責任を負い（1項）、請負人がその仕事の目的物についてその担保責任を果たすまでは注文者は報酬の支払につき同時履行の抗弁権を有すると規定している（2項）。これらの規定によれば、法は、仕事の結果が不完全な場合のうち仕事の目的物に瑕疵がある場合と仕事が完成していない場合とを区別し、仕事の目的物に瑕疵がある場合でも、それが隠れたものであると顕れたものであるとを問わず、そのために仕事が完成していないものとはしない趣旨であると解される。そのため、請負人が仕事を完成させたか否かについては、請負人が当初の請負契約で予定していた仕事の最後の工程まで終えて注文者に目的物を引き渡したか否かによって判断されるべきである。」

第 6 章

情報セキュリティに
関する IT 用語

第 1 基本的な概念

概　　説 | 【事例】自社のサーバに不正アクセスが行われた。
➡　刑事告訴できるか？

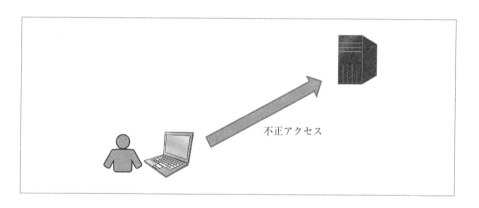

不正アクセス

　自社のサーバに不正アクセスがあって情報漏えい等が発生したときに、刑事告訴できるであろうか。そのときの罪名は何になるであろうか。また、サイバー攻撃に対する対抗策を講じることが、刑法犯の構成要件にあたってしまうことはないだろうか。本項では、情報セキュリティに関する基本的な用語を取り上げる。

用　　語

アカウント【Account】　利用者が特定のサービスやネットワークなどを利用するための権利のこと。
　特定のサービスなどを利用する権利のことをアカウントと呼ぶが、ユーザ側から見ると、「アカウント」名を入力して当該サービスなどを利用することになる

ことから、利用者を識別するための符号であると捉えることもできる。この場合には、「ID」とほぼ同義で用いられていることになる。SNSなどのインターネット上のサービスを利用する際、通常、最初にアカウントの作成・登録を要求される。

パスワード【Password】　利用者本人であるかどうかを認証するための文字、記号、数字の列のこと。

　一般的に、特定のサービスやネットワークなどを利用するためにログインする際に、IDとともに入力を求められる。

＜公的文献等での定義＞

　「『識別符号』とは、特定電子計算機の特定利用をすることについて当該特定利用に係るアクセス管理者の許諾を得た者（以下「利用権者」という。）及び当該アクセス管理者（以下この項において「利用権者等」という。）に、当該アクセス管理者において当該利用権者等を他の利用権者等と区別して識別することができるように付される符号であって、次のいずれかに該当するもの又は次のいずれかに該当する符号とその他の符号を組み合わせたものをいう。

一　当該アクセス管理者によってその内容をみだりに第三者に知らせてはならないものとされている符号

二　当該利用権者等の身体の全部若しくは一部の影像又は音声を用いて当該アクセス管理者が定める方法により作成される符号

三　当該利用権者等の署名を用いて当該アクセス管理者が定める方法により作成される符号」（不正アクセス行為の禁止等に関する法律2条2項）」。

　なお、不正アクセス禁止法における上記の「識別符号」の定義は、IDとパスワードという2つの符号が用いられる場合もその組合せを1つの「識別符号」と捉えることとしている。

ワンタイムパスワード【One-time Password】　認証のために1回しか使用することができない使捨てのパスワードのこと。

　パスワードを送信すると、通信経路で盗み見されてしまう可能性がある。そうなれば、盗み見した者は、そのパスワードを使って勝手に**ログイン**（p160）できてしまう。そこで、盗み見されても困らないように、1回しか使用することができないパスワードを利用するのが、ワンタイムパスワードである。サーバ側とユーザの端末側で、例えば、時刻を元に、共通の秘密の計算式によってパスワードを発生させ、ユーザの端末からサーバへ当該パスワードを送信する。サーバ側でもそれを用いて認証する。それを盗み見して次に使おうとしても、時刻が違っているから、パスワードとして無効になっているのである。

ユー・ユー・アイ・ディー【UUID：Universally Unique IDentifier】　世界中で、2つ以上の機器等が同じ値を持つことがない一意な128ビットの識別子のこと。

　スマートフォン等の機器の内部で、一定の計算式により算出する。バージョン番号等に6ビットを使用するので、実際には122ビットの符号である。

　算出の方法はバージョン1〜5までの5種類があるが、例えばバージョン4では単に122ビットの乱数（ランダムな値）を発生させてそれをUUIDとする。この場合、同じUUIDにあたるための回数の期待値は、$2^{122/2} = 2,305,843,009,213,693,952$となり、230京回に1回となる。すなわち、例えば各スマートフォンが内部で勝手に乱数を発生させUUIDとすると、可

能性としては別のスマートフォンが偶然に同じUUIDを持つことがあり得るが、122ビットであればその可能性は230京台に1台ということになり、その可能性はほとんどない。したがって、定義において「同じ値を持つことがない」と記載したが、厳密には、理論上は同じ値を持つことができるがその可能性は無視できる程度に小さい、ということになる。

UUIDは、例えば、**多要素認証**（p160）における「What you have」の要素の認証に用いられる。

ログイン（ログオン）／ログアウト【Login (Logon)/Logout】　SNSなどの特定のサービスやネットワークを利用する際に、IDやパスワードなどを用いて様々なデータにアクセスするための認証手続のこと。ログアウトとは、ログインしている状態を解除する操作のこと。

サインイン（サインオン）／サインアウト【Sign-in(Sign-on)/Sing-out】

➡ログイン／ログアウト

シングル・サインオン【Single Sign-on】
複数のシステムやサービスに、1回の認証手続でサインオンできること。

例えば、企業が、会計システムとCRMとグループウェアを運用しているときに、それぞれのシステムで毎回認証手続をするのではなく、1回認証すれば、すべてのシステムが（当該ユーザの権限に従って）利用できるようになるのが、シングル・サインオンである。ユーザの利便性の向上やシステム管理の軽減だけではなく、高度な認証システムを導入することによってセキュリティを高めることもできる。

たようそにんしょう【多要素認証】　知っているもの（What you know、知識）、持っているもの（What you have、所持）、および身体に係る属性（What you are、生体）の

うち、異なる要素を組み合わせて認証する方式のこと。

例えば、IDやパスワードは、記憶しているものであるからWhat you knowの要素であり、これによる認証は1要素認証である。これでは、IDおよびパスワードが漏えいしてしまった場合等には、誰でもログイン等できてしまう。そこで、例えば、IDおよびパスワードに加え、スマートフォン等の端末にそれぞれ割り当てられている固有の符号であるUUID（p159）による認証も行えば、What you knowとWhat you haveの2要素認証を行っていることになり、第三者がログイン等できる可能性を減らすことができる。これが多要素認証である。

＜公的文献等での定義＞

「記憶、所有物、生体情報の各要素のうち、複数の認証情報を組み合わせることで、利用者本人であることを確認する当人認証方法」（総務省「行政手続におけるオンラインによる本人確認の手法に関するガイドライン」（平成31年2月25日））。

にだんかいにんしょう【二段階認証】　二段階で行う認証方式のこと。

定義は論者によって異なっており曖昧であるが、一般に、認証を二段階で行うことを二段階認証という。異なる要素を組み合わせる**多要素認証**（p160）とは異なる。

例えば、IDとパスワードで認証した後、登録してあるメールアドレスに認証コードを送信し、そのコードを入力させる方法は、二段階での認証が行われているが、全てWhat you knowの要素の認証になるから1要素認証に過ぎない。

みもとかくにん【身元確認】　ユーザ当人の実在性を確認すること。典型的には、登録する氏名・住所・生年月日等が正しいことを、運転免許証やマイナンバー

カード等の公的身分証明書等により証明・確認することをいう。

＜公的文献等での定義＞

「実際にその行為を行うユーザーが実在する特定の存在であることを確認する手法」（経済産業省「オンラインサービスにおける身元確認手法の整理に関する検討報告書」（2020年3月31日）（https://www.meti.go.jp/press/2020/04/20200417002/20200417002.html））。

例えば、あるサービスに「甲野太郎、1998年1月1日生まれ、kounotarou@hogehoge.com、080-XXXX-XXXX」というユーザが登録してきた場合に、そのユーザが本当に「甲野太郎、1998年1月1日生まれ」という人物かを確認することをいう。

とうにんかくにん【当人確認】　登録されているユーザが利用しているかを確認すること。IDおよびパスワードなどで確認するのが典型例である。

＜公的文献等での定義＞

「ユーザーが実際にサービスを利用していることを確認する手法」（経済産業省「オンラインサービスにおける身元確認手法の整理に関する検討報告書」（2020年3月31日））。

例えば、登録されているIDで認証した上で、登録されているメールアドレスに確認のためのURLを送信してクリックさせたり、**ワンタイムパスワード**（p159）を入力させたりして認証すれば（**二段階認証**（p160））、相当な強度で、登録されているユーザが利用していることは確認できる。これを当人確認という。しかしながら、そもそもユーザ登録そのものを第三者がなりすましで行っている可能性は排除できていない。その確認のことを**身元確認**（p160）といい、身元確認と当人確認とは異なるものであること

に留意が必要である。

セキュリティ【Security】　安全性を確保すること。

コンピュータセキュリティ、インターネットセキュリティ、情報セキュリティ、サイバーセキュリティという場合は、パソコンやサーバといったコンピュータに関する安全性や、ネットワーク上の安全性の確保などのことをいう。

サイバーセキュリティ経営ガイドライン（p181）において、サイバーセキュリティとは、サイバー攻撃により、情報漏えいや、期待されていたITシステムの機能が果たされない等の不具合が生じないようにすることと定義されている。一般的に、①**機密性**（p177）、②**完全性**（p178）、③**可用性**（p178）を維持することといわれている。

セキュリティ・ホール【Security Hole】　オペレーティングシステム（OS）やソフトウェアの不具合、欠陥、設計ミスなどにより、セキュリティに問題が生じた箇所（脆弱性がある箇所）のこと。

アップデート【Update】　データを最新のものに更新したり、ソフトウェアに見つかった欠陥や脆弱性などを修正すること。

パッチ【Patch】　プログラムやデータを更新・修正するデータのこと。英語で「つぎあて」を意味する。「パッチを当てる」などという。

例えば、Windowsパソコンを使っていると「重要な更新」などとしてソフトウェアをインストールする作業が定期的に行われている。これは、典型的には、そのパソコンにインストールされているソフトウェアにセキュリティ・ホールが発見され、それを修正するプログラムをインストールしている（パッチを当てている）ものである。

ふせいアクセス【不正アクセス】　アクセス

権限を持たない者が、ネットワークを通じてコンピュータにアクセスすること。

不正アクセス禁止法において、概して次のような行為が不正アクセス行為に該当すると規定されている。

①他人のIDやパスワードなどの識別符号を利用して、他人のアカウントでログインする行為（不正アクセス禁止法2条4項1号）、
②プログラムの脆弱性などを突いて、IDパスワードなどの識別符号以外の方法によりログインする行為（同項2号）、
③アクセスしようとするコンピュータとは別に利用者識別用（認証用）のコンピュータが存在する場合に、当該利用者識別用のコンピュータに対して、①②の不正アクセス行為を行うこと（同項3号）。

インシデント【Incident】　サイバーセキュリティ分野において、サイバーセキュリティリスクが発現・現実化した事象のこと。

ウイルス（コンピュータ・ウイルス）【Virus】　コンピュータに入り込み、様々な障害を引き起こすプログラムの総称のこと。マルウェアともいう。

狭義では、ファイルに感染して、自己複製（感染拡大）を行うもののみを指す。狭義のウイルス以外には、**スパイウェア**（p162）、**キーロガー**（p162）、トロイの木馬、ボットなどといったものがある。

マルウェア【Malware】
➡ウイルス

＜公的文献等での定義＞
「セキュリティ上の被害を及ぼすウイルス、スパイウエア、ボットなどの悪意をもったプログラムを指す総称。これらのプログラムは、使用者や管理者の意図に反して（あるいは気づかぬうちに）コン

ピュータに入り込み悪意ある行為を行う」（経済産業省「サイバーセキュリティ経営ガイドライン Ver 2.0」）。

スパイウェア【Spyware】　利用者のウェブの検索履歴や個人情報といった情報を自動的に収集し、スパイウェアの作成元に送信するソフトウェア（ウイルス、マルウェア）のこと。

キーロガー【Key Logger】　キーボード入力情報を監視・記録するソフトウェアまたはハードウェアのこと。

インターネットカフェなどのパソコンのキーボードに仕掛けられ、IDやパスワードを盗むことに利用されているケースが多い。

ランサムウェア【Ransomware】　PCの起動を不可能にしたり、保存されている情報を暗号化したりするウイルスに感染させ、元に戻すことと引替えに金銭（身代金＝Ransom）を要求するウイルスソフトのこと。

身代金を支払っても元に戻るとは限らないといわれている。

フィッシング【phishing】　金融機関などの名を騙り、メールを送りつけ、偽のサイト（フィッシングサイト）に誘導して、フィッシングサイトにおいてIDや暗証番号、クレジットカード番号などを入力させ情報を盗むこと。釣りを意味する「fishing」が語源だが、偽装の手法が洗練されている（sophisticated）ことから「phishing」と綴るようになったとされている。

セキュリティソフト　コンピュータウイルス、スパイウェアなどの脅威からコンピュータを守り、セキュリティを高めるソフトウェアの総称のこと。

ハッカー【Hacker】　コンピュータ、ネットワークについて深い知識を有しており、技術的な課題を解決できる者のこと。

図表 1

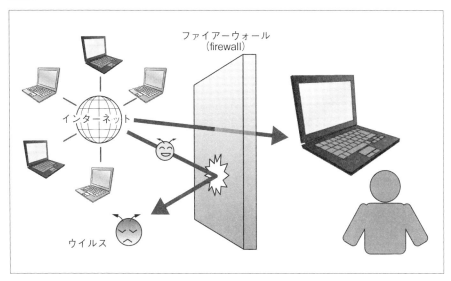

ファイアーウォール
（firewall）

インターネット

ウイルス

悪質な意図はなく、純粋な好奇心やゲーム感覚で行う者として、**クラッカー**（p163）とは区別される。もっとも、最近では、区別なく呼ばれる場合が多い。

クラッカー【Cracker】　悪意をもって不正アクセスを行い、情報を見たり、改ざん、破壊などの違法行為を行う者のこと。

クラッキング【Cracking】　不正アクセスを行い、他人のコンピュータ上の情報を見たり、改ざん、破壊などを行うこと。また、ソフトウェアを悪用する目的で改変することもクラッキングと呼ばれる。

ソフトウェアを悪用する目的とは、例えば、ソフトウェアをインストールする際にシリアル番号を入力することを求められることがあるが、その入力をしなくてもインストールできるようにソフトウェアを改変することを指している。

バックアップ【Backup】　機器の故障や紛失に備え、データを別の記録メディアや予備のディスクなどに保存しておくこと。または、そのようにして保存されたデータのこと。

バックアップには、大きく「フルバックアップ」、「差分バックアップ」、「増分バックアップ」の3種類がある。

フルバックアップとは、毎回、全データのバックアップを取る方法である。最も安全であるが、バックアップするメディアに膨大な容量が必要となるし、時間もかかる。

差分バックアップとは、1回目にフルバックアップを作成し、その後は、毎回、1回目との変更点だけをバックアップする方法である。例えば、日次の差分バックアップといえば、1月1日にフルバックアップを作成し、1月2日には1月1日からの変更点、1月3日にも1月1日からの変更点、1月4日にも1月1日からの変更点をバックアップしていくことになる。フルバックアップよりも容量が小さくなる。

　増分バックアップとは、前回のバックアップとの変更点だけをバックアップする方法である。例えば、日次の増分バックアップといえば、1月1日にフルバックアップを作成し、1月2日には1月1日からの変更点、1月3日には1月2日からの変更点、1月4日には1月3日からの変更点をバックアップしていくことになる。バックアップの容量は小さくなり、処理に要する時間も短くなるが、復元するのに手間がかかることと、途中1回のバックアップファイルが壊れていると以後のバックアップはすべて復元できなくなるので、復元できなくなる危険性が高いといえる。

ファイアウォール【Firewall】　社内等の信頼できるネットワークと、インターネット等の信頼できないネットワークとの間に設置し、2つのネットワーク間のアクセスを制御して信頼できるネットワークを守るための機器またはソフトウェアのこと。

　典型的な手法は、インターネット側から送られてくる**パケット**（p22）を確認し、通信を許可してよいものだけを通過させる**パケットフィルタリング**（p164）である。これにより、インターネット側からの不正な侵入を防止する「防火壁」の役割を果たす。大規模なシステムではファイアウォール専用の機器を設置するが、小規模なシステムにおいては、「ルータ」として販売されている機器がファイアウォールの機能も備えていることが多い（**図表1**）。

パケットフィルタリング【Packet Filtering】　送信されてきたパケットの内容を検査して、通過させるか否かを判断すること。

　ファイアウォール（p164）を実現するための機能の1つである。典型的には、以下のような仕組みとなる。

①まず、インターネット側からイントラネット側へはパケットは通過させない（すなわち、通信は拒否する）。これにより、インターネット側からイントラネット側に侵入することができなくなる。
②次に、イントラネット側の端末がインターネット上のウェブサーバにアクセスする際に、ファイアウォールが、その

図表2

【パケットのIPヘッダ】				
プロトコル	送信元IPアドレス	宛先IPアドレス	送信元ポート番号	送信元ポート番号
6（TCP）	192.168.1.11（注）	10.0.0.1	80	80
（注）実際には、グローバルIPアドレスに書き換えられて送信されるが、ここでは割愛する。				

図表3

【パケットのIPヘッダ】				
プロトコル	送信元IPアドレス	宛先IPアドレス	送信元ポート番号	送信元ポート番号
6（TCP）	10.0.0.1	192.168.1.11	80	80

ウェブサーバの IP アドレスを記憶する。例えば、イントラネット側の 192.168.1.11 から 10.0.0.1 というウェブサーバへ、HTTP のリクエストのパケットが送信される（**図表 2**）。

③すると、ウェブサーバ（10.0.0.1）から、ウェブサイトのデータが送られてくる（**図表 3**）。

④ファイアーウォールの機器は、インターネット側から送られてくるパケットを監視しており、上記①のとおり通常はすべて通信を拒否しているが、上記②で192.168.1.11 という端末が 10.0.0.1 にリクエストを送っていることを記憶しているから、10.0.0.1 から 192.168.1.11 に宛てたパケットだけは通過させる。

以上のように、パケットの内容を検査し、通信する必要があるパケットだけを通過させるのがパケットフィルタリングである。これにより、通常はインターネット側からの通信を拒絶して侵入を防

ぎつつ、必要な通信を行うことができるようになっている。

ブイ・ピー・エヌ【VPN：Virtual Private Network（仮想プライベートネットワーク）】　通信を暗号化するなどして、インターネット上で、イントラネットのようなプライベートなネットワークを構築すること。

インターネットは、TCP/IP（p19）や IP アドレス（p3）で述べたとおり、中継する機器が次々とパケット（p22）を受け渡して通信を行うから、その性質上、中継する機器は通信の内容を見ることができる。その意味で「公」のネットワークである。したがって、企業内の通信、例えば本社、支社、工場等の間で通信する際には、インターネット回線を使うのではなく、専用の回線を使用していた。しかし、これには高額のコストがかかる。そこで、公的な空間であるインターネット上で通信しつつ、内容を第三者に読み取れないようにして、イントラのよ

図表 4

1	クライアント側端末が、ウェブサーバに対し、SSL での接続を要求する（「https」で接続を要求する）。
2	ウェブサーバが、クライアント側端末に対し、「公開鍵」が含まれているサーバ証明書を送信する。サーバ証明書は、ウェブサーバ側の「秘密鍵」で暗号化されている。
3	クライアント側端末のブラウザには、「信頼できるルート証明書」の一覧が予め保存されている。ウェブサーバからサーバ証明書を受信すると、当該証明書に署名した認証局のルート証明書をブラウザに保存されている一覧から探し、確認する（ルート証明書がない場合、ブラウザで警告が表示される）。
4	ルート証明書がある場合、サーバ証明書内のデジタル署名を、そのルート証明書内に含まれている認証局の公開鍵で復号する。復号できれば、その公開鍵が正規のサーバのものであることが確認できる。
5	クライアント側端末で、「共通鍵」と呼ばれる鍵を生成する。サーバ証明書を復号して取り出した「公開鍵」を使って「共通鍵」を暗号化したうえで、ウェブサーバに送信する。
6	ウェブサーバは、クライアント側端末から受信した暗号化された「共通鍵」を、自身の「秘密鍵」により復号して取り出す。
7	ウェブサーバとクライアント側端末は、それ以降は「共通鍵」によってデータを暗号化して通信を行う。

図表5

【OSI参照モデル（p18）】		
第7層（L7）	アプリケーション層	
第6層（L6）	プレゼンテーション層	
第5層（L5）	セッション層	←SSL/TLS
第4層（L4）	トランスポート層	
第3層（L3）	ネットワーク層	←IPSec
第2層（L2）	データリンク層	
第1層（L1）	物理層	

うなプライベートなネットワークを実現するのがVPNである（注）。これにより、東京の本社と大阪の支社が、インターネットを通じて、1つのイントラネット上にあるようなシステムを構築することができる。

　（注）本文で説明したインターネットVPN以外にも、閉鎖的なネットワークで構築するIP-VPN（クローズドVPN）もあるが、割愛する。

エス・エス・エル【SSL：Secure Sockets Layer】　インターネット上でデータを暗号化して送受信するプロトコルのこと。

　ブラウザでウェブサイトを閲覧する際に、「http://」ではなく、「https://」で始まるサイトがある。これがSSLを実装したウェブサイトである。クレジットカード情報など第三者に読み取られては困る情報をやりとりする際に、SSLを使った送受信が行われる。技術的には、図表4の1〜7の順序で通信が行われている。

ティー・エル・エス【TLS：Transport Layer Security】　SSLのバージョン3.0を元にしたプロトコルのこと。

　SSLの最新版といえるが、SSLという名称が有名でありとおりがよいため、

「SSL」と記載されたり「SSL/TLS」と記載されたりすることが多い。

アイ・ピー・セック【IPSec：IP Security】　IPレベル（ネットワーク層）で暗号化して送受信するプロトコルのこと。

　SSL/TLS（p166）がセッション層の暗号化であるのに対し、IPSecはネットワーク層（IP）で暗号化する（図表5）。ネットワーク層で暗号化するため、アプリケーションを問わず、すべてのIPでの通信が暗号化できるが、暗号化するためのソフトウェアが必要となる。ブラウザにルート証明書があらかじめ保存されており簡単に利用できるSSL/TLSとの異なるところである。

エス・エス・アイ・ディー【SSID：Service Set Identifier】　無線LANのアクセスポイントの識別に使われるIDのこと。32バイトまでの任意の文字列を指定できる。

　スマートフォンなどで無線LANに接続しようとすると、近くにあるアクセスポイントの一覧表が表示されるが、これがSSIDである。

ウェップ／ダブリュ・ピー・エー／ダブリュ・ピー・エー・ツー【WEP/WPA/WPA2】　無線LANの通信を暗号化する規格のこと。

WEP（Wired Equivalent Privacy ＝ 有線と同等のプライバシー）は無線LAN の初期に利用されていたが、簡単に解読されることがわかり、新たに Wi-Fi Alliance が認証した WPA（Wi-Fi Protected Access）または WPA2 が利用されるようになった。

ポートスキャン【Port Scan】 IP において、すべてのポートに信号を送り、通信可能なポートを探ること。

OSI参照モデル（p19）において述べたとおり、IP においてはポート番号を利用して通信を行っている。しかし、使いもしないポートで通信できるようにしておくと、外部から不正侵入を受ける可能性がある。したがって、ルータ、ファイアウォール、サーバなどにおいて、HTTP でウェブサイトを見るために必要な 80 番や、SMTP/POP でメールが送受信できる 20 番／25 番のみ通信できるようにしておき、それ以外のポートの通信は拒絶するように設定されている。逆に、ハッカー（クラッカー）としては、そのサーバなどにおいて、設定ミスなどにより侵入経路が空いていないかを確認するため、どの通信ポートが空いているかを調べることを最初に行う。このように、不正なポートスキャンは、ハッカーが、そのサーバへの侵入経路を調べる初期段階で行う作業であり、ポートスキャンが行われたら侵入を試みられているかもしれないと考えるのが定石である。

法令・判例と実務

■コンピュータウイルスの作成・提供と犯罪の成否

コンピュータウイルスを作成した、または提供する行為は、2011 年 7 月 14 日に施行された改正刑法により、不正指令電磁的記録作成・提供罪（刑法 168 条の 2 第 1 項）に該当するとされることになった。同罪の施行以前には、以下のとおり、器物損壊罪に該当するものとして処断されていた。

【参考判例 1 】 東京地判平成 23・7・20 判タ 1393 号 366 頁、イカタコウイルス事件、ウイルスによってハードディスク内のファイルを使用不能にしたことが、器物損壊罪に該当するとされた事件

事案の概要

被告人が、イカタコウイルスと呼ばれるウイルスをインターネット上に公開し、これを受信、実行した被害者のパソコン内蔵のハードディスクに記録されていたファイルを使用不能にするとともに、事後新たに同ハードディスクに記録されるファイルも使用不能となる状態にした行為について、器物損壊罪に問われた事案。

要　旨

器物損壊罪にいう「損壊」とは、物質的に物の全部または一部を害し、あるいは物の本来の効用を失わせる行為をいうところ（最判昭和 25・4・21 刑集 4 巻 4 号 655 頁参照）、ウイルスによってハードディスク内のファイルを使用不能にしたことが「損壊」にあたるかが問題となったが、裁判所はこれを認めた。

参考となる判示部分

「器物損壊には、物自体を物理的に破壊する態様と物が持つ効用を侵害する態様があるが、後者の場合、「損壊」が成立するかどうかは、客体の効用を可罰的な程度に侵害したかどうかによって判断すべきであり、その効用侵害が一時的なものではないか、原状回復の難易をも考慮

して検討すべきである。」

「本件では、本件ウイルスがハードディスクに与えた……物理的変化を効用侵害として捉えることができるか、またその原状回復は容易であるかについて検討することとする。……原状回復の容易性について判断する場合、利用者のコンピュータに関する知識レベルは様々であるところ、「損壊」の成否は飽くまで社会通念に照らして判断すべきであるから、その難易は、パソコンの一般的な利用者を基準に判断すべきである。
　　……判示事実に係る3名の被害者のハードディスクでは、最大で約11,081個、最少でも約4,307個のファイルが使用不能となるなど大量のファイルが読み出し不能になっている以上、ハードディスクの読み出し機能が可罰的な程度に侵害されたと評価することができる。」
「書き込み機能の原状回復の容易性は、本件ウイルスをどのような方法で止めることができるかにかかっている。……本件ウイルスは、電源を切っても止まらないし、スタートアップフォルダから実行ファイルを削除しても止まらず、タスクマネージャーを使って終了させることもできない。要するに、普通の方法では止まらない……弁護人が主張する本件ウイルスを停止する方法は、いずれもパソコンの一般的な利用者が通常採り得るものではなく、いったん実行された本件ウイルスを止めることは非常に困難である。本件ウイルスによるハードディスクの書き込み機能の阻害は容易に回復可能であるとはいえない。」
「本件ウイルスによりハードディスクの読み出し機能も書き込み機能も阻害され、ハードディスクの本来の効用2つがいずれも害されたといえる……。よって、本件ウイルスによりハードディスク

が「損壊」されたものと認められ、器物損壊罪の構成要件該当性を認めることができる。」

　この「イカタコウイルス事件」の実行行為は2010年5月23日であったが、前述のとおり、その後2011年7月14日に不正指令電磁的記録作成・提供罪（刑法168条の2第1項）を定めた刑法改正法が施行された。

> 刑法
> （不正指令電磁的記録作成等）
> 第168条の2　正当な理由がないのに、人の電子計算機における実行の用に供する目的で、次に掲げる電磁的記録その他の記録を作成し、又は提供した者は、3年以下の懲役又は50万円以下の罰金に処する。
> 　一　人が電子計算機を使用するに際してその意図に沿うべき動作をさせず、又はその意図に反する動作をさせるべき不正な指令を与える電磁的記録
> 　二　前号に掲げるもののほか、同号の不正な指令を記述した電磁的記録その他の記録
> 2　正当な理由がないのに、前項第1号に掲げる電磁的記録を人の電子計算機における実行の用に供した者も、同項と同様とする。
> 3　前項の罪の未遂は、罰する。

「人が電子計算機を使用するに際してその意図に沿うべき動作をさせず、又はその意図に反する動作をさせるべき不正な指令を与える電磁的記録」とは、当該プログラムの機能の内容や、機能に関する説明内容、想定される利用方法等を総合的に考慮して、その機能につき一般に認識すべきと考えられるところを基準として判断することとなるとされている。例えば、ハード

ディスク内のファイルをすべて消去するプログラムが、その機能を適切に説明したうえで公開されるなどしており、ハードディスク内のファイルをすべて消去するという動作が使用者の「意図に反する」ものでない場合は、処罰対象とはならない。なお、刑法168条の2第1項2号の「前号に掲げるもののほか、同号の不正な指令を記述した電磁的記録その他の記録」とは、不正な指令を与えるプログラムのソースコードを記録した電磁的記録やこれを紙媒体に印刷したものがこれにあたるとされている。

本条が適用された事件として、以下の裁判例がある。

【参考判例2】千葉地判平成25・11・8裁判所ウェブサイト、電話帳データを抜き取るウイルスプログラムをスマートフォンの使用者にダウンロードさせる行為が不正指令電磁的記録供用罪にあたるとした事件

事案の概要

アンドロイドOSが稼働する電子計算機である携帯電話機を用いて実行するに際して実行者の意図に基づかずに同携帯電話機に記録された電話帳データをアメリカ合衆国フロリダ州内に設置されたサーバコンピュータに送信する指令を与える電磁的記録であるウイルス・プログラム「Main Activity.apk」ほか2個をサーバコンピュータの記憶装置にアップロードしてアクセスおよびダウンロード可能な状態で蔵置し、2名が使用する携帯電話機にダウンロードさせ、人が電子計算機を使用するに際してその意図に反する動作をさせるべき不正な指令を与える電磁的記録を保管するとともに人の電子計算機における実行の用に供した事案。

要旨

不正指令電磁的記録供用罪にあたると判断した。

参考となる判示部分

「不正指令電磁的記録を各供用した点はいずれも同法［刑法］60条、168条の2第2項、1項1号にそれぞれ該当し、1の不正指令電磁的記録の保管と3の不正指令電磁的記録の各供用との間にはそれぞれ手段結果の関係があるので、刑法54条1項後段、10条により結局以上を1罪として刑及び犯情の最も重いQ（ママ）に係る不正指令電磁的記録供用罪の刑で処断する。」

企業実務では、情報漏えい等が発生した際に技術的な対抗手段を採ろうとするときに、不正指令電磁的記録供用罪や、後述する不正アクセス禁止法違反にあたらないかが問題となり得る。

■不正アクセス禁止法

不正アクセス禁止法は、2000年2月13日に施行された。**不正アクセス**（p161）の項目において述べたとおり、同法は、概して次のような行為が不正アクセス行為に該当すると規定している。

①他人のIDやパスワードなどの識別符号を利用して、他人のアカウントでログインする行為（不正アクセス禁止法2条4項1号）、
②プログラムの脆弱性などを突いて、IDパスワードなどの識別符号以外の方法によりログインする行為（同項2号）、
③アクセスしようとするコンピュータとは別に利用者識別用（認証用）のコンピュータが存在する場合に、当該利用者識別用のコンピュータに対して、①②の不正アクセス行為を行うこと（同項3号）。

　以上のとおり、不正アクセス禁止法は、ネットワーク上で不正にログインする行為を対象としているから、例えば、他人のスマートフォンのパスワードを破ってスマートフォンのデータを覗き見する行為は、不正アクセス禁止法では処罰されない（そのスマートフォンでSNS等のネット上のサービスにアクセスすれば、不正アクセス禁止法の問題になり得る）。

　不正アクセス禁止法が適用された事例として、芸能人のID・パスワードでSNSなどに不正にログインした東京地判平成28・8・3（Westlaw 2016WLJPCA08036001）などがあるが、構成要件該当性などが激しく争われた事件として、東京地判平成17・3・25（判時1899号155頁）がある。同事件では、ID／パスワードを利用してFTP（p51）経由でアクセスしたのではなく（そうであれば、当然に不正アクセス禁止法違反となる）、CGI（p40）の脆弱性を利用してアクセスしたことが不正アクセス行為にあたるのかが争われた。CGIの脆弱性を利用すれば、誰でもアクセスできる（アクセス制御がされていない）ともいえるからである。これについて、東京地裁は、以下のとおり、プログラムの瑕疵や設定上の不備があるために誰でもアクセスできるからといってアクセス制御がなかったとはいえないとして、不正アクセス行為にあたると判断した。

【参考判例3】 東京地判平成17・3・25判時1899号155頁

事案の概要

　コンピュータセキュリティの専門家である京都大学の研究員が、ある協会のウェブサイトのCGIに脆弱性があることに気づき、サーバに侵入して、個人情報を含んだプレゼンテーション資料をダウンロードしてインターネット上で公表

した。弁護人は、セキュリティ対策を促すためであったことや、CGIプログラムにはアクセス制御がかかっていないため不正アクセス行為にあたらないと主張した。

要　　旨

　以下のとおり判示し、不正アクセス行為にあたると判断した。

参考となる判示部分

　「本件CGIは、読み込むファイルについて制限は設けられていなかったため、本件CGIを起動するウェブサーバの権限で読み込みが可能なファイルをすべて読むことができた。その結果、本件CGIは、インターネット閲覧者が、前記パラメータに別のファイル名を設定して本件CGIを起動することにより、csvmail.htmlでパラメータに設定されていたものでないファイルであってもブラウザに表示させ、閲覧することができるという脆弱性を有していた。これは、一般の閲覧者の通常のアクセス手法としては想定されていないものであった。」

　「本件CGI及び本件ログファイルを閲覧するには、FTPを介して識別符号を入力する必要があったが、被告人の本件アクセス手法によれば、識別符号の入力を要さずして同様の閲覧が可能であったこと、すなわち、識別符号を入力する以外の方法によってもこれを入力したときと同じ特定利用ができたことが認められる。このような場合にその特定利用にアクセス制御による制限があるといえるのかが問題となる。

　ところで、アクセス制御機能は、アクセス管理者により特定電子計算機の特定利用が「制限」されていることを前提として、当該特定利用をしようとする者が当該特定利用に係る識別符号等を入力した場合にこの「制限」の全部又は一部を

解除する機能である。アクセス制御機能及びこの「制限」が完全無欠であれば、識別符号等以外の情報又は指令が入力されてもおよそ特定利用はできず、「制限」された状態が維持され、同法3条2項2号に掲げる行為は不可能となるから、同号に定めた行為を処罰する規定を置く意味はないことになる。また、制限がプログラムの瑕疵や設定上の不備によりアクセス管理者の意図に反して不十分な場合、そのことをもって特定電子計算機の特定利用を制御するためにアクセス管理者が付加している機能をアクセス制御機能と認めないこととするのは、プログラムやコンピュータシステムが複雑化し、プログラムの瑕疵や設定の不備の有無を容易に判別、修正できない現状に照らして現実的ではないし、アクセス制御の強度ないし巧拙について客観的に判定する基準も存在しない。そうすると、識別符号を入力してもしなくても同じ特定利用ができ、アクセス管理者が当該特定利用を誰にでも認めている場合には、アクセス制御機能による特定利用の制限はないと解すべきであるが、プログラムの瑕疵や設定上の不備があるため、識別符号を入力する以外の方法によってもこれを入力したときと同じ特定利用ができることをもって、直ちに識別符号の入力により特定利用の制限を解除する機能がアクセス制御機能に該当しなくなるわけではないと解すべきである。」

「本件の各特定利用ができたのは、プログラムないし設定上の瑕疵があったためにすぎないのであり、アクセス管理者が本件アクセス行為のような形で特定利用をすることを誰にでも認めていたとはいえない。よって、本件においても、本件CGI及び本件ログファイルの各閲覧は、アクセス制御機能による特定利用の制限にかかっていたものということができる。」

第 2 サイバー攻撃に関する概念

| 概　説 | 【事例】不正アクセスで個人情報が漏えいした。
➡　どの程度の情報セキュリティ対策が法的義務なのか？ |

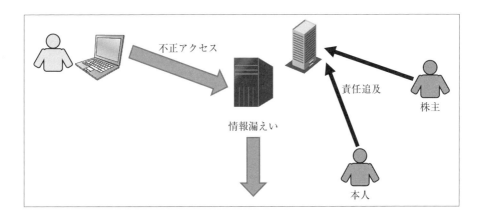

　サイバー攻撃で個人情報が漏えいした場合、漏えいした情報の本人からどのような責任追及を受ける可能性があるだろうか。また、取締役等が株主から責任追及される可能性もある。また、サイバー攻撃等でシステムが停止したことにより、契約者等から責任追及される可能性もある。本項では、サイバー攻撃に関する基本的な用語と、会社・取締役が負う情報セキュリティのレベルについて解説する。

用　語

ディー・ドスこうげき【DDoS攻撃、Distributed Denial Of Service Attack（分散型DoS攻撃）】　大量のデータを送りつけて通信容量を溢れさせることにより、サーバやルータなどを使用不能に陥らせたり、ネットワークを麻痺させるこ

とを DoS攻撃（Denial of Service attack）といい、これを複数のサイトを踏み台にして行うこと。

　サーバなどの機器には処理能力に限界がある。この限界を超えてリクエストを送るなどすると、機器が使用不能になるなどの障害を起こす。あたかも、コールセンターに大量の電話を掛けて電話がつながりにくい状態を作ったり、交換機を故障させるのと同じイメージである。これを DoS攻撃という。

　もっとも、攻撃者が、自分のマシンから単独で DoS攻撃を行うと、誰が攻撃者かがすぐにわかってしまうし、攻撃の量にも限界ができてしまう。そこで、他人のサーバを乗っ取り、乗っ取った各サーバから、攻撃対象となるサーバへ1度にリクエストを送ることにより、誰が攻撃者かがわからないようになり、かつ、1度に大量のリクエストを送ることができることになる。これが「分散型DoS攻撃」すなわちDDoS攻撃である。

インジェクションこうげき【インジェクション攻撃、Injection Attack】　プログラムに対し、セキュリティを無効化するような不正なコマンドや文字列を混入し、データベースに不正にアクセスしたりする攻撃手口のこと。

　代表的なものは、通常想定しないSQL文を実行させることによりデータベースに不正アクセスする「SQL インジェクション攻撃」である。SQLとは、データベースを操作するために使用される代表的なプログラミング言語である。

ブルートフォースこうげき【ブルートフォース攻撃、Brute Force Attack】
➡総当たり攻撃
➡力任せ攻撃　暗号の解読やパスワード割り出しの手法の1つであり、考えられるあらゆるパターンを片っ端から検証する

「力づく」（brute force）の方法のこと。
　例えば、数字4桁のパスワードを解読する際に、0000から9999までの総当たりで試せば、平均5,000回の攻撃で解読に成功する、という発想である。
　これに対する有力な対抗策が、5回失敗したらパスワードが無効になる、3回失敗したら1時間はログインできなくなる、といった方策である。

じしょこうげき【辞書攻撃、Dictionary Attack】　暗号の解読やパスワード割り出しの手法の1つであり、よく使用される単語、名前やその組合せ等を変化させてパスワード等を生成し、検証する方法のこと。
　IDやパスワードには、地名、人名、一般的な名詞などが用いられているケースが多い。そこで、辞書を読み込んで、辞書にある単語で片っ端から検証していけば、総当たりのブルートフォース攻撃よりも効果的であろう、という発想である。
　これに対する有力な対抗策も、ブルートフォースに対する対応と同じく、5回失敗したらパスワードが無効になる、3回失敗したら1時間はログインできなくなる、といった方策である。

ひょうてきがたこうげきメール【標的型攻撃メール、Targeted Attack】　不特定多数の対象にばらまかれる通常のウイルスとは異なり、特定の組織から重要な情報を盗むことなどを目的として、特定の人物または特定の組織宛てに、その人物・組織であれば開封するであろうと考えられるメールを作成し、専用のウイルスを添付するなどしたメールのこと。
　組織の担当者が業務に関係するメールだと信じて開封してしまうように巧妙に作り込まれる。また、専用のウイルスであるため、ウイルス対策ソフトのパター

ンマッチングには反応しないことが多い
のが特徴である。

＜公的文献等での定義＞

「情報窃取等を目的に、標的と定めた
攻撃対象に対して、マルウェアに感染さ
せること等により、システム内部から有
益と思われる情報を窃取するもの」（金
融庁「金融分野におけるサイバーセキュリ
ティ強化に向けた取組方針について」（平成
27 年 7 月）（「標的型攻撃」の定義）。

みずのみばこうげき【水飲み場攻撃】　攻撃
対象の組織の構成員がよく利用、アクセ
スするサイトを改ざんし、アクセスした
利用者にウイルスなどのマルウェアが仕
込まれたファイルをダウンロードさせる
手法のこと。

**コンピュータ・フォレンジック【Computer
Forensics】**　サーバやネットワークシ
ステムのログ、記録、状態を詳細に調査
し、証拠の収集をすること。

不正アクセスや情報漏えいなどが起き
た場合に行われる。

法令・判例と実務

■情報セキュリティと法的責任

情報セキュリティについては、官公庁等
のガイドラインや報告書、専門家らの各種
の提言が様々に存在し、セキュリティベン
ダによるソリューションも多数存在する。
このような状況下、法的な義務としてどこ
までの対策が求められているのかを考える
ことは、情報セキュリティへの投資を行う
か否かを判断するにあたって重要なことで
ある。この点に関連した重要な裁判例とし
て、ウェブサイトの受発注システムを構築
し保守運用していたベンダが **SQL イン
ジェクション**（p173）への対応をしなかっ

たことに重過失があったとされた東京地判
平成 26・1・23（判時 2221 号 71 頁）があ
る。この事件では、ウェブサイトの利用者
のクレジットカード情報等が漏えいしてし
まったが、その原因は大きく 2 つあった。
1 つ目は、SQL インジェクションへの対応
をしていなかったこと、もう 1 つはクレ
ジットカード情報等を暗号化せずに平文で
保存していたことにあった。結論として、
裁判所は、前者については責任を認め、後
者については責任を認めなかった。本件で
注目すべきは、まず、セキュリティ要件に
ついて明確な合意がなかったとしても、
「その当時の技術水準」に従ったセキュリ
ティ対策を施すことが、当然に、合意の内
容を構成していたと認定したことにある。

この判示からわかることは、情報セキュ
リティ対策については、明示的な合意がな
くても、「その当時の技術水準」に従った
対策を講じることが、法的な義務であると
される可能性があるということである（そ
れが、この事件では、契約上の債務の内容と
して認定された、ということになる）。

となると、次に問題となるのは、「その
当時の技術水準」とは何かである。この点
について、東京地方裁判所は、経済産業省
や IPA（独立行政法人情報処理推進機構）が
注意喚起したり「対策をすることが必要で
ある旨を明示」していたことをもって、
SQL インジェクション攻撃に対する対策
をすることが「当時の技術水準」だったと
判断した。これに対し、暗号化については、
個人情報保護法の経済産業分野ガイドライ
ン等を引用し、「望ましい」とされている
だけであるから、債務の内容を構成してい
ないとした。

以上からわかることは、各種のガイドラ
インや文書で、対策が「必要である」とさ
れていれば、それが「当時の技術水準」と
して法的な義務を構成し、対策が「望まし

い」とされているにすぎなければ法的な義務を構成しない、という発想が裁判所にあるということである。情報セキュリティ対策を講じる際には、現在公表されている各種のガイドライン等を読み、そこで何が「必要である」とされているかを把握する必要があることがわかる重要な裁判例である。

【参考判例】東京地判平成26・1・23判時2221号71頁

事案の概要

原告が、被告との間で、原告のウェブサイトにおける商品の受注システムの設計、保守等の委託契約を締結したところ、被告が製作したアプリケーションが脆弱であったことにより上記ウェブサイトで商品の注文をした顧客のクレジットカード情報が流失し、原告による顧客対応等が必要となったために損害を被ったと主張して、委託契約の債務不履行に基づき損害賠償請求した事件。

要　旨

裁判所は、法的な義務の程度として、「その当時の技術水準に沿ったセキュリティ対策を施したプログラムを提供することが黙示的に合意されていた」との判断をした。SQLインジェクションへの対応については、経済産業省の文書等を参照して、対策を施したプログラムを納品する債務を負っていたとしてベンダの責任を認めた。情報の暗号化については、個人情報保護法の経済産業分野ガイドラインにおいて「望ましい」とされているから、債務を負っていたとは認められないとした。

参考となる判示部分

（ベンダが負っている情報セキュリティの義務の程度）

「被告は、平成21年2月4日に本件シ ステム発注契約を締結して本件システムの発注を受けたのであるから、その当時の技術水準に沿ったセキュリティ対策を施したプログラムを提供することが黙示的に合意されていたと認められる。」

（SQLインジェクション対策の義務の存否）

「経済産業省は、平成18年2月20日、『個人情報保護法に基づく個人データの安全管理措置の徹底に係る注意喚起』と題する文書において、SQLインジェクション攻撃によってデータベース内の大量の個人データが流出する事案が相次いで発生していることから、独立行政法人情報処理推進機構（以下「IPA」という。）が紹介するSQLインジェクション対策の措置を重点的に実施することを求める旨の注意喚起をしていたこと、IPAは、平成19年4月、「大企業・中堅企業の情報システムのセキュリティ対策～脅威と対策」と題する文書において、ウェブアプリケーションに対する代表的な攻撃手法としてSQLインジェクション攻撃を挙げ……SQLインジェクション対策をすることが必要である旨を明示していたことが認められ、これらの事実に照らすと、被告は、平成21年2月4日の本件システム発注契約締結時点において、本件データベースから顧客の個人情報が漏洩することを防止するために、SQLインジェクション対策として、バインド機構の使用又はエスケープ処理を施したプログラムを提供すべき債務を負っていたということができる。」

（情報の暗号化の義務の存否）

「厚生労働省及び経済産業省が平成19年3月30日に改正した『個人情報の保護に関する法律についての経済産業分野を対象とするガイドライン』（同日厚生労働省・経済産業省告示第1号）では、ク

レジットカード情報等（クレジットカード情報を含む個人情報）について特に講じることが望ましい安全管理措置として、利用目的の達成に必要最小限の範囲の保存期間を設定し、保存場所を限定し、保存期間経過後適切かつ速やかに破棄することを例示し、IPAは、同年4月、前記「大企業・中堅企業の情報システムのセキュリティ対策〜脅威と対策」と題する文書において、データベース内に格納されている重要なデータや個人情報については暗号化することが望ましいと明示していたことが認められる。しかし、上記告示等は、いずれも上記対策を講じることが「望ましい」と指摘するものにすぎないし、上記IPAの文書においては、データベース内のデータ全てに対して暗号化の処理を行うとサーバー自体の負荷になることがあるので、特定のカラムだけを暗号化するなどの考慮が必要であるとも指摘されている……ように、暗号化の設定内容等は暗号化の程度によって異なり、それによって被告の作業量や代金も増減すると考えられることに照らすと、契約で特別に合意していなくとも、当然に、被告がクレジットカード情報を本件サーバー及びログに保存せず、若しくは保存しても削除する設定とし、又はクレジットカード情報を暗号化して保存すべき債務を負っていたとは認められない。」

第3 情報資産の保護に関する基本的な概念

概　説	【事例】不正アクセスで個人情報が漏えいした。 ➡　会社・取締役が負う可能性のある法的責任とは？

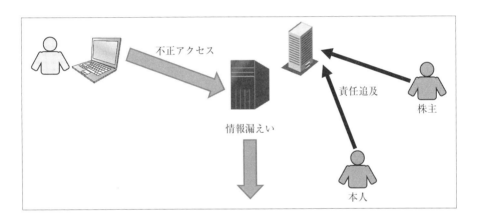

前項で述べたとおり、会社や取締役等は、「その当時の技術水準」に従った情報セキュリティ対策を講じることが法的責任であると考えられる。では、現時点では、具体的にどのようなセキュリティ対策が求められているのか。本項では、情報資産の保護に関する用語と、情報セキュリティについての代表的なガイドラインについて解説する。

用　語

きみつせい【機密性（Confidentiality）】

正当な権限を有する者だけが情報にアクセスできること。「情報セキュリティの3要素」の1つである。

具体的には、情報漏えいの防止、アクセス権の設定、暗号の利用などが方策と

図表6

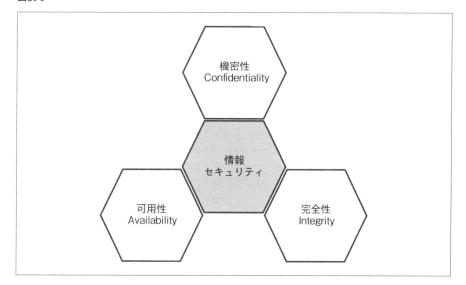

なる（**図表6**）。法的な文脈でいえば、個人情報保護法20条（安全管理措置）が定める「漏えい」の防止のための措置を講じる義務が、3要素のうちの「機密性」についての規制にあたる。

個人情報保護法
（安全管理措置）
第20条　個人情報取扱事業者は、その取り扱う個人データの漏えい、滅失又はき損の防止その他の個人データの安全管理のために必要かつ適切な措置を講じなければならない。

また、不正競争防止法2条6項の「秘密として管理されている」の要件（秘密管理性）を満たすための情報管理も、「機密性」に分類できるものである。

不正競争防止法
（定義）
第2条　［略］

6　この法律において「営業秘密」とは、秘密として管理されている生産方法、販売方法その他の事業活動に有用な技術上又は営業上の情報であって、公然と知られていないものをいう。

かようせい【可用性（Availability）】　システムや情報がアクセスおよび使用可能であること。「情報セキュリティの3要素」の1つである。

　具体的には、電源対策、システムの二重化、バックアップ、災害復旧計画などが方策となる。法的な文脈でいえば、個人情報保護法20条（安全管理措置）が定める「滅失又はき損」の防止のための措置を講じる義務が、3要素のうちの「可用性」についての規制にあたる。また、IT統制（IT全般統制）も、「可用性」についての法的規制にあたる。

かんぜんせい【完全性（Integrity）】　情報および処理方法が正確・完全・確実であ

ること。「情報セキュリティの3要素」の1つである。

　具体的には、改ざんの防止や検出を行う仕組みなどが方策となる。法的な文脈でいえば、IT統制（IT業務処理統制）が、情報の完全性に関する法的な規制といえる。

ビー・シー・ピー【BCP：Business Continuity Plan（事業継続計画）】　大地震等の自然災害、感染症のまん延、テロ等の事件、大事故、サプライチェーン（供給網）の途絶、突発的な経営環境の変化など不測の事態が発生しても、重要な事業を中断させない、または中断しても可能な限り短い期間で復旧させるための方針、体制、手順等を示した計画のこと。

　上記は、内閣府防災担当「事業継続ガイドライン（第3版）」（平成25年8月）による定義である。JIS Q 22301では「事業の中断・阻害に対応し、事業を復旧し、再開し、あらかじめ定められたレベルに回復するように組織を導く文書化した手順。」(3.6) と定義されている。

ビー・シー・エム【BCM：Business Continuity Management（事業継続管理）】　BCP策定や維持・更新、事業継続を実現するための予算・資源の確保、事前対策の実施、取組みを浸透させるための教育・訓練の実施、点検、継続的な改善などを行う平常時からのマネジメント活動のこと。

　上記は、内閣府防災担当「事業継続ガイドライン（第3版）」による定義である。JIS Q 22301では「組織への潜在的な脅威、及びそれが顕在化した場合に引き起こされる可能性がある事業活動への影響を特定し、主要な利害関係者の利益、組織の評判、ブランド、及び価値創造の活動を保護する効果的な対応のため

の能力を備え、組織のレジリエンスを構築するための枠組みを提供する包括的なマネジメントプロセス。」(3.4) と定義されている。

じょうちょうせい【冗長性】　障害に備えて機材や回線などを複数用意し、並列に使用したり一部をすぐ使える状態で待機させたりすること。

スケーラビリティ【Scalability】　機器やソフトウェア、システムなどの拡張性、拡張可能性のこと。

　システムの構成等に大きな変更をすることなく、処理能力や保存容量などを大きくすることができることを「スケーラビリティがある」などという。**クラウド**（p144）の大きな特徴として、インフラ、プラットホーム、サービスなどが仮想化されているため、きわめて柔軟なスケーラビリティがある点が挙げられる。

ぶんさんしょり【分散処理】　複数のコンピュータやプロセッサを利用して分散して計算処理を行うこと。

　単独のコンピュータでは負荷のかかりすぎる計算をする際に行われるというのが従前からの理解であるが、近時は、分散処理の発想が、**AI**（p134）をはじめとする高度な情報処理を可能にしているという色彩が強い。

　すなわち、従前は、1台のコンピュータで10時間かかる計算を2台で分散処理して5時間で終わりにするという発想、あるいは、2倍高性能なコンピュータが10倍の値段で売られているという現実から、半分の性能の安価なコンピュータを2台繋げて安く済ませるという発想が分散処理であった。ところが、ロボット型の検索エンジンとしてGoogleが登場した際、世界中にあるきわめて膨大なウェブ上の情報を、どのようにして自動的にインデックス化して

データベースにして保存しているのかが話題となった。Google は、世界中に分散させた無数のサーバを仮想化し、分散処理してこれを実現していたのである。どんなに高性能なスーパーコンピュータが1台あっても、「会社法」と検索ワードを入力するだけで、世界中の膨大なデータの中から「会社法」が含まれている文書を0.数秒で検索して一覧表示させることは極めて困難である。しかも、これを全世界の無数のユーザが同時に行っている。分散処理技術こそが、これを可能にしているのである。

アイ・エス・エム・エス【ISMS：Information Security Management System（情報セキュリティマネジメントシステム）】　情報資産のセキュリティを管理するための枠組みを策定し、実施すること。JIS Q 27001 が ISMS の要求事項を定めている。

　後述する JIS Q 15001 が個人情報の安全な管理のみを対象にしているのに対し、ISMS（JIS Q 27001）は、ネットワークからのウイルスや不正アクセスなどの攻撃や火災、水害、地震、侵入、持出し、破壊等の犯罪や災害に対する防御等を含んでいる点が異なっている。日本では、日本情報経済社会推進協会（JIPDEC）が認証を行っている。

プライバシー・マーク【Pマーク】　JIS Q 15001「個人情報保護マネジメントシステム―要求事項」を満たして、個人情報について適切な保護措置を講ずる体制を整備している事業者と認証された場合に使用できる証のこと。

　歴史的には、個人情報保護法よりも前に制度化されたものである。すなわち、1997年に通商産業省が「民間部門における電子計算機処理に係る個人情報の保護に関するガイドライン」を策定し、翌1998年に「プライバシーマーク制度」が発足した後、2003年にようやく「個人情報保護法」が公布されるに至っている。これが、ガイドライン、Pマーク、個人情報保護法の規制の内容が、微妙に異なっているゆえんである。官公庁の調達に入札するための条件になっていることがあるため、Pマークの取得が必要となるケースがある。

法令・判例と実務

■BCP/BCM の策定・確立は取締役の善管注意義務の内容を構成するか

　取締役は、善管注意義務（会社法330条、民法644条）の一環として、内部統制システム整備義務を負っている。BCP の策定は、内部統制システムの1つである損失危険管理体制（会社法362条4項6号、会社法施行規則100条1項2号）に含まれ、または密接に関連するとされている。これを受けて、日本監査役協会「内部統制システムに係る監査の実施基準」（2015年7月23日改正）も、「監査役は、損失危険管理体制が前項に定めるリスクに対応しているか否かについて、以下の事項を含む重要な統制上の要点を特定のうえ、判断する。」として、「会社に著しい損害を及ぼす事態が現に生じた場合を想定し、損害を最小限にとどめるために、代表取締役等を構成員とする対策本部の設置、緊急時の連絡網その他の情報伝達体制、顧客・マスコミ・監督当局等への対応、業務の継続に関する方針等が予め定められているか。」（同基準10条2項8号）と定めている。つまり、BCP の策定は、取締役の善管注意義務を構成する。

　なお、金融庁「預金等受入金融機関に係る検査マニュアル」（2015年11月）におい

ても、BCP の策定は、経営陣による危機管理体制の整備の「責任」と位置付けており、以上を裏付けている。BCP/BCM についての「当時の技術水準」として参照され得るものとして、JIS Q 22301 のほか、内閣府防災担当「事業継続ガイドライン（第3版）」および中小企業庁「中小企業BCP策定運用指針」があるから、BCP/BCM としてどこまでの措置を講じる必要があるかを考える必要があるときには、これらの文書を参照することになる。

■サイバーセキュリティ経営ガイドライン

　2014 年 11 月に成立したサイバーセキュリティ基本法 12 条 1 項に基づき、国の具体的な施策計画として「サイバーセキュリティ戦略」が 2015 年 9 月に閣議決定され、この中で、経済社会の活力向上と持続的発展を実現するための施策として「セキュリティマインドを持った企業経営の推進」を行うこととされた。「サイバーセキュリティ経営ガイドライン」は、この施策において経済産業省と情報処理推進機構（IPA）が策定したものであり、大企業および中小企業（小規模事業者を除く）のうち、IT に関するシステムやサービス等を供給する企業および経営戦略上IT の利活用が不可欠である企業の経営者を対象としたものである。その内容は、サイバー攻撃から企業を守る観点で、経営者が認識する必要がある「3 原則」、および経営者が情報セキュリティ対策を実施するうえでの責任者となる担当幹部（CISO（最高情報セキュリティ責任者：企業内で情報セキュリティを統括する担当役員）等）に指示すべき「重要10 項目」をまとめたものである。2017 年 11 月に「Ver 2.0」が公表されている。

　「3 原則」は、①経営者は、サイバーセキュリティリスクを認識し、リーダーシッ

プによって対策を進めることが必要、②自社はもちろんのこと、ビジネスパートナーや委託先も含めたサプライチェーンに対するセキュリティ対策が必要、③平時および緊急時のいずれにおいても、サイバーセキュリティリスクや対策に係る情報開示など、関係者との適切なコミュニケーションが必要であることを謳っている。「10 項目」は、要するに、経営者が部下に指示すべき項目を列挙したものであり、企業として行うべきことをより具体的に記載したものである。

　また、「サイバーセキュリティ経営ガイドライン Ver.2.0 実践のためのプラクティス集」と題する文書も公開されており、具体的な実践例が紹介されている。法的な拘束力はないが、情報漏えいなどが発生した場合の企業および経営者の責任が問題となった場合の「当時の技術水準」を示すものとなり得るものと考えられる。

■個人情報の漏えい事件と会社および取締役の責任

　2014 年に、大手通信教育事業者から、3,504 万件の個人情報が漏えいする事件が発生した。この事件では、同社は 260 億円もの特別損失を計上するなど会計上も大きな影響を受けたばかりか、1 万人を超える顧客が損害賠償を求める集団訴訟を提起した。さらに、個人株主が、当該情報流出による顧客への対応で会社に 260 億円の損害が生じたとして、同社取締役らに損害賠償請求を求める株主代表訴訟を提起した。同事件は、個人情報の漏えいが、会社に多額の損害を与え、きわめて多数の個人から集団訴訟を提起され、取締役等が個人責任を問われる可能性があることを示したという意味で、情報セキュリティにとってエポックメイキングな事件であった。

第**7**章

電子契約・電子署名と
フィンテック（FinTech）
に関する概念

第 1 電子契約・電子署名・暗号化に関する概念

概　　説

【事例】個人番号カードの電子署名で口座開設の申込みを受けた。

➡ 内容の真正をどのように確認するか。盗難カードでの手続でないことをどのように確認するか？

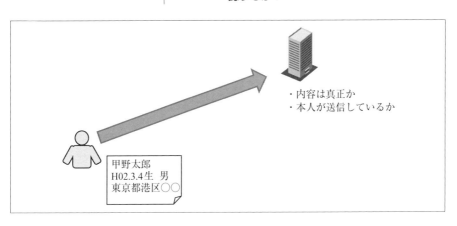

・内容は真正か
・本人が送信しているか

甲野太郎
H02.3.4生　男
東京都港区○○

　個人番号カード（マイナンバーカード）で、コンビニのキヨスク端末から銀行口座の開設の申込みを受けた際に、申込内容の真正をどのように確認するのだろうか。また、カードが盗まれてなりすましで手続されている可能性をどのように排除するのだろうか。本項では、暗号化・電子署名に関する概念を取り上げる。

用　　語

あんごうか【暗号化】　データを第三者に盗み見られたり、改ざんされたりされないようにするために、一定の規則・法則に従ってデータを変換すること。
　例えば、古代ローマのカエサルが用い

た暗号として有名な「シーザー暗号」は、アルファベットを3文字シフトして作る暗号である（例えば、「ABCD」は「DEFG」となる）。現代では、このような単純な仕組みの暗号は十分な強度の暗号とは考えられておらず、より複雑な暗号が用いられている。我が国では、総務省および経済産業省が「CRYPTREC暗号リスト」と呼ばれる電子政府推奨暗号リストを公表しており、これが高度な暗号化といえるかどうかの1つの基準となっているといえる。

＜公的文献等での定義＞

　「情報を第三者に知られることがないように、情報に何らかの変換処理を施すこと」（総務省「行政手続におけるオンラインによる本人確認の手法に関するガイドライン」）。

ひらぶん【平文】　暗号化されていないデータのこと。

ふくごう【復号】　暗号化されたデータを平文に戻すこと。⇒デコード（p128）も参照。

こうかいかぎあんごうほうしき【公開鍵暗号方式】

➡**公開鍵暗号システム**　公開鍵と秘密鍵という異なる2種類の鍵を使って暗号化と復号を行えるようにした暗号方式のこと。

　電子署名法における認証業務（前記**概説**参照）および**公的個人認証**（p188）**サービス**は、この公開鍵暗号方式が用いられている。**暗号化**（p184）で述べたシーザー暗号では、「3文字ずれている」という鍵で暗号を復号する。この鍵は、暗号化する者と復号する者とで同じ（3文字ずれているという鍵）である。このように、暗号化する者と復号する者で同じ鍵を用いる暗号を「共通鍵」暗号方式という。

　暗号を解読されないためには鍵が第三者にわからないことが必要であるが、共通暗号方式では、鍵を平文で送信すると拾った者が暗号を復号できてしまうし、鍵を暗号化して送ってしまうと、受け取った者が復号できないという問題がある。この問題を解決するために発明されたのが、暗号化する鍵と復号する鍵を分ける「公開鍵」暗号方式である。この暗号方式は、「公開鍵」と「秘密鍵」という異なる2種類の鍵を使って暗号化と復号を行うものである。公開鍵暗号方式では、秘密鍵と公開鍵という一対一で対応する鍵を用いる。一方の鍵で暗号化した情報は他方の鍵でのみ復号が可能であり、秘密鍵は秘密として保持する鍵であり、公開鍵は公開されている鍵であるというのがポイントである。

　典型的には、Xさんが公開鍵をYさんに送信したり、公開しておき、Yさんはその公開鍵を使って情報を暗号化して送信する。Xさんがそれを受信したら、手元にある秘密鍵で復号することができる。ここで、公開鍵から秘密鍵を推測することはできないようになっている。公開鍵は暗号化に使うだけであるから誰に知られてもよい。しかし、その公開鍵で暗号化した情報を復号することができるのは、当該公開鍵に対応した秘密鍵を持っている自分だけである、というのが、公開鍵・秘密鍵を使った情報のやりとりの特徴である（**図表1**）。

　上記とは異なる公開鍵暗号方式の利用方法として、例えば、Aさんが秘密鍵で情報を暗号化した場合には、Bさんは、Aさんが公開している公開鍵で復号することができる。この場合、第三者も公開鍵を入手することはできるため、当該第三者は公開鍵を用いて情報の内容を確認することができてしまう。しかし、ここでは、上述のように情報の内容を隠すた

図表1

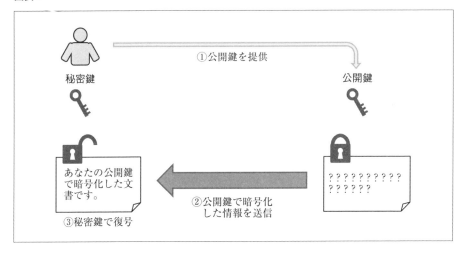

めに公開鍵を利用するのではなく、受信
した情報をＡさんの公開鍵で復号する
ことができたという事実をもって、間違
いなくＡさんの秘密鍵で暗号化した情
報である（すなわち間違いなくＡさん
が送信した情報である）ことを確認する
ために利用するのである。

ひみつかぎ【秘密鍵】　公開鍵暗号方式に
おいて、秘密に保持する鍵のこと。

　鍵とは、情報を暗号化したり復号した
りする方法のことである。秘密鍵が第三
者の手に渡れば、第三者が不正に使用し
て電子署名を行う危険があるため、秘密
鍵は厳重に管理されている必要がある。
電子署名法3条では、電子文書の成立の
真正を推定することができる電子署名と
は「これを行うために必要な符号及び物
件を適正に管理することにより、本人だ
けが行うことができることとなるものに
限る。」とされているが、秘密鍵はここ
にいう「符号」にあたる。なお、ここに
いう「物件」とは秘密鍵を格納するIC
カード等が典型例である。

　また、公開鍵暗号方式においては、利
用者署名符号（電子署名法施行規則6条3
号）とは秘密鍵のことである。

＜公的文献等での定義＞

　「暗号化、復号、署名生成、署名検証
等の暗号処理に使用する値のこと」（総
務省「行政手続におけるオンラインによる
本人確認の手法に関するガイドライン」）
（「暗号鍵、秘密鍵」の定義）。

こうかいかぎ【公開鍵】　公開されている
鍵のこと。

　秘密鍵と公開鍵は一対一で対応する鍵
であり、一方で暗号化した情報は他方の
鍵でのみ復号化が可能である。公開鍵暗
号方式においては、電子署名法上の認証
業務（2条2項）における「利用者が電
子署名を行ったものであることを確認す
るために用いられる事項」（利用者署名検
証符号（電子署名法施行規則4条1号））と
は、公開鍵のことである。

でんししょめい【電子署名（e-signature）】
➡デジタル署名　電子文書に対して行われ
る電子的な署名のこと。

紙の文書における署名や判子のようなもの。情報を送信した人間が作成した文書であり、それが改変されていないことを証明する手段となる。紙の文書の場合、文書が真正に成立したもの（本人の意思に基づき作成されたもの）か否かは、署名の筆跡や押印の印影などを鑑定することで確認するが、電子文書においては、電子署名がこれら署名や判子に代わるものとなる。電子署名法では、「電子署名」は次のように定義されている（2条1項）。

電子署名法
　（定義）
第2条　（略）電磁的記録（電子的方式、磁気的方式その他人の知覚によっては認識することができない方式で作られる記録であって、電子計算機による情報処理の用に供されるものをいう。（略））に記録することができる情報について行われる措置であって、次の要件のいずれにも該当するものをいう。
一　当該情報が当該措置を行った者の作成に係るものであることを示すためのものであること。
二　当該情報について改変が行われていないかどうかを確認することができるものであること。

　電磁的記録とは、具体的には、インターネットを使って電子メールやホームページ閲覧という形でやりとりしている電子データがその例である。電子署名法上、電子署名は、**公開鍵暗号方式**（p155）を用いて行われることが前提とされている（電子署名法施行規則2条、6条5号）。

**とうじしゃしょめいがたでんししょめい
【当事者署名型電子署名】**　文書作成者本人による電子署名を行う方法の電子署名。

　具体的な電子署名の方法は以下のとおりである。

　送信者は、**秘密鍵**（p186）と**公開鍵**（p186）を作成し、認証事業者において公開鍵を登録し、認証事業者から**電子証明書**（p188）を発行してもらう。そして、送信する電子文書に**ハッシュ関数**（p128）で変換操作を行って、ハッシュ値を作成する。次にハッシュ値を秘密鍵を用いて暗号化する。この暗号化されたデータが「電子署名」にあたる。送信者は、電子文書に電子署名を添付し、電子証明書とともに受信者に送付する。受信者は、受領した電子文書についてハッシュ関数を用いてハッシュ値を作成する。そして、電子証明書に記載されている公開鍵で電子署名を復号する（元に戻す）。受領した電子文書のハッシュ値と復号したハッシュ値が同一であれば、電子文書が公開鍵に対応した秘密鍵の持ち主により作成されたこと、および電子文書が秘密鍵の持ち主以外の第三者により改ざんされていないことが判明する。そして、認証事業者に対して、電子証明書の有効性を確認することにより、公開鍵が送信者の秘密鍵に対応するものであることを確認する。これにより、当該電子文書を作成したものは送信者であることが確認できる（図表2参照）。

たちあいにんがたでんししょめい【立会人型電子署名】　サービス提供事業者が利用者の指示を受けてサービス提供事業者自身の署名鍵による電子署名を行う電子契約サービスのこと。

　文書の作成者自らが電子署名する**当事者型電子署名**（p187）と異なり、サービス提供事業社が電子署名するサービスである。利用者は、サービス提供事業社のサービス上でアカウントを作成して契約書等のPDFファイル等をアップロード

図表2

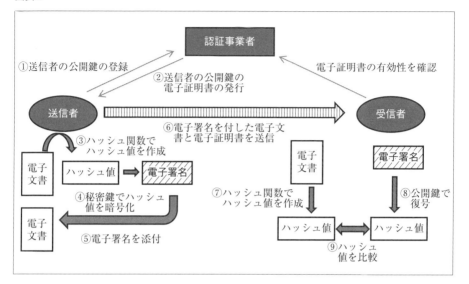

し、契約の相手方には電子署名の手続を行うためのリンク（URL）等を送信し、当該相手方が当該リンク等により手続を行うことにより、サービス提供事業社が電子署名を行う。

このような形態の電子署名が、電子署名法2条が定義する**電子署名**（p186）に当たるかが問題となるが、「技術的・機能的に見て、サービス提供事業者の意思が介在する余地がなく、利用者の意思のみに基づいて機械的に暗号化されたものであることが担保されていると認められる場合であれば、『当該措置を行った者』はサービス提供事業者ではなく、その利用者であると評価し得る」とされている（総務省、法務省、経済産業省「利用者の指示に基づきサービス提供事業者自身の署名鍵により暗号化等を行う電子契約サービスに関するQ&A（電子署名法2条1項に関するQ&A）」Q2（令和2年7月17日）（https://www.meti.go.jp/covid-19/denshishomei_qa.html））。

じぎょうしゃがたでんししょめい【事業者型電子署名】
➡立会人型電子署名
こうてきこじんにんしょう【公的個人認証（JPKI：Japanese Public Key Infrastructure）】　オンラインによる申請や届出といった行政手続などやインターネットサイトにログインを行う際に、他人による「なりすまし」やデータの改ざんを防ぐために用いられる本人確認の手段を提供する日本の公的サービスのこと。

マイナンバー法成立に伴い、公的個人認証法が改正され、サービスの適用範囲が大きく2点変わった。1点目は、公的個人認証に従来の署名認証機能に加え、利用者証明認証機能が追加されたことであり、2点目は、電子署名・電子認証のサービスが民間に開放されたことである。

でんししょうめいしょ【電子証明書

図表3

【署名用電子証明書の内容】
・氏名　　　　　甲野太郎
・生年月日　　　○年○月○日
・性別　　　　　男
・住所　　　　　東京都港区○○
・発行番号　　　○○○○○
・発行年月日　　○年○月○日
・有効期限　　　○年○月○日
・発行者　　　　○○

（Digital Certificate）】　公開鍵が、対応する秘密鍵で署名した本人のものであることについての証明書のこと。

　公開鍵暗号方式による電子署名では、署名の検証に公開鍵を用いる。その際、その署名が本人のものであることを確認するためには、公開鍵が、当該公開鍵と対をなす秘密鍵で署名した本人のものであることを証明する必要がある。そのために、認証事業者が発行する電子的な証明書のことを電子証明書という。第三者が、送信者のふりをして秘密鍵・公開鍵のペアを作成することができれば、簡単に「なりすまし」を行うことができてしまう。それを防止するため、認証事業者が、利用者の本人確認を行ったうえで、本人と公開鍵を関連付ける電子証明書を発行する。受信者は、当該証明書を確認することにより送信者が送信したことを確認できるようになっているのである。

しょめいようでんししょうめいしょ【署名用電子証明書】　公的個人認証において、作成・送信した電子文書が、利用者が作成した真正なものであり、利用者が送信したものであることを証明する証明書のこと。

　従来の住民基本台帳カードや個人番号カード（マイナンバーカード）に秘密鍵とともに格納されている。署名用電子証明書には、基本4情報（氏名、性別、生年月日、住所）が含まれている。この4情報は、住民基本台帳と紐付いているから、間違いのない現住所等の現時点での情報である。また、「発行番号」と呼ばれる番号も含まれている（図表3）。これにより、なりすまし申請や電子データの改ざんが行われていないことを証明することができるものであり、技術的には以下のとおりの仕組みとなっている。

　まず、市町村長が、利用者の本人確認を行い、地方公共団体情報システム機構が「署名用電子証明書」を発行する。この「署名用電子証明書」の実体は、一対の署名用秘密鍵および公開鍵、ならびに公開鍵証明書のセットである。利用者は、送信したいデータ（申請書等）をマイナンバーカード内の秘密鍵で署名（電子署名）する。その際、秘密鍵をパソコンのハードディスク等に保存してしまうと漏えいする可能性があるから、秘密鍵はカードから取り出せないようになっている。秘密鍵での署名の処理は、カード内のICチップ内に保存されているソフトウェアを使って、データをカードに読み込んで、カード内で行われるのである。また、「電子署名」と名付けられて

図表4

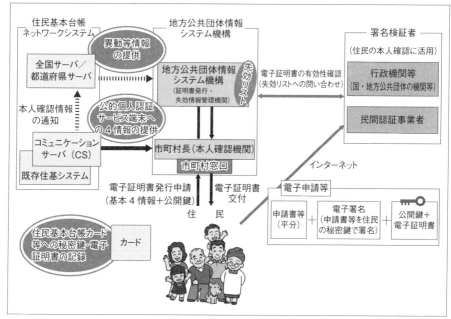

（総務省「平成22年版　情報通信白書」を基に作成）

いる処理の実体は、ハッシュ関数で算出したデータのハッシュ値（データのダイジェスト）である。そして、そのハッシュ値を秘密鍵で暗号化する。つまり、「電子署名」とは、カード内でデータのハッシュ値を算出して、それを秘密鍵で暗号化する処理のことを意味する。次に、利用者は、①送信すべきデータ、②秘密鍵で暗号化された「署名」、③秘密鍵と対となる公開鍵、④公開鍵証明書をセットで送信する。

受領者は、まず、署名用電子証明書の有効性（具体的には④公開鍵証明書の有効性）を地方公共団体情報システム機構（J-LIS）に問い合わせて確認する（図表4。例えば、有効期限切れなどを確認する）。これが有効であることが確認できたら、

③受信した公開鍵を使って②暗号化されている電子署名を復号し、ハッシュ値を取り出す。そのうえで、①実際に受信したデータのハッシュ値を自ら算出して、電子署名内のハッシュ値と一致するか確認する。一致していれば、当該カードにより電子署名が行われたことと、内容が改ざんされていないことが確認できるのである。

従来は、国税電子申告（e-Tax）、商業・法人登記の申請など、限られた行政手続だけで利用されていたが、マイナンバー整備法により、今回、民間企業も総務大臣の認可を受ければ、公的個人認証による署名がなされている情報を受け取ったときに、その公開鍵証明書が本物かどうかを検証することができるように改正さ

図表5

```
【利用者証明用電子証明書の内容】
 ・発行番号　　○○○○○
 ・発行年月日　○年○月○日
 ・有効期限　　○年○月○日
 ・発行者　　　○○
```

れた。これにより、金融機関の口座開設等が電子的に行えるようになることが期待されている。

りようしゃしょうめいようでんししょうめいしょ【利用者証明用電子証明書】　インターネットを閲覧する際などに本人確認のための電子認証の手段として利用される証明書のこと。署名用電子証明書と利用者証明用電子証明書はいずれも個人番号カード（マイナンバーカード）に格納されているが、前者が文書の内容についての証明書であるのに対し、後者がログインする際に間違いない本人であることを示す証明書であるという違いがある。

利用者証明用電子証明書には、基本4情報（氏名、生年月日、性別、住所）が含まれていない点に特徴がある。これに対し、「発行番号」は含まれている（**図表5**）。これを踏まえ、技術的には、以下のような仕組みになる。

例えば、サービス提供者は、最初に会員登録や口座開設などをするときに署名用電子証明書（基本4情報＋発行番号付き）の送信を受けるが、その際に、地方公共団体情報システム機構（J-LIS）に対して、当該署名用電子証明書の発行番号に対応する、利用者証明用電子証明書の発行番号を問い合わせて、受領しておく。そして、これを顧客情報と紐付けて保管しておく。そうすれば、次のログインからは、カードの所持者から利用者証

明用電子証明書（基本4情報なし。発行番号等のみ）のみの送信を受け、当該利用者証明用電子証明書の発行番号の一致を確認すればよい。これにより、カードのパスワード＋カードの保持という形で本人認証できるから、ID／パスワードによる認証よりも安全性が高い認証が提供できることになる。行政機関が行った個人番号の付いた情報のやりとりを閲覧できる「マイナポータル」にログインするためには、この利用者証明用電子証明書が必要となる。

また、マイナンバー整備法により、民間企業も総務大臣の認可を受ければ、利用者証明用電子証明書による電子利用者証明について検証を行うことができるようになった。これにより、ネットバンキングなどのログイン場面における利用者認証に利用でき、従来のID／パスワード方式による認証より確実性の高い本人確認を行えるようになった。また、利用者証明用電子証明書が格納された個人番号カードのキャッシュカードやデビットカード、クレジットカードとしての利用やコンビニのキヨスク端末等からのマイナポータルへのアクセスの実現も期待されている。

せいたいにんしょう【生体認証】　本人確認の方式の1種で、指紋や声、筆跡、静脈、瞳の虹彩といった、生物個体が持っている特性を利用した認証の仕組みのこ

と。

　身体の特性を認証の手段にするため、従来のパスワードやICカードのように、忘れたり、紛失、盗まれるといったリスクが少ない。

かおにんしょう【顔認証】　人の顔の画像データとあらかじめ保存された顔の画像データと照合することにより本人確認を行う生体認証の1つのこと。

　顔認証は様々な場面で実用化されており、テーマパークやアイドルグループのコンサートチケット、店舗の防犯システムなどで実用化されている。この点、2016年1月からスタートしたマイナンバー制度における個人番号カードにも顔写真データが格納されている。署名用電子証明書・利用者証明用電子証明書では、当該カードを利用して署名したデータが真正であることや間違いなく当該カードによるログインであることは立証できるが、端末の前で操作をしている者がカードの正当な所持者であることは立証できない（印鑑でいえば、印鑑を盗んで押印していないことまでは立証できないのと同じである）。この部分を埋めるのが顔認証である。個人番号カードには顔写真

データが格納されているから、コンビニのキオスク端末のカメラ等の画像とカードの顔写真データとの一致を確認すれば、カードの「本人」が操作していることまで確認できるのである。今後、ネットバンキングの利用、電子商取引等の様々な場面で実用化されることが想定される。

しもんにんしょう【指紋認証】　指の指紋の模様を利用して本人確認を行う生体認証の1つのこと。

　パソコンやスマートフォンの認証から、サーバールームの入退室管理まで広く用いられている。

じょうみゃくにんしょう【静脈認証】　手のひらや指先の静脈パターンにより本人確認を行う生体認証の1つのこと。

　指紋のような体表の情報は、「型」を取って樹脂などで偽造、改ざんされる危険があるが、静脈は体内の情報であるため偽造がより困難である。さらにいえば、指紋認証は、権限を持っている者を殺めたり、手を切り落としてしまえば認証できてしまうが、静脈認証は血液が流れていないと認証できないため、生きていないと認証できない。そのため、安全

図表6

性が高いとされ、金融機関の ATM など
はもちろん、きわめて高いセキュリティ
が必要な建物等で利用されている。

アイ・シー・チップ【IC チップ】 集積回
路（IC：Integrated circuit）が封入された電
子部品のこと。

IC チップの中には、用途に応じて、
マイクロコンピュータ、RAM など、様々
な回路が実装される。

アイ・シー・カード【IC カード】 IC チッ
プ（p193）が埋め込まれたカードのこ
と。キャッシュカードやクレジットカー
ドに採用されている。

従来の磁気ストライプ（カード裏面上
部にある黒い帯）は、保存容量が数 10 バ
イト〜100 バイト強と少ない。また、誰
でも簡単に磁気ストライプへの書き込み
ができるため、スキミングにより読み出
した情報を別の磁気ストライプに簡単に
書き込んで偽造できてしまう。そこで、
スキミングや偽造がされにくく、情報量
も多い IC カードの利用が進んでいる。
クレジットカードなどの表面の左側に埋
め込まれている金色の正方形の部分が、
IC チップの端子になっている（**図表 6**）。
また、アンテナが埋め込まれており、端
子による物理的な接触をせずに電波で
データを送受信できる非接触型 IC カー
ドもある。広く普及している交通系電子
マネーのカードなどがこれを採用してい
る。電波を送信するためには電源が必要
になるが、IC カードには電池は入って
いない。送受信機から電波を発すると、
電磁誘導で IC カード側にわずかな電流
を発生させることができる。これを利用
して、IC カードから電波を発している
のである。

アイ・シー・タグ【IC Tag：IC タグ】 IC
チップとアンテナが埋め込まれており、
電波を受けて IC チップの内容を送信で

きる小型の電子装置のこと。

IC カード（p193）と同様のものである
が、より情報量を少なくして小型化され
安価であるもののことを IC タグという。

非接触型 IC カードと同じく、電池を
内蔵することなく、アンテナによる電磁
誘導で、電気を供給して電波を発するこ
とができるようになっている。IC タグ
が低価格化することにより、あらゆるモ
ノに IC タグを埋め込んで通信する時代
（IoT の時代）が来ることになる。

法令・判例と実務

■電子文書による立証

民事訴訟では、文書を証拠として使用す
るためには文書の成立が真正であることを
証明しなければならない（民事訴訟法 228
条 1 項）。文書の成立が真正であるとは、
当該文書が挙証者の主張する特定人の意思
に基づいて作成されたこと、つまり、挙証
者が主張する者によって作成されたことを
いう。例えば、A が B に対して金を貸した
が B が返済しないため、B を訴えたとす
る。その際、A が金を貸したことを立証す
るために、借用書を証拠として提出する場
合には、A は、その借用書が B によって作
成されたことを証明しなければならない。
当該借用書が全く関係のない C によって作
成されたとすれば、当該借用書は証拠とし
ての価値がない。このことは、電子文書に
ついても同様である（同法 231 条、228 条 1
項）。この点、紙の文書の場合、当該文書
に作成者の意思に基づく「署名」または
「押印」があるときは、当該文書は真正に
成立したものと推定される（同法 228 条 4
項）。

民事訴訟法
（文書の成立）
第228条　〔略〕
4　私文書は、本人又はその代理人の署名
　又は押印があるときは、真正に成立した
　ものと推定する。

　ここにいう「推定」とは、文書の成立の
真正を争う側において、当該文書は挙証者
の主張する特定人の意思に基づかずに作成
されたことを証明する必要があるという意
味である。先の例でいえば、Aが借用書に
ある「署名」または「押印」がBによるも
のであることを証明すれば、Bは例えば、
「当該借用書は、Aに騙されてまたは脅さ
れて作成させられた」などといった事情を
証明しない限り、当該借用書はBの意思に
基づいて作成されたものと推定される。
　電子文書についてはどうであろうか。電
子文書についても、電子署名法において、
本人による電子署名のうちこれを行うため
に必要な符号および物件を適正に管理する
ことにより、本人だけが行うことができる
こととなるものが行われた電子文書等は、
真正に成立したものと推定されるという規
定がある（電子署名法3条）。

電子署名法
第3条　電磁的記録であって情報を表すた
　めに作成されたもの（公務員が職務上作
　成したものを除く。）は、当該電磁的記
　録に記録された情報について本人による
　電子署名（これを行うために必要な符号
　及び物件を適正に管理することにより、
　本人だけが行うことができることとなる
　ものに限る。）が行われているときは、
　真正に成立したものと推定する。

　しかし、「真正な成立の推定」には、本
人の意思に基づく「署名」または「押印」
が必要であり、電子文書の場合も、当該電
子署名が「本人による」ものであることを
証明する必要がある。この点、紙の文書
（最判昭和39・5・12民集18巻4号597頁）
の「押印」の場合には、最高裁判所の判例
があり、我が国においては判子は重要なも
のとして大切に保管されていて、むやみに
他人に預けることはないから、判子が押さ
れていれば、その判子は本人の意思に基づ
いて押印されたものと推定されるとされて
いる。つまり、先の例でいえば、借用書に
Bの判子が押されていれば、当該判子は、
Bの意思に基づいて押印されたことが推定
され、これにより当該借用書はBによって
作成されたと推定されるのである（この2
段階の推定を「二段の推定」と呼ぶ）。これ
に対し、電子文書について、例えば、個人
番号カードが盗まれて電子署名が行われた
のではない点はどのように立証することに
なるのだろうか。
　まず、個人番号カードで電子証明を利用
するためには、パスワードが必要になる点
で、これを担保している。さらに、個人番
号カードには顔写真のデータが格納されて
いる。コンビニのキオスク端末等で端末の
前に立っている人間のカメラ画像と、当該
顔写真データとを顔認証により照合すれ
ば、当該本人が手続をしていることが確認
できる。個人番号カードは、パスワードと
顔認証により、判子と同等以上の安全性を
確保しているといえるのである。
　また、**立会人型電子署名**（**事業者型電子
署名**）(p188) において、電子署名法3条に
よる成立の真正の推定が働くかが問題とな
る。電子署名法3条は「これを行うために
必要な符号及び物件を適正に管理すること
により、本人だけが行うことができること
となるものに限る。」としているからであ
る。
　この点について、総務省、法務省、経済
産業省「利用者の指示に基づきサービス提

供事業者自身の署名鍵により暗号化等を行う電子契約サービスに関する Q&A（電子署名法 3 条に関する Q&A）」Q1（令和 2 年 9 月 4 日）（https://www.meti.go.jp/covid-19/denshishomei3_qa.html）は、①暗号化等の措置を行うための符号について、他人が容易に同一のものを作成することができないと認められること（固有性の要件）、および②本人（電子文書の作成名義人）の意思に基づき行われたものであることが必要であるとしている。①については、(i)利用者とサービス提供事業者の間で行われるプロセスにおける十分な水準の固有性（例えば、2 要素認証（**多要素認証**（p160）が行われている場合にはこれを満たしうるとされている）および(ii)(i)における利用者の行為を受けてサービス提供事業者内部で行われるプロセスのいずれにおいても十分な水準の固有性が満たされている必要があるとされている。

また、裁判になった際に②の要件を満たし推定効が認められるためには、電子契約サービスの利用者と電子文書の作成名義人の同一性が確認される（いわゆる利用者の**身元確認**（p160）がなされる）ことが重要な要素になると考えられている（前記「Q&A」Q4）。例えば、メールアドレスによる認証だけで電子署名のプロセスが行われている場合、「そのメールアドレスにアクセスす

ることができた人間」が電子署名のプロセスを行ったであろうことは確認できても（固有性）、そのメールアドレスにアクセスすることができた人間が文書の作成名義人であったかどうかは、身元確認を行っていなければ分からないケースも考えられるからである。

■電子署名法、マイナンバー法、税法

個人番号カードの IC チップには、個人番号および基本 4 情報（氏名、住所、性別および生年月日）がテキストデータで格納されているため、銀行等の金融機関が、窓口またはネット上で、IC カードリーダーに顧客の個人番号カードを読み取らせ、顧客がパスワードを入力すると、IC チップ内の個人番号および基本 4 情報ならびに電子署名データが読み取れる。これにより、番号利用法上の本人確認（番号確認および身元確認）のみならず、税法上の告知事項の確認（番号確認および住所等確認）を行うことが可能となる（ただし、総務大臣に認可された民間事業者に限られる）。つまり、個人番号カードを所持する顧客は、金融機関の窓口またはネット上で個人番号カードを IC カードリーダーにかざすだけで、番号利用法および税法上の本人確認が終わることになり、利便性が向上することになる。

第2 フィンテック（FinTech）に 関する概念

概　　説

【事例】「ブロック・チェーン」を使って新しいサービスを顧客に提供することになった。

➡　どのような仕組みになっていて、どのようなリスクがあるのか？

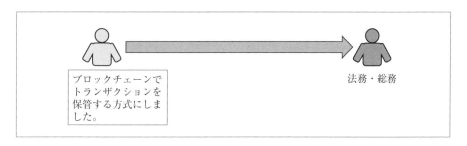

ブロックチェーンでトランザクションを保管する方式にしました。

法務・総務

「FinTech」という言葉の下で、様々なサービスが生まれている。その典型として、ブロック・チェーンを利用したビットコインという暗号資産がある。ブロック・チェーンは信頼性が高いといわれている反面で、ビットコインの取引所で横領が発生して破綻する事件も発生している。これらをどのように理解すればよいのか。本項では、FinTech に関する技術的な概念を取り上げる。

用　　語

フィンテック【FinTech】 IT を活用した革新的な金融サービス事業のこと。

FinTech とは、「Finance」と「Technology」を掛け合わせた造語であり、金融審議会においては「主に、IT を活用した革新的な金融サービス事業を指す」と定義されている。代表的なものとしては、米国の PayPal やビットコイン（p198）などの暗号資産（p197）がある。2015 年頃から日本でも急速に注目されてきている

が、実は「FinTech」という言葉が生まれるより前からITを活用した金融サービスは存在しており、銀行のATMサービス、インターネットバンキング、Suicaなどの電子マネーもIT技術を活用した金融サービスである。これら従来のサービスと、近年注目を浴びているFinTechを区別し、前者をFinTech1.0、後者をFinTech2.0と呼ぶ場合もある。FinTechと呼ばれる金融サービスには様々なものがあるが、代表的なものとしては、決済、融資・クラウドファンディング、暗号資産、投資支援サービス、個人財務管理（PFM）、経営・業務支援（Accounting）がある。

でんしマネー【電子マネー】　現金の代わりに電子データのやり取りによって支払いを実行する仕組みのこと。

　ICチップ（p193）や磁気ストライプが入ったカードを利用するカード型と、カードではなくインターネット上のデータのやり取りのみで完結するサーバ型（オンライン型）に大別される。カード型には、EdyやSuica、Nanaco、WAONなどがある。サーバ型には、WebMoneyやBitCashなどがある。資金決済法3条1項で定義されている「前払式支払手段」は、立法当初はテレホンカード等のプリペイドカードや商品券などを想定していたが、プリペイド式の電子マネー（カード型・サーバ型のいずれも含む）もこれに該当する。このうち電子マネーの発行者自身から物品・サービスを購入する場合のみ利用できる電子マネーを「自家型前払式支払手段」といい（同条4項）、汎用性があり複数の事業者から物品・サービスを購入することができる電子マネーを「第三者型前払式支払手段」という（同条5項）。

かそうつうか【仮想通貨（Virtual Money）】

➡暗号資産

あんごうしさん【暗号資産】　国家が発行・管理する法定通貨ではない資産であってデジタルデータで表章されているもののこと。

　「仮想通貨」という言葉は多義的に使用されており、電子マネーやゲーム内通貨のことを仮想通貨と呼ぶ場合もある。法的には、資金決済法により、「暗号資産」と定義されている（2条5項）。

資金決済法
（定義）
第2条
5　この法律において「暗号資産」とは、次に掲げるものをいう。ただし、金融商品取引法（昭和23年法律第25号）第2条第3項に規定する電子記録移転権利を表示するものを除く。
　一　物品を購入し、若しくは借り受け、又は役務の提供を受ける場合に、これらの代価の弁済のために不特定の者に対して使用することができ、かつ、不特定の者を相手方として購入及び売却を行うことができる財産的価値（電子機器その他の物に電子的方法により記録されているものに限り、本邦通貨及び外国通貨並びに通貨建資産を除く。次号において同じ。）であって、電子情報処理組織を用いて移転することができるもの
　二　不特定の者を相手方として前号に掲げるものと相互に交換を行うことができる財産的価値であって、電子情報処理組織を用いて移転することができるもの

　つまり、法定通貨ではないが決済手段として用いられ、価値の移転ができるもののことを指しており、典型的には、ビットコイン（p198）がこれに該当す

る。これに対し、Suicaなどの**電子マネー**（p197）は、電子マネー発行者と契約関係にある加盟店等の特定の者に対してしか使用することができないこと、円をもって表示される通貨建資産に該当することから、暗号資産には該当しないと考えられる（「前払式支払手段」としての規制が及ぶ）。また、金融商品取引法の**電子移転記録権利**（p198）も除かれる。

トークン【Token】　何かを標章するデータのこと。様々な場面で非常に多義的に用いられており、「小さめのデータ」といったニュアンスで理解しておけば差し支えないように思われる。

セキュリティ・トークン【Security Token】　有価証券（Security）をはじめとする財産的価値を標章する**トークン**（p198）のこと。

　また、情報セキュリティの文脈で、認証の際に利用するデータのことを意味する言葉としても用いられる。

でんしいてんきろくけんり【電子移転記録権利】　セキュリティ・トークンのうち、金融商品取引法2条2項各号に掲げる権利のうち「電子情報処理組織を用いて移転することができる財産的価値（電子機器その他の物に電子的方法により記録されるものに限る。）に表示される」もののこと。ただし、「流通性その他の事情を勘案して内閣府令で定める」（同条3項柱書）ものとして、以下すべての要件を満たすものは除かれる（金融商品取引法第2条に規定する定義に関する内閣府令9条の2第1項各号）。

①当該財産的価値を次のいずれかに該当する者以外の者に移転することができないようにする技術的措置がとられていること
　ⓐ適格機関投資家
　ⓑ特例業務対象投資家

②当該財産的価値の移転は、その都度、当該権利を有する者からの申出及び当該権利の発行者の承諾がなければ、することができないようにする技術的措置がとられていること

　電子移転記録権利の創設により、**セキュリティ・トークン**（p198）の発行（STO：Security Token Offering）の規制が法的に明確になり、ビジネスでの活用が期待されている。

ビットコイン【Bit Coin】　暗号資産の1つであり、**Peer-to-Peer**（P2P：ピア・ツー・ピア）（p52）の**ブロック・チェーン技術**（p198）を使ったものであって、サトシ・ナカモトと名乗る者が発明した。BTCと表記される。

　ビットコインの仕組みについては、ブロックチェーンの項を参照。

ブロック・チェーン【Block Chain】　**公開鍵暗号方式**（p185）による暗号技術と**Peer-to-Peer**（P2P：ピア・ツー・ピア）（p52）ネットワーク技術を利用してトランザクション等を記録するデータベース技術の1つのこと。

　暗号資産である**ビットコイン**（p198）の取引内容の記録に使われており、ビットコインの信頼性を支える基盤になっている。実装方法次第では信頼性が高い仕組みとなることから、電子契約や認証システムへの応用が期待されている。

　ブロック・チェーンの仕組みについて、ビットコインを例に説明すると、次のとおりである。まず、ビットコインの「口座」（「ウォレット」と呼ばれる）の実体は、**秘密鍵**（p186）と**公開鍵**（p186）のペアである。秘密鍵とは、例えば、「7Ka9eAejwgQErsregKN88QkAE9ZdUEH94dRFMbvVnNswIYSOB5EW」のような文字列である。

　このように公開鍵暗号方式が採用され

図表7

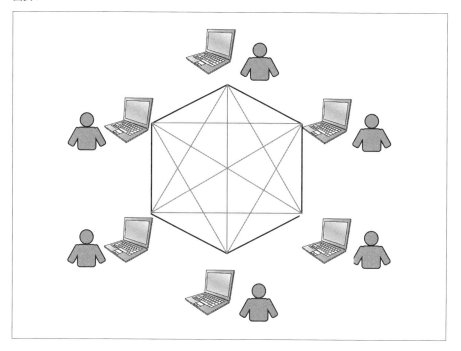

ているのは、「なりすまし」対策をするためである。例えば、「AさんからBさんへ10BTC送付」する際に、悪意を持ったCが「AさんからCさんへ10BTC送付」するという偽のデータをネットワークへ流すことが考えられる。しかし、秘密鍵と公開鍵を用いることで、当該アドレスでビットコインを保有しているAさん本人が流したデータである等を確認することができるため、これにより「なりすまし」を防いでいるのである。秘密鍵が自分以外の者に知られると勝手に使われてしまうし、秘密鍵を忘れてしまうとそのビットコインは使えなくなってしまう。この秘密鍵から公開鍵を作成し、公開鍵をいわば口座番号（アドレス）として利用する。

「AさんがBさんに10BTC（BTCとはビットコインの単位のこと）を払う」という取引（トランザクション）は、前の取引（トランザクション）のハッシュ値や、送金額、Bさんのアドレス（公開鍵）の情報を、Aさんの秘密鍵で電子署名したものからなる。間違いなくAさんが行ったトランザクションであることはAさんしか知らない秘密鍵で電子署名されていることで証明できる（Aさんの公開鍵により、Aさんの秘密鍵で署名されたことが確認できる）。また、Bさんとしては、過去すべての取引の履歴を確認できるから、Aさんが送金できるだけの残高を持っているかどうかも確認できる。ビットコインの実体は、このような形で、ビットコイン創設以来のすべての取引を

図表8

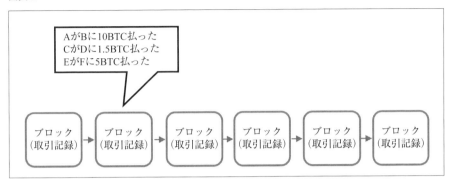

記録した履歴そのものであり、ビットコインというものが実体を有しているわけではない。そしてこの履歴の台帳が、「ブロック・チェーン」と呼ばれる方法で保存されている。ブロック・チェーンは、履歴を特定の機関やサーバで管理するのではなく、参加者全員が通信しあう P2P ネットワークにより管理する「分散型台帳システム」である。したがって、P2P ネットワークを構成するすべてのコンピュータのデータが破壊されない限り、ブロック・チェーンが消滅することはない。例えば、「AさんがBさんに 10BTC を払う」という取引（トランザクション）は、当事者であるAさんからBさんにだけ送られるのではなく、AさんからP2P ネットワークを通じてネットワーク上のすべてのコンピュータに送信され、各コンピュータで保管される（図表7）。

　具体的には、Aさんが送信した取引のデータは、P2P ネットワークを通じて各コンピュータに送られ、一時保管リストのようなものに一時的に記録される。そして、この一時保管リストに記録された多数の取引をまとめて、1つのブロックにして保存するルールになっている。ここで、ブロックを作ることができるのが

1 人でなければ「台帳」にならない（複数のブロックが乱立してしまっては駄目である）。そこで、参加者に競争させて報酬を与えることで、1 人だけがブロックを作ることができるようになっている。具体的には、前のブロックのハッシュ値などからなるデータに「ある値」を加えると、そのデータのハッシュ値（p128）の上位何桁がゼロの連続となる「ある値」がこの世に存在するはずである。そこで、この「ある値」を計算させ、それを一番早く見つけることができた者が、ブロックを作ることができるとされている。この「ある値」のことを「ノンス」という。ハッシュ関数は、ハッシュ値から元の文字列を復元することがきわめて困難であるから、参加者は、総当たりで文字列（ノンスとなるべきもの）を入力してハッシュ値を算出し続け、天文学的な数の中から、偶然、ハッシュ値の上位何桁かがゼロの連続になっているものを発見する。ハッシュ関数は、元の文字列が同じであれば、ハッシュ値は毎回同じになるから、他の参加者は、ある者が発見したというノンスが正しいかどうかを直ちに検証できる。ノンスの発見の困難さは、上位何桁がゼロになるのかの桁数で

決めることができる（例えば、上位1桁がゼロになるということであれば、ハッシュ値が16進法であるから16分の1の確率で発見できる）から、コンピュータ技術の発達を反映して桁数が決まることになっており、その時点のコンピュータ技術により約10分で発見できる桁数が指定されるようになっている。このようにして、ノンスを最初に発見した者が、前のブロックのハッシュ値と、一時リストに保管されていた取引履歴等を記録したブロックを作成し、それをP2Pネットワークで共有して保存しておく。その際、ノンスを最初に発見した人には、25BTCが与えられたうえに、そのブロックに記録された取引における送金手数料を総取りできることになっている。そのため、ノンスを発見するためにハッシュ関数の計算を繰り返す作業は、あたかもビットコインを発掘しているように見えるため、そのような作業を行っている者を「採掘者（マイナー）」などと呼ぶ。以上により、取引は、「ブロック」と呼ばれるデータの束としてまとめられ、当該ブロックはハッシュ値に変換されて次に作成されるブロックに組み込まれる。この1つひとつのブロックのつながりがチェーンのようであることから、ブロック・チェーンと呼ばれている（**図表8**）。

ビットコインでは、このように、取引がブロック・チェーンに保管されることで全参加者に承認されると取引が完了する。したがって、取引完了までに約10分かかる。一瞬で決済が完了する日本の銀行間の振込みよりは時間がかかるが、海外送金よりは速いということができる。

各ブロックの内容をわずかでも改ざんすると、そのハッシュ値の上位何桁かがゼロの連続にならなくなってしまうため、改ざんがきわめて難しい。さらに、

各ブロックには、直前のブロックのハッシュ値が含まれている。特定のブロックの内容を改ざんして入れ替えようとすると、改ざんしたブロック以降にあるブロックのハッシュ値のすべてが矛盾する。このため、改ざんを成功させるには、そのブロック以降のブロックすべてを作り直さなければいけなくなる。しかも、やり直しの計算の最中にも新しいブロックは追加されていく。そのため、改ざんを成功させるためには、善意のある参加者を上回る圧倒的なコンピュータのパワーが必要となる仕組みとなっている。これがブロック・チェーンの信頼性の源である。したがって、ブロック・チェーンが信頼に値するためには、善意のある参加者が悪意のある参加者を上回っていなければならないことになるため、これを公開環境で行おうとすれば、善意の参加者に対する大きなインセンティブが必要となる。そのため、発掘者（マイナー）に25BTCを与えるという仕組みでインセンティブを与えることができているビットコイン以外では、公開環境で実装に成功した例があまりなかったのである。逆に、善意の者しか存在しない閉じられた環境で、台帳の保存の方式としてブロック・チェーンを採用することは、ハッシュ値と秘密鍵暗号方式という既存の簡単な技術の組合せによって信頼性の高い保存ができるという意味で、価値があるといえる。

法令・判例と実務

■ゲーム内のアイテムの電子マネー該当性

資金決済法は、「前払式支払手段」を、概要以下のとおり定義している（3条1項

1号）。

資金決済法
（定義）
第3条　この章において「前払式支払手段」とは、次に掲げるものをいう。
一　証票、電子機器その他の物（以下この章において「証票等」という。）に記載され、又は電磁的方法（電子的方法、磁気的方法その他の人の知覚によって認識することができない方法をいう。以下この項において同じ。）により記録される金額（金額を度その他の単位により換算して表示していると認められる場合の当該単位数を含む。以下この号及び第3項において同じ。）に応ずる対価を得て発行される証票等又は番号、記号その他の符号（電磁的方法により証票等に記録される金額に応ずる対価を得て当該金額の記録の加算が行われるものを含む。）であって、その発行する者又は当該発行する者が指定する者（次号において「発行者等」という。）から物品を購入し、若しくは借り受け、又は役務の提供を受ける場合に、これらの代価の弁済のために提示、交付、通知その他の方法により使用することができるもの

　これを踏まえ、一般に、以下の3つの要件をすべて満たすものが「前払式支払手段」にあたると整理されている。

(i)　金額等の財産的価値が記載・記録されること（価値の保存）
(ii)　金額・数量に応ずる対価を得て発行される証票等、番号、記号その他のものであること（対価発行）
(iii)　代価の弁済等に使用されること（権利行使性）

典型的には、テレホンカードや図書カー

ド等のプリペイドカード、商品券、SuicaやEdy等のプリペイド型の電子マネーがこれにあたる。これに対し、いわゆるポイントサービスは、景品やおまけとして付与されるものであるから「対価を得て発行される」ものではないため、前払式支払手段に該当しない。これに関連し、ゲーム内で購入したり、無償で獲得したりすることができるアイテムが、「前払式支払手段」に該当するかが問題となった事案がある。すなわち、現金と引き替えに発行されるゲーム内の通貨であれば、それが前払式支払手段に該当する可能性は高いが、さらにそのゲーム内通貨で購入したり無償で獲得したりできるアイテムも、そのアイテムによってキャラクターの強化等が可能であれば、当該アイテムに財産的価値が保存されており、それが「サービスの提供を受ける場合に対価の弁済のために使用することができるもの」にあたるとも考えられるため、前払式支払手段としての規制が及ぶかが問題となったのである。

　この点について、関東財務局は、2016年5月18日、かかるゲーム内アイテムが「前払式支払手段」に該当すると認定した。前払式支払手段に該当すると、発行者は、内閣総理大臣への届出（自家型かつ未使用残高が1,000万円を超えた場合）または登録（第三者型の場合）する必要（資金決済法5条、7条）、当該前払式支払手段または発行者のウェブサイト等において一定の情報を表示・提供する必要（13条）、未使用残高が1,000万円を超える場合には2分の1以上の発行保証金を供託する必要（14条）がそれぞれある。これらに違反した場合の罰則規定もあるため、実務上の影響が大きいところである。権利行使性とは、商品・サービスの提供を受ける場合に、発行された証票等や符号等を通常使用することが予定されていることをいい、その証票等に財

産的価値が保存され、符号等に保存された財産的価値が紐付いているものであることが必要である。したがって、アイテムを入手することによって利用者が利用するサービスの対価の支払いを終えているといえる場合には、前払式支払手段には該当しないとされている。例えば、ゲームキャラクターの装備やアバターの洋服等は、回数の制限がなく、減少や消費を伴わない。このようなアイテムは、その証票等に財産的価値が保存され、符号等に保存された財産的価値が紐づいているとはいえないと考えられる。このようなアイテムの利用は権利行使性の要件を満たさないこととなる。

　前払式支払手段に該当するか否かの基準は不明確なところがあり、ゲーム内のアイテムがこれに該当するかは個別具体的に判断していく必要がある。

■ビットコイン取引所の破綻

　日本にあったビットコイン（p198）の取引所の大手マウントゴックス社が、顧客のビットコインを横領するなどした結果、2014年12月に破綻した。ビットコインの取引はブロック・チェーン（p198）上に記録されており安全だとされているが、それは取引の記録方法として安全な方法であるというだけであり、結局、秘密鍵（p186）を知っている人間は、その秘密鍵（要するにパスワードである）に対応したビットコインを自由に処分できてしまう。マウントゴックス社は、顧客の秘密鍵を管理するサービスを提供しており、これを悪用して横領等が行われたと考えられている。つまり、ビットコインも、その交換を行う業者においては、資産の分別管理、アクセス権限の管理、モニタリングなど、一般的な金融機関と同様の規制が必要ということである。

　これを踏まえて、前記のとおり、資金決済法が改正されたのである。なお、マウントゴックス社の破産管財人に対し、ビット

コインの所有権を基礎とする破産法62条の取戻権に基づき、その引渡しを求めるとともに、被告が原告に対し上記ビットコインの引渡しをしないことにより、ビットコインを自由に使用収益あるいは処分することを妨げられたとして、不法行為に基づく損害賠償請求を行った事件がある（東京地判平成27・8・5（ビットコイン引渡等請求事件））。この事件で、裁判所は、以下のとおり述べ、ビットコインは所有権の対象とならないと判示した。

【参考判例】東京地判平成27・8・5　Westlaw 2015WLJPCA 08058001、ビットコイン引渡等請求事件

事案の概要
　マウントゴックス社の破産管財人に対し、ビットコインの所有権を基礎とする破産法62条の取戻権に基づき、その引渡しを求めるとともに、被告が原告に対し上記ビットコインの引渡しをしないことにより、ビットコインを自由に使用収益あるいは処分することを妨げられたとして、不法行為に基づく損害賠償請求を行った事案

要　旨
「ビットコインは物権である所有権の客体とはならない」

参考となる判示部分
「民法は原則として、所有権を含む物権の客体……を有体物に限定しているものである。……また、所有権の対象となるには、有体物であることのほかに、所有権が客体である「物」に対する他人の利用を排除することができる権利であることから排他的に支配可能であること（排他的支配可能性）が、個人の尊厳が法の基本原理であることから非人格性が、要件となると解される。……所有権の対象

となるか否かについては、有体性及び排他的支配可能性（本件では、非人格性の要件は問題とならないので、以下においては省略する。）が認められるか否かにより判断すべきである。

　ビットコインは、『デジタル通貨…』あるいは『暗号学的通貨』であるとされており……、本件取引所の利用規約においても、「インターネット上のコモディティ」とされていること……、その仕組みや技術は専らインターネット上のネットワークを利用したものであること……からすると、ビットコインには空間の一部を占めるものという有体性がないことは明らかである。

　……ビットコインネットワークに参加しようとする者は誰でも、インターネット上で公開されている電磁的記録であるブロックチェーンを、参加者各自のコンピューター等の端末に保有することができる。したがって、ブロックチェーンに関するデータは多数の参加者が保有している。……ビットコインネットワークの参加者は、ビットコインの送付先を指定するための識別情報となるビットコインアドレスを作成することができ、同アドレスの識別情報はデジタル署名の公開鍵（検証鍵）をもとに生成され、これとペアになる秘密鍵（署名鍵）が存在する。秘密鍵は、当該アドレスを作成した参加

者が管理・把握するものであり、他に開示されない。……口座Aから口座Bへのビットコインの送付は、口座Aから口座Bに『送付されるビットコインを表象する電磁的記録』の送付により行われるのではなく、その実現には、送付の当事者以外の関与が必要である。……特定の参加者が作成し、管理するビットコインアドレスにおけるビットコインの有高（残量）は、ブロックチェーン上に記録されている同アドレスと関係するビットコインの全取引を差引計算した結果算出される数量であり、当該ビットコインアドレスに、有高に相当するビットコイン自体を表象する電磁的記録は存在しない。

　上記のようなビットコインの仕組み、それに基づく特定のビットコインアドレスを作成し、その秘密鍵を管理する者が当該アドレスにおいてビットコインの残量を有していることの意味に照らせば、ビットコインアドレスの秘密鍵の管理者が、当該アドレスにおいて当該残量のビットコインを排他的に支配しているとは認められない。

　上記で検討したところによれば、ビットコインが所有権の客体となるために必要な有体性及び排他的支配可能性を有するとは認められない。したがって、ビットコインは物権である所有権の客体とはならないというべきである。」

■索　引■

<h1 style="text-align:center">■編著者紹介■</h1>

〔編著者〕

影島　広泰（かげしま　ひろやす）

牛島総合法律事務所パートナー弁護士。一橋大学法学部卒業。

主な取扱分野は、IT システム開発、ネット上のサービスや紛争、個人情報・マイナンバーの取扱いに関する案件など。

約 35 万ダウンロードの iPhone/iPad のアプリ「e六法」開発者。裁判所ウェブサイトで公開された判決文を自動的に分析して Twitter に投稿する Bot（プログラム）を提供（@kageshima）。

〈著作等〉

『預貯金口座付番に対応！　金融機関のマイナンバー取扱い実務』（近代セールス社、2018 年）、『改正個人情報保護法と企業実務』（清文社、2017 年）、『Q&A とチェックリストでよくわかる　改正個人情報保護法対応ブック』（ぎょうせい、2017 年）、『改正個人情報保護法の実務対応マニュアル』（大蔵財務協会、2017 年）、『小さな会社・お店の新・個人情報保護法とマイナンバーの実務』（日本経済新聞出版社、2017 年）、『改正マイナンバー法対応のための業務フローとチェックリスト』（商事法務、2015 年）、『マイナンバー　規程・書式　作成ガイド（個人番号の収集・管理・委託への対応)』（清文社、2015 年）、「Digital business in Japan」（Thomson Reuters、2020 年）、「Software Protection—A Comparative Perspective（Japan）」（Medien & Recht Germany、2012 年）ほか多数。

〔執筆者〕

山内　大将（やまうち　ひろゆき）

牛島総合法律事務所パートナー弁護士。首都大学東京法科大学院卒業。

主な取扱分野は、IT法、電子商取引、事業承継、会社支配権争い、会社関係訴訟、不動産ファイナンスなど。

〈著作等〉

「Digital business in Japan」（Thomson Reuters、2020 年）、「フィンテックビジネスにおける法規制。規制緩和の方向にあり、法改正の可能性にアンテナを張るべし」（月刊ザ・ローヤーズ 2016 年 8 月号（ILS出版））はか。

辻　晃平（つじ　こうへい）

牛島総合法律事務所アソシエイト弁護士。東京大学法科大学院卒業。

主な取扱分野は、IT法、個人情報保護法、知的財産権、会社関係訴訟、建築訴訟など。

〈著作等〉

「International Fintech Guide」（Multilaw、2019 年）、『改正個人情報保護法と企業実務』（清文社、2017 年）

法律家・法務担当者のための
IT技術用語辞典〔第2版〕

2017年 8 月21日　初　版第 1 刷発行
2021年 4 月30日　第 2 版第 1 刷発行

編 著 者　　影　島　広　泰

発 行 者　　石　川　雅　規

発 行 所　　株式会社 商 事 法 務
　　　　　　〒103-0025 東京都中央区日本橋茅場町3-9-10
　　　　　　TEL 03-5614-5643・FAX 03-3664-8844〔営業〕
　　　　　　TEL 03-5614-5649〔編集〕
　　　　　　https://www.shojihomu.co.jp/

落丁・乱丁本はお取り替えいたします。　　　印刷/中和印刷㈱
Shojihomu Co., Ltd.
ISBN978-4-7857-2861-8
＊定価はカバーに表示してあります。